KB039340

LAW & LIFE

제5판

생활법률

전경근 지음

박영사

제5판 머리말

제4판이 발간된 때로부터 2년 반이라는 시간이 지났다. 그 동안 이 책에서 소개하고 있는 내용과 관련된 법령의 일부가 개정되었으며, 새로운 판례도 많이 선고되었다. 또한 이 책을 교재로 하여 강의를 하는 동안, 일상에서 자주 접하게 되는 법률관계에 관한 설명이 없거나 부족하다고 생각되는 부분도 종종 발견되었다. 이러한 점들을 고려하여 새로운 판을 출간하게 되었다.

제5판에서는 종전에 따로 장을 두어 설명하고 있던 부동산 매매와 등기에 관한 부분을 줄여서 매매의 일부로 편입함으로써 책의 분량을 줄이고자 노력하였다. 그 대신 이 책에서 설명하고 있는 내용과 관련된 법률의 개정내용과 최근의 판결을 추가하였는데, 특히 최근에 많은 분쟁을 야기하고 있는 상가건물임대차와 관련된 내용을 보강하였다. 그리고 양육비이행관리원이나 주택임대차분쟁조정위원회와 같은 기구들에 대한 소개를 추가함으로써 일상생활에서 발생하는 분쟁에 쉽게 대처할 수 있는 정보를 제공하고자 하였다.

이 책을 처음 발간한 때로부터 12년이라는 시간이 지났다. 그 동안 새 판이 출간될 때마다 도움을 주신 많은 분들에게 감사드린다. 특히 이 책의 새 판을 허락해 주신 안종만 회장님과 출판작업을 도와주신 조성호 이사님, 김선민 부장님께 감사드린다. 그리고 이 책의 내용에 대해서 조언을 해 주신 조지만 교수님, 김안수 박사님, 송선미 박사님, 손연우 박사님 그리고 홍윤선 박사님께도 지면을 빌어 감사의 뜻을 전한다.

이 책이 독자여러분의 일상에서 발생하는 법률문제에 대한 궁금증의 해소에 조금이나마 도움이 되었으면 하는 바람을 가져본다.

2018. 1.

전 경 근

머리말

일상생활에서 발생하는 다양한 법률문제를 다루어야 하는 과목인 생활법률을 맡아 강의를 시작한 지 금년으로 만 10년이 되었다. 그 동안 다른 분들이 쓰신 책을 교재로 삼아 강의를 하기도 하고, 저자가 만든 강의노트를 가지고 강의를 하기도 했지만, 어떠한 경우에도 실제로 강의실에서 이루어지는 강의의 내용이 모두 반영되어 있는 경우는 없었던 것으로 기억된다. 그럴 수밖에 없는 것이 수강하는 사람들의 다양한 관심사와 법률문제를 모두 강의노트에 담을 수는 없기 때문이다. 그렇지만 강의를 수강하는 사람들로 하여금 필기하는 수고를 하지 않도록 한다는 점과 앞으로 진행될 강의의 내용을 미리 알려준다는 의미에서 강의를 위하여 작성해 두었던 강의노트를 출판하기로 결심하였다.

이 책의 이름을 생활법률이라고 하려면 마땅히 일상생활에서 발생하는 모든 분야의 법률문제를 다루는 것이어야 할 것이다. 그렇지만 저자의 능력으로는 모든 법률분야를 다룰 수 없었기에 이 책에서는 개인과 개인 사이의 법률관계를 중심으로 하여 서술하였다. 다분히 민법교재를 축소해 놓은 듯한 느낌이 든다는 점에서 저자의 능력의 한계를 느낀다. 다만 각각의 용어나 제도에 대한 이해를 돕기 위하여 사적인 법률관계에서 다루어지는 다양한 법률용어나 제도가 다른 법영역에서 어떻게 다루어지고 있는가에 관하여 간단한 소개를 곁들이고 있으며, 세금에 관한 내용도 어설프게 소개하고 있다.

이 책을 출판하기로 하면서도, 생활법률은 오랜 학문적 수련과 다양한 생활 경험을 가진 사람이 가르쳐야 한다는 데 대한 생각에는 변함이 없으며, 저자는 이러한 책을 출판하기에 부적합하다는 것을 잘 알고 있다. 그럼에도 불구하고 생활법률이라는 이름으로 책을 낼 수 있도록 허락해 준 박영사 안종만 회장님과 송일근 주간님, 조성호 차장님, 김선민 차장님 및 편집과 책표지의 디자인을

해 주신 분들께 깊은 감사를 드리는 바이다. 아울러 이 책의 내용에 대하여 많
은 조언을 해 주신 이화여대 최성경 박사님과 교정을 보아준 정수미, 김설원 양
에게도 감사의 뜻을 전한다.

2005년 8월 12일
전 경 근

차 례

제1장 법률관계의 발생

I. 법률관계란

법률관계(法律關係)란 법(法)에 의하여 규율되는 생활관계를 말한다. 법률관계는 개인과 개인간의 관계인 사법(私法)상의 생활관계와 개인과 국가의 관계인 공법(公法)상의 생활관계로 나눌 수 있으며, 중간영역에 해당하는 법률관계도 존재한다. 이 책에서는 사법상의 생활관계를 중심으로 살펴본다.

사법상의 법률관계는 물건을 팔고 사는 매도인(賣渡人)과 매수인(買受人)의 관계, 물건을 빌려 쓰는 대주(貸主)와 차주(借主)의 관계, 다른 사람에게 손해를 끼침으로써 그 손해를 배상해야 하는 가해자(加害者)와 피해자(被害者)의 관계와 같이 사람과 사람과의 관계로 나타나게 되는데, 그 관계 안에는 법에 의하여 보호되는 자 즉 권리를 가지는 자(權利者)와 그에 대하여 일정한 의무를 지게 되는 자(義務者)가 있게 된다. 따라서 법률관계란 법이 허용하는 범위 안에서 권리자가 권리를 행사하고, 의무자가 의무를 이행하는 관계라고 정의할 수 있다.

▪ 호의관계 ▪

법률관계와 대비되는 것으로 호의관계(好意關係)가 있다. 법률관계가 법적인 권리를 갖고 의무를 부담하는 관계라면, 호의관계는 법적 구속을 받으려는 의사 없이 일정한 급부(給付)를 하기로 약속하는 경우를 말한다(예를 들어 이웃이 여행을 가는 동안 배달된 우편물을 보관하기로 하는 약속). 호의관계는 급부를 약속한 자가 그 급부를 이행하지 않는 경우에도 상대방은 그 이행이나 손해배상을 청구하지 못한다는 점에서 법률관계와 구별된다.

　　호의관계이었다가 법률문제로 바뀌는 경우도 있는데, 그 예로는 호의동승(好意同乘)을 들 수 있다. 호의동승은 차량의 운행자가 다른 사람(동승자)을 무상으로 태워주는 경우를 말하는데, 운행자가 호의동승을 약속한 경우에도 동승자를 태워주어야 할 법적 의무가 생기지 않으므로 동승자를 태워주지 않더라도 그로 인한 손해를 배상할 의무가 없다. 그렇지만 운행자의 과실로 교통사고가 발생하여 동승자에게 손해가 발생한 경우에는 당사자 사이에 손해를 배상해야 할 법률관계가 생긴다.

　　판례는 운행자의 동승자에 대한 손해배상책임에 관하여, "차량의 운행자가 아무런 대가를 받지 아니하고 동승자의 편의와 이익을 위하여 동승을 허락하고 동승자도 그 자신의 편의와 이익을 위하여 그 제공을 받은 경우, 그 운행목적, 동승자와 운행자의 인적 관계, 그가 차에 동승한 경위, 특히 동승을 요구한 목적과 적극성 등 여러 사정에 비추어 가해자에게 일반 교통사고와 동일한 책임을 지우는 것이 신의칙이나 형평의 원칙으로 보아 매우 불합리하다고 인정될 때에는 그 배상액을 경감할 수 있으나, 사고 차량에 단순히 호의로 동승하였다는 사실만 가지고 바로 이를 배상액 경감사유로 삼을 수 있는 것은 아니"라고 함으로써, 호의동승의 경우에도 운행자에게 일반적인 불법행위로 인한 경우와 같은 범위의 손해배상책임이 발생한다고 한다 (대법원 1996. 3. 22. 선고 95다24302 판결). 따라서 차량에 무상으로 동승하였다고 하더라도 그와 같은 사실만으로 위험하게 운전을 하는 운행자에게 안전운행을 촉구하여야 할 주의의무가 있다고는 할 수 없다고 한다(대법원 1999. 2. 9. 선고 98다53141 판결). 그렇지만 동승자의 적극적인 부탁으로 동승자를 위한 운행이 이루어졌고, 짙은 안개로 인하여 가시거리가 짧음에도 불구하고 과속을 하는 운행자에 대하여 속도를 줄여 안전하게 운전하도록 주의를 환기할 의무가 있다고 한 판결(대법원 1993. 7. 16. 선고 93다13056 판결)도 있으며, 친구와 함께 술을 마신 후 그가 운전하는 차에 동승한 경우에는 운행자가 부담할 손해배상액을 경감할 수 있다고 한 판결(대법원 1992. 1. 21. 선고 91다39306 판결)도 있다.

> **[판례]** 야간근무를 마친 운행자가 친구와 함께 기분전환하러 해수욕장에 가면서 자신의 권유로 동향의 선후배 사이이고 같은 회사 같은 부서에 근무하고 있던 피해자를 동승하게 하였다가 돌아오던 길에 교통사고가 발생한 것이라면 호의동승이라 하더라도 차량운행자의 손해배상책임을 감경할 만한 사유가 있었다고 보기는 어렵다. [대법원 1992. 6. 9. 선고 92다10586 판결]

II. 이 책의 구성

사법상의 법률관계는 당사자의 의사 또는 법률의 규정에 의하여 성립한다. 당사자의 의사에 의하여 법률관계가 성립한다는 것은 당사자의 합의를 근거로 하여 일방이 상대방에 대하여 권리를 가지고 상대방이 그에 따른 의무를 부담하게 되는 경우를 말하고(예: 계약), 법률의 규정에 의하여 성립한다는 것은 법에서 정하고 있는 요건이 갖추어진 경우에 당사자의 의사와는 상관없이 일방에게 권리가 생기고 상대방에게 의무가 지워지는 경우를 말한다(예: 불법행위).

일상생활에서는 위의 두 경우가 모두 중요하지만, 당사자의 의사에 의하여 법률관계가 형성되는 경우가 더 많이 문제되므로, 이 책에서는 당사자의 의사에 의하여 법률관계가 성립하는 경우를 먼저 살펴본 후에 법률의 규정에 의하여 법률관계가 성립하는 경우를 살펴보기로 한다. 나아가 가족관계로부터 발생하는 법률관계와 민사상의 분쟁이 발생한 경우에 처리하는 절차에 관하여도 간단하게 살펴본다.

▪ 법률정보의 검색 ▪

법학은 당사자 사이에 발생한 법률관계가 어떠한 법령에 따라 처리되어야 하는지를 밝히는 학문이다. 따라서 법령에 대한 내용을 살펴봄으로써 법률관계에 대한 이해를 높일 수 있다. 또한 법령을 적용하여 구체적인 사건을 해결한 판결도 법률관계를 이해하기 위한 중요한 소재가 된다. 따라서 법률정보를 제공하고 있는 법제처의 국가법령정보센터와 대법원의 종합법률정보에 대하여 간단하게 소개함으로써 독자들로 하여금 스스로 법령과 판결을 찾아볼 수 있도록 하고자 한다.

● 국가법령정보센터(법제처)

우리의 일상생활을 규율하는 법률은 국회에서 만들지만, 대통령이 만드는 시행령과 정부의 각 부처에서 만드는 시행규칙도 있다. 현재 우리나라에는 3,000개가 넘는 법령이 있기 때문에 이들 법령을 총괄하는 국가기관으로 법제처를 두고 있으며, 그 산하에 법령정보관리원을 설치하여 법령정보를 관리한다.

법제처가 법령정보관리원을 통하여 법령정보를 국민들에게 온라인으로 제공하기 위하여 만든 것이 국가법령정보센터(www.law.go.kr)인데, 여기에는 법률, 시행령, 시행규칙뿐만 아니라 조약과 각 지방자치단체가 제정하는 조례와 규칙 및 행정심판의 결과 등도 포함되어 있고, 법령과 관련된 판결도 함께 제공하고 있다. 그 밖에 각종 법령을 주제별로 정리하여 생활법령정보라는 이름으로 제공하기도 한다.

• 종합법률정보(대법원)

법원(法院)이 법령을 구체적인 사건에 적용하여 판단한 결과가 판결(判決)이며, 판결에 나타난 일반적인 법리를 판례(判例)라고 한다. 판례는 구체적인 사건에 대한 법원의 판단기준을 의미하므로, 우리가 분쟁을 해결하기 위하여 소송을 제기한다면 법원이 어떠한 판단을 내릴 것인지를 예견할 수 있는 중요한 자료가 된다.

판결에 대한 정보를 제공하는 대표적인 데이터베이스가 대법원에서 제공하는 종합법률정보(glaw.scourt.go.kr)이다. 종합법률정보에서는 대법원에서 선고한 판결뿐만 아니라 고등법원이나 지방법원에서 선고한 중요한 판결들도 함께 소개하고 있으며, 법령과 대법원규칙 및 법원도서관이 소장하고 있는 문헌에 관한 정보도 제공하고 있다.

그 밖에 최근 들어 우리의 일상생활에 많은 영향을 끼치고 있는 헌법재판소 결정은 헌법재판소 홈페이지(www.ccourt.go.kr)에서 제공하는 헌법재판정보를 통하여 확인할 수 있으며, 최근에 제정되거나 개정된 법령에 관한 정보는 국회에서 운영하는 의안정보시스템(likms.assembly.go.kr/bill)이나 법률정보시스템(likms.assembly.go.kr/law) 또는 법제처 홈페이지(www.moleg.go.kr)에서 확인할 수 있다.

제2장 당사자의 의사에 의한 법률관계

I. 법률행위의 성립요건과 효력발생요건

당사자의 의사에 의한 법률관계가 성립하기 위해서는 ① 권리의 주체(당사자), ② 권리의 객체(목적), ③ 의사표시의 존재라고 하는 3가지 요건을 갖추어야 한다.

권리의 주체는 권리를 행사하는 사람을 의미하는데, 현행법이 인정하는 권리의 주체에는 자연인(自然人)과 법인(法人)이 있으며, 권리의 주체가 법률관계에 관여하는 경우에 이를 당사자(當事者)라고 부른다. 그리고 권리의 객체는 권리행사의 대상이 되는 것을 의미하는데, 물건(物件) 또는 당사자의 행위 등이 이에 해당한다. 한편 의사표시는 일정한 법률효과의 발생을 원하는 내심의 의사를 외부에 나타내 보이는 것을 말한다. 따라서 A가 B에게 자전거를 사겠다는 의사를 표시한 경우에 B가 A의 제안에 동의하면 그에 따른 효과로서 자전거의 매매에 관한 법률행위가 성립하게 된다.

그렇지만 법률행위의 성립요건을 갖추었다고 해서 당연히 그에 따른 효과를 부여할 수는 없다. 왜냐하면 법률행위가 성립하는 과정에서 문제가 있거나 그 내용에 문제가 있을 수 있기 때문이다. 그리하여 실생활에서는 법률행위의 성립요건을 조금 더 구체적으로 파악하여 그 요건에 맞는 경우에만 법률행위에 따른 효력을 부여하고 있다. 법률행위가 효력을 가지는 경우를 성립요건과 관련하여 살펴보면 다음과 같다.

첫째, 당사자 즉, 권리의 주체는 혼자서 유효한 법률행위를 할 수 있는 능력을 가지고 있어야 한다. 따라서 혼자서 유효한 법률행위를 할 수 있는 능력이 없는 사람의 행위는 원칙적으로 취소할 수 있다.

둘째, 법률행위에 의하여 달성하려고 하는 목적은 확정할 수 있고 가능하여야 하며, 적법할 뿐만 아니라 사회적 타당성을 가져야 한다. 만약 법률행위의 목적을 확정할 수 없거나, 불가능하거나, 불법적인 것이거나, 사회적으로 인정될 수 없는 것이라면 그 행위는 무효가 된다.

셋째, 당사자의 내심의 의사와 그가 상대방에게 한 표시가 일치하여야 하고, 의사표시에 하자가 없어야 한다. 다시 말하면 자신의 의사와 다른 표시를 하거나 의사표시를 하는 과정에 제3자의 불법적인 개입이 있다면, 그 의사표시에 따른 효력을 인정하지 않을 수도 있다는 것이다.

그 밖에도 구체적인 법률관계가 성립하기 위하여 각각의 법률관계에서 요구하는 요건도 갖추고 있어야 한다. 예를 들어 채권자가 채무자에게 채무의 이행을 요구하기 위해서는 그 채무의 이행기가 도래했어야 하며, 유언의 효력이 발생하기 위해서는 유언을 한 자가 사망하였어야 한다.

이하에서는 법률행위의 성립과 효력에 관한 이해를 위하여 필요한 사항들을 간단히 살펴보기로 한다.

Ⅱ. 권리의 주체

권리를 가질 수 있는 사람이 권리의 주체이며, 자연인과 법인이 이에 해당한다. 자연인은 살아 있는 사람을 말하며, 법인은 법에 의하여 사람과 동일하게 취급되는 단체를 말한다. 자연인의 경우에는 출생한 후 성장하는 과정에서 그 법적 능력이 변화하지만, 법인의 경우에는 언제부터 권리의 주체로서의 지위를 가지는지 여부가 문제된다. 따라서 이하에서는 민법에서 자연인과 법인을 어떻게 규정하고 있는지 살펴보기로 한다.

1. 자연인의 행위능력

자연인은 성장하는 과정에서 판단력이 점차 높아진다. 따라서 어느 시점에서 자신이 하는 법률행위의 의미를 이해하고 그에 따른 책임을 부담할 수 있는가를 정할 필요가 있다. 민법은 자연인이 혼자서 유효한 법률행위를 할 수 있는 능력에 관하여 규정함으로써 거래의 안전을 도모하고자 한다.

혼자서 유효한 법률행위를 하기 위해서는 자신이 하는 행위의 의미와 내용 및 그 효력을 이해할 수 있는 능력이 필요한데, 이러한 능력을 행위능력(行爲能力)이라고 부른다. 당사자 사이의 원활한 거래를 위해서는 상대방에게 행위능력이 있는지를 쉽게 판단할 수 있어야 하므로, 법에서는 개인의 실질적인 정신능력과 관계없이 객관적인 기준에 따라 행위능력이 있는지를 정하고 있다.

행위능력의 인정기준에 관하여는 민법에서 규정하고 있는데, 만 19세가 되지 않은 사람(미성년자), 법원의 심판에 의하여 행위능력이 제한된 사람(피성년후견인과 피한정후견인)을 제외하고는 모두 행위능력을 가지고 있는 것으로 인정된다.

2. 민법상의 제한능력자

2011. 3. 7.에 개정된 민법은 넓은 의미에서 행위능력이 제한되는 자(보호가 필요한 자), 즉 제한능력자로 미성년자 및 피성년후견인과 피한정후견인을 규정하고 있다. 이 가운데 미성년자와 피성년후견인은 원칙적으로 법정대리인의 동의를 얻어 법률행위를 해야 하지만, 혼자서 유효한 행위를 할 수 있는 경우를 예외적으로 인정하고 있으며, 피한정후견인은 혼자서 유효한 법률행위를 할 수 있지만, 가정법원이 피한정후견인이 한정후견인의 동의를 받아야 하는 행위의 범위를 정하는 경우에는 행위능력을 제한받도록 하고 있다.

▪ **제한능력자제도** ▪

개정되기 전의 민법은 미성년자, 한정치산자, 금치산자를 '무능력자'로 통칭하였다. 그런데 금치산 및 한정치산이라는 용어가 낙인적 효과를 수반하여 제도 자체의 이용을 꺼리게 되고, 또한 실제로 보호가 필요한 사람들에게 효율적으로 도움을 주지 못한다는 비판이 제기되었다.

국회는 이러한 비판을 받아들여 금치산 및 한정치산제도를 후견제도로 대체하는 것으로 민법을 개정하였다. 개정민법에서는 미성년자, 피성년후견인, 피한정후견인은 원칙적으로 행위능력을 갖는다. 다만, 미성년자의 경우에는 민법 제6조 내지 제8조 등에 해당하지 않는 범위 내에서, 피성년후견인은 제10조 제2항 및 제4항에 해당하지 않는 범위 내에서, 피한정후견인은 제13조 제1항의 범위 내에서 행위능력이 일부 제한된다. 이에 개정민법은 이들을 '제한능력자'라고 통칭하였다. 개정된 민법은 2013. 7. 1.부터 시행되고 있다.

(1) 미성년자

만 19세로 성년에 이르게 되며, 성년에 달하지 아니한 자를 미성년자(未成年者)라고 한다. 다만 만 19세를 기준으로 하여 획일적으로 행위능력을 제한하는 방식에 따른 문제점을 조금이라도 완화하기 위하여 혼인을 한 미성년자의 경우에는 예외적으로 성년이 된 것으로 의제하고 있다(혼인적령은 만 18세).

미성년자가 법률행위를 하기 위해서는 원칙적으로 법정대리인의 동의를 얻어야 하며, 법정대리인의 동의를 얻지 않고서 법률행위를 한 경우에는 미성년자 본인 또는 법정대리인이 그 법률행위를 취소할 수 있다. 그렇지만 다음에 열거하는 행위는 법정대리인의 동의를 얻지 않더라도 유효하게 할 수 있다.

① 권리만을 얻거나 의무만을 면하는 행위(예: 타인으로부터 선물을 받는 경우)
② 법정대리인이 범위를 정하여 처분을 허락한 재산에 관한 행위(예: 용돈으로 학용품을 사는 경우)
③ 법정대리인에 의하여 허락된 영업에 관한 행위
④ 근로계약을 체결하거나 임금을 청구하는 등의 행위

미성년자의 법률행위를 보조하기 위한 법정대리인에는 친권자(親權者)와 후견인(後見人)이 있다. 친권자는 부모를 말하며, 혼인 중에는 부모가 공동으로 친권을 행사하는 것이 원칙이나, 이혼을 한 경우에는 부모의 일방이 친권을 행사할 수도 있다. 친권자는 자녀를 양육할 의무를 지며, 자녀의 법률행위에 동의하거나 대리할 권한과 재산을 관리할 권한을 가진다. 친권자가 없거나, 있기는 하지만 친권을 행사할 수 없는 경우에는 후견인이 선임된다. 후견인도 친권자와 마찬가지로 미성년자인 피후견인을 돌볼 의무와 법률행위에 동의하거나 대리할 수 있는 권한을 가진다.

■ **청소년** ■

미성년자와 비슷한 의미로 사용되는 용어로 청소년(靑少年)이 있다. 원래 청소년은 9세에서 24세까지를 말하는데(청소년기본법 제3조), 청소년보호법에서는 만 19세 미만의 자를 청소년으로 규정하고 있다(다만, 만 19세에 도달하는 해의 1월 1일을 맞이한 자는 제외). 청소년보호법에서 금지한 행위를 한 경우, 청소년은 처벌받지 않지만 청소년에게 술·담배 등을 판 사람은 영업정지 등의 처벌을 받게 된다.

[판례] 음식점을 운영하는 사람이 그 음식점에 들어온 사람들에게 술을 내어놓을 당시에는 성년자들만이 있었고 그들끼리만 술을 마시다가 나중에 청소년이 들어와서 합석하게 된 경우에는, 처음부터 음식점 운영자가 나중에 그렇게 청소년이 합석하리라는 것을 예견할 만한 사정이 있었거나, 청소년이 합석한 후에 이를 인식하면서 추가로 술을 내어 준 경우가 아닌 이상, 나중에 합석한 청소년이 남아 있던 술을 일부 마셨다고 하더라도 음식점 운영자는 청소년보호법 제51조 제8호에 규정된 "청소년에게 술을 판매하는 행위"를 하였다고는 할 수 없고, 이같은 법리는 음식점 운영자가 나중에 합석한 청소년에게 술을 따라 마실 술잔을 내주었다 하여 달리 볼 것은 아니다. [대법원 2002. 1. 11. 선고 2001도6032 판결]

(2) 피성년후견인

피성년후견인은 질병, 장애, 노령, 그 밖의 사유로 인한 정신적 제약으로 사무를 처리할 능력이 지속적으로 결여된 사람으로서, 일정한 자의 청구에 의하여 가정법원으로부터 성년후견개시의 심판을 받은 자이다(민법 제10조).

피성년후견인은 원칙적으로 혼자서 유효한 법률행위를 할 수 없으며, 법정대리인인 성년후견인의 동의를 얻지 않고 한 행위뿐만 아니라 동의를 얻고서 한 행위도 취소할 수 있다. 그렇지만 재산행위에 관하여 두 가지 예외가 있다. 하나는 가정법원이 취소할 수 없는 피성년후견인의 법률행위의 범위를 정한 경우이고, 다른 하나는 일용품의 구입 등 일상생활에서 필요하고 그 대가가 과도하지 않은 법률행위이다. 이러한 거래는 신중한 고려가 요구되지 않고 또 피성년후견인에게 크게 불이익이 생기지도 않으므로, 피성년후견인의 거래의 자유와 일반 거래의 안전을 보호하기 위하여 취소할 수 없도록 한 것이다. 그리고 약혼, 혼인 등의 친족법상의 행위는 피성년후견인이 성년후견인의 동의를 얻어서 스스로 할 수 있으며, 17세가 되었으면 의사능력이 회복된 때에 단독으로 유언할 수 있다.

피성년후견인에게는 보호자로 성년후견인을 두어야 한다. 성년후견인은 성년후견개시의 심판을 할 때에 가정법원이 직권으로 선임한다. 성년후견인은 피후견인의 법정대리인이 된다. 성년후견인은 원칙적으로 법률행위의 동의권은 없고, 대리권만 가진다. 그러나 예외적으로 일정한 친족법상의 행위에 관하여는 동의권과 취소권을 가진다.

성년후견개시의 원인이 소멸한 경우에는 민법 제11조에 따라 가정법원이 성년후견종료의 심판을 하며, 성년후견종료의 심판이 있으면 피성년후견인은 장래에 향하여 그의 행위능력을 회복한다.

(3) 피한정후견인

피한정후견인은 질병, 장애, 노령, 그 밖의 사유로 인한 정신적 제약으로 사무를 처리할 능력이 부족한 사람으로서, 일정한 자의 청구에 의하여 가정법원으로부터 한정후견개시의 심판을 받은 자이다(민법 제12조).

피한정후견인은 원칙적으로 혼자서 유효한 법률행위를 할 수 있다. 다만, 가정법원이 피한정후견인으로 하여금 한정후견인의 동의를 받아야 할 행위의 범위를 정할 수 있으며, 한정후견인의 동의가 필요한 법률행위를 피한정후견인이 한정후견인의 동의 없이 하였을 때에는 그 법률행위를 취소할 수 있다. 한편 일용품의 구입 등 일상생활에 필요하고 그 대가가 과도하지 않은 법률행위는 취소할 수 없다.

피한정후견인에게는 보호자로 한정후견인을 두어야 한다. 한정후견인은 한정후견개시의 심판을 할 때 가정법원이 직권으로 선임한다. 그렇지만 한정후견인이 당연히 피한정후견인의 법정대리인으로 되는 것은 아니다. 가정법원은 한정후견인에게 대리권을 수여하는 심판을 할 수 있고, 그러한 심판이 있는 경우에만 법정대리권을 가진다. 한정후견인은 원칙적으로 법률행위의 동의권·취소권이 없지만, 동의가 유보된 경우에는 동의권과 취소권을 가진다.

한정후견개시의 원인이 소멸된 경우에는 민법 제14조에 따라 가정법원이 한정후견종료의 심판을 하며, 심판이 내려진 때부터 장래에 향하여 제한받고 있던 행위능력을 회복한다.

■ **피특정후견인** ■

피특정후견인은 질병, 장애, 노령, 그 밖의 사유로 인한 정신적 제약으로 일시적 후원 또는 특정한 사무에 관한 후원이 필요한 사람으로서 민법 제14조의2에서 규정한 절차에 따라 특정후견개시의 심판을 받은 자이다. 피특정후견인은 1회적 · 특정적으로 보호를 받는 점에서 지속적 · 포괄적으로 보호를 받는 피한정후견인이나 피성년후견인과 차이가 있다. 특정후견은 본인의 의사에 반하여 할 수 없으며, 가정법원이 특정후견의 심판을 하는 경우에는 특정후견의 기간 또는 사무의 범위를 정하여야 한다. 특정후견의 심판이 있어도 피특정후견인은 행위능력에 전혀 영향을 받지 않는다. 따라서 정해진 범위 외의 법률행위는 특정후견인의 동의 없이 혼자서 할 수 있다.

■ **후견계약** ■

후견계약은 질병, 장애, 노령, 그 밖의 사유로 인한 정신적 제약으로 사무를 처리할 능력이 부족한 상황에 있거나 부족하게 될 상황에 대비하여 자신의 재산관리 및 신상보호에 관한 사무의 전부 또는 일부를 다른 자에게 위탁하고 그 위탁사무에 관하여 대리권을 수여하는 것을 내용으로 하는 계약이다. 후견계약은 공정증서로 체결하여야 하며, 가정법원이 임의후견감독인을 선임한 때부터 효력이 발생한다. 위와 같은 후견계약에 의하여 임의후견인의 돌봄을 받게 되는 사람을 피임의후견인이라고 한다.

(4) 제한능력자의 상대방의 보호

제한능력자의 법률행위는 취소할 수 있고, 또 그 취소권은 제한능력자 쪽만 가지고 있다. 따라서 제한능력자와 거래한 상대방은 전적으로 제한능력자 쪽의 의사에 좌우되는 불안정한 상태에 놓이게 되므로, 민법은 상대방을 위하여 다음과 같은 제도를 마련하고 있다.

첫째, 제한능력자와 법률행위를 한 상대방은 제한능력자 쪽에 대하여 취소할 수 있는 행위를 추인할 것인지의 여부에 관하여 확답하라고 촉구할 수 있으며, 정해진 기간 내에 확답을 하지 않으면 추인한 것으로 본다(민법 제15조). 둘째, 제한능력자와 계약을 체결한 상대방이 선의인 경우에는 제한능력자 쪽에서 추인을 하거나 취소하기 전에 그의 의사표시를 철회할 수 있으며, 제한능력자가 단독행위를 한 경우에는 제한능력자 쪽에서 추인하기 전에 이를 거절할 수 있다(민법 제16조). 셋째, 제한능력자가 속임수를 써서 자기를 능력자로 믿게 하였거나 미성년자나 피한정후견인이 속임수를 써서 법정대리인의 동의가 있는 것으로 믿게 한 경우에는 제한능력자 쪽의 취소권을 박탈한다(민법 제17조).

■ **선의와 악의** ■

법률용어로 사용되는 선의(善意)는 어떤 사정을 알지 못한다는 뜻이고, 악의(惡意)는 어떤 사정을 알고 있는 것을 말하는데, 이는 일반적으로 사용되는 의미와 다르다는 점에서 주의가 필요하다. 민법은 선의와 악의의 경우를 구별하여 법률상의 효과를 달리하는 규정을 많이 두고 있다(민법 제107조 내지 제110조, 제249조, 제570조, 제748조 등).

3. 다른 능력과의 구별

권리의 주체가 가지는 법적 지위와 관련하여 행위능력 이외에도 권리능력, 의사능력, 책임능력(또는 불법행위능력) 등의 용어가 사용된다. 이들 용어에 대하여 간단하게 살펴본다.

(1) 권리능력

사람은 생존하는 동안에만 권리와 의무의 주체가 되는 것이 원칙이다(민법 제3조). 이것을 달리 표현하면 "사람은 생존하는 동안 권리능력(權利能力)을 가진다"라고 할 수 있다. 여기에서의 권리능력이란 권리와 의무의 주체가 될 수 있는 법적 지위 또는 자격을 말한다.

권리능력은 생존하는 동안 가질 수 있으므로 출생에 의하여 취득하고 사망으로 인하여 상실한다. 언제 출생한 것으로 보느냐에 관하여는 논쟁이 있으나, 민법상으로는 태아가 모체로부터 전부 노출된 때에 출생한 것으로 본다(그렇지만 형법에서는 분만 직전에 태아를 살해하는 것을 방지하기 위하여 분만이 개시된 때로부터 사람으로 취급한다). 따라서 태아가 출생하지 못하고 사망한 경우에는 권리능력을 취득하지 못하지만, 태아가 모체로부터 완전히 노출된 후 곧바로 사망한 경우에도 권리능력을 취득한다(다만 곧바로 사망하였기 때문에 태아를 피상속인으로 하는 상속관계가 발생한다).

한편 권리능력이 소멸하는 사망의 시기는 호흡과 심장의 고동이 영구적으로 정지한 때라고 한다. 하지만 사체(死體)를 확인할 수 없어서 사망한 것을 증명할 수 없는 경우에는 법적으로 사망한 것으로 처리함으로써 그 사람의 재산관계와 가족관계가 정리될 수 있도록 한다. 법적으로 사망한 것으로 처리하는 제도에는 실종선고와 인정사망이 있다(자세한 것은 제8장 Ⅲ 참고).

■ **뇌사(腦死)** ■

「장기 등 이식에 관한 법률」에서는 뇌사자를 "장기 등 이식에 관한 법률에 의한 뇌사판정기준 및 뇌사판정절차에 따라 뇌 전체의 기능이 되살아 날 수 없는 상태로 정지되었다고 판정된 자"라고 정의하고 있다. 이와 같은 뇌사는 뇌사자로부터 장기(臟器)를 적출(摘出)하기 위한 목적에서 인정된다. 한편 「장기 등 이식에 관한 법률」은 뇌사자로부터 장기를 적출하여 이식하는 경우뿐만 아니라 살아있는 사람으로부터 장기를 적출하는 경우에 관하여도 규정하고 있다. 이 법에 따르면 장기의 매매는 금지되며, 이를 위반한 경우에는 형사처벌을 받을 수 있다.

(2) 의사능력

의사능력(意思能力)이라 함은 자신의 행위의 의미를 이해하고 그에 따라 자신의 의사를 결정할 수 있는 정신적 능력을 말한다. 따라서 사리를 판별할 수 없는 정신병자나 어린아이 또는 만취한 경우와 같이 의사능력이 없는 사람의 행위에 대하여 법적인 효력을 부여할 수는 없으므로, 의사능력이 없는 자가 한 법률행위는 무효가 된다. 행위능력의 경우에는 인정기준이 정해져 있지만 의사능력은 정해진 인정기준이 없기 때문에 각각의 법률행위를 함에 있어서 의사능력이 있었는지 여부를 판단하여 그 법률행위가 유효인지 또는 무효인지를 결정하게 된다.

[판례] 원고가 직접 금융기관을 방문하여 금 5천만원을 대출받고 금전소비대차약정서 및 근저당권설정계약서에 날인하였다고 할지라도, 원고가 어릴 때부터 지능지수가 낮아 정규교육을 받지 못한 채 가족의 도움으로 살아왔고, 위 계약일 2년 8개월 후 실시된 신체감정결과 지능지수는 73, 사회연령은 6세 수준으로서 이름을 정확하게 쓰지 못하고 간단한 셈도 불가능하며, 원고의 본래 지능수준도 이와 크게 다르지 않을 것으로 추정된다는 감정결과가 나왔다면, 원고가 위 계약 당시 결코 적지 않은 금액을 대출 받고 이에 대하여 자신 소유의 부동산

을 담보로 제공함으로써 만약 대출금을 변제하지 못할 때에는 근저당권의 실행으로 인하여 소유권을 상실할 수 있다는 일련의 법률적인 의미와 효과를 이해할 수 있는 의사능력을 갖추고 있었다고 볼 수 없고, 따라서 위 계약은 의사능력을 흠결한 상태에서 체결된 것으로서 무효이다. [대법원 2002. 10. 11. 선고 2001다10113 판결]

■ 의사무능력자(심신장애인)의 형법상의 처리 ■

형법 제10조에 따르면, 심신장애로 인하여 사물을 변식할 능력이 없거나 의사를 결정할 능력이 없는 자의 행위는 벌하지 않으며, 심신장애로 인하여 사물을 변식할 능력이나 의사를 결정할 능력이 미약한 자는 형을 감경하도록 한다. 다만 위험의 발생을 예견하고 자의로 심신장애를 야기한 자의 행위는 처벌한다(이러한 행위를 '원인에 있어서 자유로운 행위'라고 부른다).

[판례] 범행 당시 정신분열증으로 심신장애의 상태에 있었던 피고인이 피해자를 살해한다는 명확한 의식이 있었고 범행의 경위를 소상하게 기억하고 있다고 하여 범행 당시 사물의 변별능력이나 의사결정능력이 결여된 정도가 아니라 미약한 상태에 있었다고 단정할 수는 없는 것인바, 피고인이 피해자를 살해할 만한 다른 동기가 전혀 없고, 오직 피해자를 "사탄"이라고 생각하고 피해자를 죽여야만 피고인 자신이 천당에 갈 수 있다고 믿어 살해하기에 이른 것이라면, 피고인은 범행당시 정신분열증에 의한 망상에 지배되어 사물의 선악과 시비를 구별할 만한 판단능력이 결여된 상태에 있었던 것으로 볼 여지가 없지 않다. [대법원 1990. 8. 14. 선고 90도1328 판결]

[판례] 술을 마심으로써 심신장애가 생겼다고 하기 위하여는 음주로 인해 적어도 의식에 현저한 장애가 있거나 환각, 망상 등 이상증상의 발현이 되었을 때 고려될 수 있는 것이고, 범행 당시 또는 그 뒤에 자신의 범죄행위에 대하여 거의 확실히 기억하거나 생각해낼 수 있고, 의식의 현저한 장애나 환각, 망상 등의 이상 증상이 나타나지 않고 체질에 병적 현상도 생기지 않는 한 그와 같은 상태하에서의 범죄행위를 심신미약에 기인한 행위라고 할 수 없다(범행을 모의하는 단계에서 술을 마셨으나 그로부터 상당한 시간이 경과한 후 범행을 저지른 사례). [대법원 1998. 3. 10. 선고 97도3452 판결]

[판례] 자신의 충동을 억제하지 못하여 범죄를 저지르게 되는 현상은 정상인에게서도 얼마든지 찾아볼 수 있는 일로서, 특단의 사정이 없는 한 위와 같은 성격적 결함을 가진 자에 대하여 자신의 충동을 억제하고 법을 준수하도록 요구하는 것이 기대할 수 없는 행위를 요구하는 것이라고는 할 수 없으므로, 원칙적으로 충동조절장애와 같은 성격적 결함은 형의 감면사유인 심신장애에 해당하지 아니한다고 봄이 상당하지만, 그 이상으로 사물을 변별할 수 있는 능력

에 장애를 가져오는 원래의 의미의 정신병이 도벽의 원인이라거나 혹은 도벽의 원인이 충동조절장애와 같은 성격적 결함이라 할지라도 그것이 매우 심각하여 원래의 의미의 정신병을 가진 사람과 동등하다고 평가할 수 있는 경우에는 그로 인한 절도 범행은 심신장애로 인한 범행으로 보아야 한다. [대법원 2002. 5. 24. 선고 2002도1541 판결]

(3) 책임능력

  책임능력(責任能力) 또는 불법행위능력(不法行爲能力)이란 불법행위로 인한 책임을 변식(辨識)할 수 있는 정신능력을 말한다. 책임능력을 판단함에 있어서는 의사능력에 있어서와 같이 각각의 경우에 실질적인 능력을 판단해야 한다(판례에 의하면 14세 이상이면 책임능력이 있는 것으로 인정된다). 책임능력이 없는 자가 불법행위를 함으로써 타인에게 손해를 입힌 경우, 본인은 그에 대한 책임을 지지 않지만 그를 감독할 의무가 있는 자(예: 부모)나 감독의무자에 갈음하여 책임무능력자를 감독하는 자(예: 교사)는 감독의무를 게을리하지 아니하였음을 입증하지 못하는 한 피해자가 입은 손해를 배상할 책임을 진다(감독자책임, 민법 제755조). 그렇지만 판례는 미성년자에게 책임능력이 있는 경우에도 감독의무자가 자신의 감독의무를 제대로 이행하지 못한 경우에는 손해배상책임을 인정한다.

[판례] 만 14세 4개월의 중학교 2년생이 체육시간에 피해자의 잘못으로 체육교사로부터 단체기합을 받았다는 이유로 그 직후의 휴식기간에 피해자를 폭행하여 상해를 가한 사안에서, 가해자는 충분한 분별능력이 있고, 비록 공부를 못하고 성격이 급하나 본성이 착하여 평소 친구들을 때리거나 괴롭힌 일이 없으며, 피해자와 같은 급우로서 별문제 없이 지내왔고, 피해자도 비록 공부는 못하나 심성이 고운 학생으로 친구들 사이에서 별다른 문제가 없는 학생이었으며, 교사가 단체기합을 주게 된 동기와 약 5분 정도에 걸쳐 쪼그려 뛰기 20회, 엎드렸다 일어나기 20회, 팔벌려 뛰기 20회를 실시한 체벌의 방법과 정도로 보아 교육적 차원에서 정당하고, 그 단체기합으로 인하여 같은 반 학생들이 피해자에게 반감을 가질 정도의 것은 아니라고 보이므로 이러한 가해자의 성행, 피해자와의 관계, 사고발생의 때와 장소 등을 고려할 때 체육교사나 담임교사 등이 이 사건 사고를 예측하였거나 예측할 수 있었다고 보기 어렵고, 사고에 앞서 체육교사가 위와 같은 단체기합을 주었다는 사정만으로 사고의 발생에 대한 구체적 위험성이 있다고도 할 수 없으므로 이 사건 사고는 돌발적이거나 우연한 사고로서 체육교사나 담임교사에게 보호·감독의무 위반의 책임을 물을 수 없다. [대법원 2000. 4. 11. 선고 99다44205 판결]

■ 형사미성년자 ■

형법 제9조에서는 "14세 되지 아니한 자의 행위는 벌하지 아니한다."라고 규정하고 있는데, 이는 민사상의 책임능력이 없는 경우에 손해배상책임을 지지 않도록 한 것과 같은 취지이다. 따라서 14세 미만의 자가 범죄를 한 경우에는 그에 따른 형벌이 과해지지 않는다. 그리고 형사책임은 행위자 본인만 지는 것이므로 부모 등 보호자가 형사미성년자를 대신하여 처벌받지 않는다. 다만 형사미성년자라 하더라도 만 10세 이상인 소년이 형사상 범죄를 저지른 때에는 소년법에 의한 소년보호사건으로 되어 가정법원 또는 지방법원 소년부의 심리를 거쳐 일정한 처분을 받게 된다.

4. 법인

(1) 법인의 의의와 구성

생존하는 사람(자연인) 이외에 또 하나의 권리주체로서 법인이 있다. 법인(法人)은 법률의 규정에 의하여 일정한 단체 또는 재산의 집합에 법인격을 부여함으로써 독립한 권리의무의 주체가 될 수 있도록 한 것을 말한다. 따라서 법인은 자연인과 별개로 권리·의무의 귀속주체가 될 수 있을 뿐만 아니라 그 기관을 통하여 자기의 이름으로 법률행위를 할 능력도 가진다. 나아가 법인의 대표기관이 업무집행과 관련하여 타인에게 손해를 가한 경우에는 법인 스스로가 손해배상책임을 진다.

법인은 그 구성에 따라 사단법인과 재단법인으로 구분된다. 사단법인(社團法人)이란 일정한 목적을 위하여 결합한 사람의 단체에 대하여 법인격을 인정한 것을 말한다. 사단법인이 성립하기 위해서는 자치법규(정관)를 가지고 있어야 하며, 총회와 대표자가 있어야 하고, 주무관청의 허가를 받은 후 설립등기를 해야 한다. 사단법인의 운영은 법령에 특별한 규정이 없는 한 정관에서 정한 바에 따라 이루어진다.

이와 비교하여 재단법인(財團法人)이란 일정한 목적을 위하여 출연(出捐)된 재산에 대하여 법인격이 인정된 것을 말한다. 재단법인이 성립하기 위해서는 기본재산을 가지는 외에 사단법인에서와 같은 절차를 거쳐야 한다. 다만 재단법인에는 구성원이 없고 재산의 출연자만 있기 때문에 출연자(이른바 설립자)에 의하여 제정된 정관에 따라 재단법인이 운영되게 된다.

민법상의 사단법인과 재단법인은 학술, 종교, 자선, 기예, 사교 기타 영리 아닌 사업을 목적으로 하는 비영리법인이어야 한다(장학금이나 연구비, 자선 등을 목적으로 설립된 법인은 특별히 '공익법인'이라고 부른다. 이러한 법인에 대하여는 「공익법인의 설립·운영에 관한 법률」도 적용된다). 다만 재단법인의 경우에는 이익을 나누어 가질 구성원이 없으므로 어떠한 경우에도 영리를 목적으로 하지 못하지만, 민법 이외의 법률(특히 상법)에 의하여 성립하는 사단법인의 경우에는 영리를 목적으로 하여 설립될 수 있다(예: 주식회사. 이에 관하여는 상법의 회사편에서 자세하게 규정하고 있다).

법인이 스스로 활동할 수는 없으므로, 법인의 이름으로 대외적인 활동을 하고 대내적인 업무를 처리하기 위한 기관을 필요로 한다. 법인을 대표하고 업무를 집행하는 기관으로는 이사(理事)가 있고(법인을 대표할 이사를 특별히 정한 경우에 그 사람을 대표이사라고 부른다), 이사의 업무를 감독하기 위하여 감사(監事)를 둔다. 그리고 사단법인의 경우에는 사원총회가 법인의 의사를 결정하는 최고기관이 된다(주식회사의 주주총회가 이에 해당한다).

(2) 권리능력 없는 사단과 재단

권리능력 없는 사단이란 사단으로서의 실질(정관, 총회, 대표자)은 갖추고 있으나 법인격을 취득하지 못한 사단을 말한다. 법인은 법률의 규정에 의한 절차를 거쳐야 성립하므로, 임의로 절차를 밟지 않거나 또는 주무관청의 허가를 받지 못한 경우에는 법인이 되지 못한다. 이와 같이 법인으로서의 실질은 갖추었으나, 형식적으로 법인성립절차를 충족하지 못한 사단을 권리능력 없는 사단 또는 법인격 없는 사단이라고 부른다(줄여서 비법인사단이라고 부르기도 한다). 판례가 인정하는 전형적인 경우로는 종중(宗中), 교회, 사찰 등이 있다. 권리능력 없는 사단은 원칙적으로 구성원과 독립된 법인격을 가지지 못하며, 그의 재산귀속관계는 사원의 총유(소유권) 또는 준총유(소유권 이외의 재산권)가 된다. 그러나 실무상 법인격을 전제로 하는 것을 제외하고는 사단법인에 관한 규정을 유추적용하고 있다.

권리능력 없는 사단의 경우와 마찬가지로 권리능력 없는 재단이란 재단법인으로서의 실질은 갖추고 있으나 법인격을 취득하지 못한 재단을 말한다. 법에서 규정하고 있는 권리능력 없는 재단의 예로는 상속인이 한정승인을 한 상속재산(민법 제1028조 이하), 상속인 없는 상속재산(민법 제1053조 이하), 파산재단(채무자 회생 및 파산에 관한 법률 제382조) 등을 들 수 있다. 권리능력 없는 재단에서의 재산의 귀속은 권리능력 없는 재단의 단독소유로 보자는 견해와 공시방법이 없는 경우에는 신탁의 법리에 의할 것이라는 견해 등이 있다(이 경우에는 대표자의 명의로 소유하고 있는 것으로 처리한다). 그러나 기타의 법률관계에서는 법인격을 전제로 하는 것을 제외하고는 재단법인에 관한 규정이 유추적용되는 것으로 해석하고 있다. 그리하여 권리능력 없는 사단이나 재단이 소유한 부동산에 대하여는 사단 또는 재단의 명의로 등기를 할 수 있도록 하고 있으며(부동산등기법 제26조), 권리능력 없는 사단이나 재단의 이름으로 소송도 할 수 있도록 하고 있다(민사소송법 제52조).

▪ 종중 ▪

고유한 의미의 종중(宗中)이란 공동선조의 분묘수호와 제사 및 종중원 상호간의 친목 등을 목적으로 하여 성립하는 관습상의 종족집단체이며, 종중의 성립을 위하여 특별한 조직행위를 필요로 하지 않는다. 그리고 공동선조와 성(姓)과 본(本)을 같이 하는 후손은 성별의 구별 없이 성년이 되면 당연히 그 구성원이 된다. 그 결과 특정지역 내에 거주하는 일부 종중원만을 그 구성원으로 하는 단체는 종중 유사의 단체에 불과하고 고유한 의미의 종중은 될 수 없다.

종중은 총회(總會)를 통하여 규약(規約)을 정하고 대표자를 선임할 수 있으며, 이러한 요건을 갖추면 권리능력 없는 사단으로 인정된다. 그리고 종중이 그 총회를 개최함에 있어서는 특별한 사정이 없는 한 세보(世譜)에 기재된 모든 종원은 물론, 기타 세보에 기재되지 아니한 종원이 있으면 이 역시 포함시켜 총회의 소집통지대상이 되는 종원의 범위를 확정한 후 소재가 분명하여 연락가능한 종원에게 개별적으로 소집통지를 하여야 한다. 그리고 종중 소유의 재산은 종중원의 총유에 속하는 것이므로 그 관리 및 처분에 관하여 먼저 종중 규약에 정하는 바가 있으면 이에 따라야 하고, 그 점에 관한 종중 규약이 없으면 종중 총회의 결의에 의하여야 하므로, 비록 종중 대표자에 의한 종중 재산의 처분이라고 하더라도 총회의 결의를 거치지 아니하였다면 그 행위는 무효가 된다.

Ⅲ. 의사표시

1. 의사표시의 의의

의사표시(意思表示)란 일정한 법률효과를 발생시키려는 의사를 외부에 표시하는 것으로, 법률행위가 성립하기 위해서는 적어도 1개 이상의 의사표시가 있어야 한다(계약의 경우에는 2개 이상의 의사표시가 필요하다). 법률행위의 성립을 위한 의사표시는 당사자에 의하여 명시적으로 이루어지는 경우가 대부분이지만, 당사자의 행위로부터 묵시적으로 인정되는 경우도 있으며, 본인이 아닌 대리인에 의하여 이루어지는 경우도 있다.

한편 법률행위를 성립시키기 위한 의사표시는 표의자의 내심의 효과의사와 표시상의 효과의사가 일치하는 것이어야 하며, 타인의 부당한 간섭에 의한 것이 아니어야 한다. 따라서 내심의 효과의사와 표시상의 효과의사가 일치하지 않는 경우나 타인의 부당한 간섭이 있었던 때에는 그 의사표시에 따른 효과가 인정되지 않아야 하지만, 상대방의 신뢰를 보호하기 위하여 일정한 경우에는 의사표시에 따른 효과를 인정하고 있으며, 제3자가 선의·무과실인 경우에는 당사자 사이에 무효인 법률효과로서 제3자에게 대항하지 못하는 것으로 한다(결과적으로 유효한 것으로 처리된다). 민법이 예정하고 있는 의사와 표시가 일치하지 않는 경우로는 진의 아닌 의사표시와 통정허위표시 및 착오로 인한 의사표시가 있으며, 타인의 부당한 간섭이 있는 경우로는 사기·강박에 의한 의사표시가 있다.

2. 의사와 표시의 불일치

(1) 진의 아닌 의사표시

진의(眞意) 아닌 의사표시(비진의표시)라 함은 표의자가 내심의 의사와 표시가 일치하지 않음을 알면서 한 의사표시를 말한다. 의사표시가 성립하려면 객관적으로 인정될 만한 가치가 있어야 하기 때문에 법률효과를 기대하지 않는 명백한 농담은 진의 아닌 의사표시에 해당하지 않는다.

진의 아닌 의사표시는 원칙적으로 유효하다. 다만 상대방이 표의자의 진의 아님을 알았거나 이를 알 수 있었을 경우(즉, 주의를 기울이지 않았기 때문에 알지 못한 경우)에는 무효로 한다. 그러나 무효인 경우에도 선의의 제3자에게는 대항하지 못한다. 여기서 선의라 함은 표의자의 의사표시가 진의 아님을 알지 못하는 것이고, 제3자란 진의 아닌 의사표시를 원인으로 새로운 이해관계를 맺은 자를 말한다. 그리고 대항하지 못한다라고 함은 의사표시를 한 자가 제3자에 대하여 의사표시의 무효를 주장하지 못하도록 한다는 의미이다.

[판례] 사용자가 근로자로부터 사직서를 제출 받고 이를 수리하는 의원면직의 형식을 취하여 근로계약관계를 종료시킨 경우, 사직의 의사 없는 근로자로 하여금 어쩔 수 없이 사직서를 작성, 제출케 하였다면 실질적으로 사용자의 일방적인 의사에 의하여 근로계약관계를 종료시키는 것이어서 해고에 해당한다고 할 것이나, 그렇지 않은 경우에는 사용자가 사직서 제출에 따른 사직의 의사표시를 수락함으로써 사용자와 근로자의 근로계약관계는 합의해지에 의하여 종료되는 것이므로 사용자의 의원면직처분을 해고라고 볼 수 없다(희망퇴직제 실시에 따라 근로자가 회사에 대하여 사직서를 제출하고 회사가 이를 수리하여 면직한 것이 근로기준법상의 해고가 아니라고 본 사례). [대법원 2003. 4. 11. 선고 2002다60528 판결]

[판례] 근로자가 징계면직처분을 받은 후 당시 상황에서는 징계면직처분의 무효를 다투어 복직하기는 어렵다고 판단하여 퇴직금 수령 및 장래를 위하여 사직원을 제출하고 재심을 청구하여 종전의 징계면직처분이 취소되고 의원면직 처리된 경우, 그 사직의 의사표시는 비진의 의사표시에 해당하지 않는다고 한 사례. [대법원 2000. 4. 25. 선고 99다34475 판결]

■ 제3자 ■

상대방에 대하여 법률행위를 하거나 상대방의 법률행위를 받는 사람을 당사자라고 하며, 당사자 이외의 모든 자를 제3자라고 한다. 제3자는 원칙적으로 당사자의 법률행위에 의하여 영향을 받지 않으나, 제3자가 당사자의 일방과 법률행위를 한 경우 또는 당사자간의 법률행위가 제3자를 위한 것인 경우에는 제3자가 당사자간에 발생한 법률행위의 영향을 받게 된다.

(2) 통정허위표시

통정허위표시(通情虛僞表示)라 함은 상대방과 공모해서 하는 진의 아닌 의사표시를 말한다. 통정허위표시를 요소로 하는 법률행위는 가장행위(假裝行爲)가 된다. 통정허위표시는 비진의표시와는 달리 당사자 사이에서는 언제나 무효이다. 따라서 이행 전이면 의무를 이행할 필요가 없고, 이행 후이면 이익을 얻은 자가 그 이익을 부당이득으로 반환해야 한다. 통정허위표시는 불법이 아니므로 민법 제746조의 불법원인급여가 적용되지는 않는다. 따라서 이미 이행한 것의 반환을 청구할 수 있다. 통정허위표시도 진의 아닌 의사표시와 마찬가지로 이로써 선의의 제3자에게 대항하지 못한다.

[판례] 통정허위표시가 성립하기 위하여는 의사표시의 진의와 표시가 일치하지 아니하고, 그 불일치에 관하여 상대방과 사이에 합의가 있어야 하는바, 제3자가 은행을 직접 방문하여 금전소비대차약정서에 주채무자로서 서명·날인하였다면 제3자는 자신이 당해 소비대차계약의 주채무자임을 은행에 대하여 표시한 셈이고, 제3자가 은행이 정한 동일인에 대한 여신한도 제한을 회피하여 타인으로 하여금 제3자 명의로 대출을 받아 이를 사용하도록 할 의도가 있었다거나 그 원리금을 타인의 부담으로 상환하기로 하였더라도, 특별한 사정이 없는 한 이는 소비대차계약에 따른 경제적 효과를 타인에게 귀속시키려는 의사에 불과할 뿐, 그 법률상의 효과까지도 타인에게 귀속시키려는 의사로 볼 수는 없으므로 제3자의 진의와 표시에 불일치가 있다고 보기는 어렵다. [대법원 1998. 9. 4. 선고 98다17909 판결]

[판례] 임대차는 임차인으로 하여금 목적물을 사용·수익하게 하는 것이 계약의 기본 내용이므로, 채권자가 주택임대차보호법상의 대항력을 취득하는 방법으로 기존 채권을 우선변제 받을 목적으로 주택임대차계약의 형식을 빌려 기존 채권을 임대차보증금으로 하기로 하고 주택의 인도와 주민등록을 마침으로써 주택임대차로서의 대항력을 취득한 것처럼 외관을 만들었을 뿐 실제 주택을 주거용으로 사용·수익할 목적을 갖지 아니한 계약은 주택임대차계약으로서는 통정허위표시에 해당되어 무효라고 할 것이므로 이에 주택임대차보호법이 정하고 있는 대항력을 부여할 수는 없다. [대법원 2002. 3. 12. 선고 2000다24184, 24191 판결]

■ 불법원인급여 ■

불법적인 결과를 얻기 위하여 상대방에게 재산을 주는 것을 불법원인급여라고 한다. 부당한 이득을 얻은 경우에는 반환하는 것이 원칙이지만, 부당한 이득이 불법원인급여로 인한 것인 때에는 반환할 필요가 없다. 다만 수익자에게만 불법원인이 있는 경우에는 반환청구가 가능하다.

[판례] 성매매알선 등 행위의 처벌에 관한 법률 제10조는 성매매알선 등 행위를 한 사람 또는 성을 파는 행위를 할 사람을 고용한 사람이 그 행위와 관련하여 성을 파는 행위를 하였거나 할 사람에게 가지는 채권은 그 계약의 형식이나 명목에 관계없이 무효로 한다고 규정하고 있고, 부당이득의 반환청구가 금지되는 사유로 민법 제746조가 규정하는 불법원인급여는 그 원인이 되는 행위가 선량한 풍속 기타 사회질서에 반하는 경우를 말하는바, 윤락행위 및 그것을

유인·강요하는 행위는 선량한 풍속 기타 사회질서에 반하므로, 윤락행위를 할 사람을 고용하면서 성매매의 유인·권유·강요의 수단으로 이용되는 선불금 등 명목으로 제공한 금품이나 그 밖의 재산상 이익 등은 불법원인급여에 해당하여 그 반환을 청구할 수 없고, 나아가 성매매의 직접적 대가로서 제공한 경제적 이익뿐만 아니라 성매매를 전제하고 지급하였거나 성매매와 관련성이 있는 경제적 이익이면 모두 불법원인급여에 해당하여 반환을 청구할 수 없다고 보아야 한다. (이른바 '티켓다방'을 운영하는 갑이 을 등을 종업원으로 고용하면서 대여한 선불금이 불법원인급여에 해당하는지가 문제된 사안에서, 제반 사정에 비추어 을 등으로서는 선불금반환채무와 여러 명목의 경제적 부담이 더해지는 불리한 고용조건 탓에 윤락행위를 선택하지 않을 수 없었고, 갑은 이를 알았을 뿐 아니라 유인, 조장하는 위치에 있었다고 보이므로, 위 선불금은 을 등의 윤락행위를 전제로 한 것이거나 그와 관련성이 있는 경제적 이익으로서 그 대여행위는 민법 제103조에서 정하는 반사회질서의 법률행위에 해당함에도, 이와 달리 본 원심판결에 법리오해의 위법이 있다고 한 사례). [대법원 2013. 6. 14. 선고 2011다65174 판결]

(3) 착오로 인한 의사표시

착오로 인한 의사표시라 함은 의사표시를 하는 자가 표시상의 효과의사가 내심의 효과의사와 일치하지 않는 것을 모르고 행한 의사표시를 말한다. 착오의 경우에는 당사자간에 이루어진 의사의 교환에 있어서는 아무런 하자가 없으므로 당사자간의 법률행위는 원칙적으로 유효하게 성립하지만, 다른 한편으로 착오를 일으킨 사람이 행한 의사표시가 완전하지 못하기 때문에 일정한 경우에 그 의사표시를 취소할 수 있도록 하고 있다.

착오의 유형에는 표시상의 착오(100이라고 적을 것을 1000이라고 적은 경우)와 내용의 착오(홍콩달러를 미국달러와 같은 것으로 알고 홍콩달러 대신 미국달러를 지불한 경우), 그리고 동기의 착오(주택을 건축하기 위하여 토지를 구입하였으나 그 토지에 주택을 건축할 수 없는 경우)가 있다. 판례에 따르면 동기의 착오에 있어서는 그 동기가 표시되거나 계약의 내용을 이루는 경우에만 착오를 이유로 취소할 수 있다.

[판례] 동기의 착오가 법률행위의 내용의 중요부분의 착오에 해당함을 이유로 표의자가 법률행위를 취소하려면 그 동기를 당해 의사표시의 내용으로 삼을 것을 상대방에게 표시하고 의사표시의 해석상 법률행위의 내용으로 되어 있다고 인정되면 충분하고 당사자들 사이에 별도로 그 동기를 의사표시의 내용으로 삼기로 하는 합의까지 이루어질 필요는 없지만, 그 법률행위의 내용의 착오는 보통 일반인이 표의자의 입장에 섰더라면 그와 같은 의사표시를 하지 아니하였으리라고 여겨질 정도로 그 착오가 중요한 부분에 관한 것이어야 한다(매매대상 토지

중 20~30평 가량만 도로에 편입될 것이라는 중개인의 말을 믿고 주택 신축을 위하여 토지를 매수하였고 그와 같은 사정이 계약 체결 과정에서 현출되어 매도인도 이를 알고 있었는데 실제로는 전체 면적의 약 30%에 해당하는 197평이 도로에 편입된 경우, 동기의 착오를 이유로 매매계약의 취소를 인정한 사례). [대법원 2000. 5. 12. 선고 2000다12259 판결]

착오에 의한 의사표시는 법률행위의 내용의 중요부분에 착오가 있는 경우에 한하여 취소할 수 있다. 다만 표의자가 착오를 일으킴에 있어서 중대한 과실을 범한 경우에는 중요부분에 착오가 있는 경우에도 취소할 수 없다. 무엇이 중요부분에 해당하는가에 대하여 확정적인 기준은 없다. 다만, 일반적으로 사람을 중요시하는 법률행위에 있어서의 사람의 동일성이나 속성에 관한 착오, 거래상 중요한 의미를 가지고 있으며 표시된 경우에 있어서의 목적물의 동일성·성상·내력 등에 관한 착오, 물건의 객관적인 가격이나 수량과 큰 차이가 있는 경우에 물건의 수량·가격 등에 관한 착오 등은 중요부분의 착오가 된다. 착오로 인하여 법률행위를 취소한 경우에도 선의의 제3자에게 대항하지 못한다.

[판례] 법률행위 내용의 중요 부분에 착오가 있다고 하기 위하여는 표의자에 의하여 추구된 목적을 고려하여 합리적으로 판단하여 볼 때 표시와 의사의 불일치가 객관적으로 현저하여야 하는바, 재건축아파트 설계용역에서 건축사 자격이 가지는 중요성에 비추어 볼 때, 재건축조합이 건축사 자격이 없이 건축연구소를 개설한 건축학 교수에게 건축사 자격이 없다는 것을 알았더라면 재건축조합만이 아니라 객관적으로 볼 때 일반인으로서도 이와 같은 설계용역계약을 체결하지 않았을 것으로 보이므로, 재건축조합 측의 착오는 중요 부분의 착오에 해당한다. [대법원 2003. 4. 11. 선고 2002다70884 판결]

[판례] 경계선을 침범하였다는 상대방의 강력한 주장에 의하여 착오로 그간의 경계 침범에 대한 보상금 내지 위로금 명목으로 금원을 지급한 경우, 진정한 경계선에 관한 착오는 금원지급 약정을 하게 된 동기의 착오이지만 그와 같은 동기의 착오는 상대방의 강력한 주장에 의하여 생긴 것으로서 표의자가 그 동기를 의사표시의 내용으로 표시하였다고 보아야 하고, 또한 표의자로서는 그와 같은 착오가 없었더라면 그 의사표시를 하지 아니하였으리라고 생각될 정도로 중요한 것이고 보통 일반인도 표의자의 처지에 섰더라면 그러한 의사표시를 하지 아니하였으리라고 생각될 정도로 중요한 것이라고 볼 수 있으므로, 금원지급 의사표시는 그 내용의 중요 부분에 착오가 있는 것이 되어 이를 취소할 수 있다. [대법원 1997. 8. 26. 선고 97다6063 판결]

[판례] 금융기관의 불량거래처에 대한 정보교환 및 규제규약에 따라 금융부실거래자로 규제되어 자기의 이름으로는 대출이나 신용보증을 받을 수 없게 된 甲이 동생인 乙 명의로 기업을 경영하면서 乙의 주민등록증에 자기 사진을 붙이고 乙 명의의 인감도장과 인감증명서 및 사업자등록증을 소지하여 乙로 행세하고, 나아가 신용보증을 신청할 때에도 乙 명의로 신청하였으므로, 기술신용보증기금이 乙을 보증대상기업의 경영주로 오인하고 그에 대한 신용조사를 한 다음 신용보증을 하였다면 기술신용보증기금은 위 신용보증의 신청인이 甲이라는 사실을 알았더라면 신용보증을 체결하지 아니하였을 것이 명백하고, 甲을 금융부실거래자가 아니라 신용 있는 자로 착각하여 위 신용보증을 하게 된 것으로서, 이는 법률행위의 중요부분에 착오가 있는 경우에 해당한다. [대법원 1993. 10. 22. 선고 93다14912 판결]

[판례] 매수인이 부동산을 매수하면서 잔금지급 전에 그 부동산을 은행 등에 담보로 넣어 대출을 받아 잔금을 마련하기로 계획을 세우고 매도인들에게 그와 같은 자금마련계획을 알려 잔금지급 전에 매수인이 대출을 받을 수 있도록 협조하여 주기로 약속하였다는 사실만으로, 바로 매수인이 계획하였던 대출이 제대로 이루어질 수 없는 경우에는 그 부동산을 매수하지 아니하였을 것이라는 사정을 매도인들에게 표시하였다거나 매수인들이 이러한 사정을 알고 있었다고 단정할 수는 없다 할 것이어서, 매수인이 대출을 받아 잔금을 지급하려 하였던 잔금지급방법이나 계획이 매매계약의 내용의 중요한 부분으로 되었다고 할 수는 없다. [대법원 1996. 3. 26. 선고 93다55487 판결]

3. 하자있는 의사표시

하자란 흠을 말한다. 따라서 하자있는 의사표시라고 함은 의사표시에 흠이 있는 경우, 즉 타인의 사기나 강박에 의해 정확한 판단이 이루어지지 못하였거나 의사결정이 자유롭지 못한 상태에서 이루어진 의사표시를 말한다. 하자있는 의사표시는 당사자가 어떠한 효력을 발생시키기 위하여 행한 의사표시의 형성 과정에서 문제가 있었을 뿐 내심의 의사와 표시상의 의사가 일치한다는 점에서 의사와 표시가 일치하지 않는 경우와 다르다.

사기(詐欺)에 의한 의사표시란 의사표시를 한 자(표의자)가 타인의 기망(欺罔)에 의해 착오에 빠져 의사표시를 하는 것이며, 강박(強迫)에 의한 의사표시는 상대방 또는 제3자가 표의자에게 해악을 고지함으로써 두려움을 일으키게 하여 이루어진 의사표시를 말한다. 이러한 사기나 강박이 상대방에 의하여 이루어졌다면 표의자는 언제나 그 의사표시를 취소할 수 있지만, 사기나 강박이 제3자에 의하여 이루어졌다면 상대방이 사기나 강박을 알았거나 알 수 있었을 경우에만 취소할 수 있다. 사기나 강박에 의한 의사표시의 경우에도 취소로써 선의의 제3자에게 대항하지 못한다.

[판례] 상품의 선전 광고에 있어서 거래의 중요한 사항에 관하여 구체적 사실을 신의성실의 의무에 비추어 비난받을 정도의 방법으로 허위로 고지한 경우에는 기망행위에 해당한다고 할 것이나, 그 선전 광고에 다소의 과장 허위가 수반되는 것은 그것이 일반 상거래의 관행과 신의칙에 비추어 시인될 수 있는 한 기망성이 결여된다고 할 것이고, 또한 용도가 특정된 특수시설을 분양받을 경우 그 운영을 어떻게 하고, 그 수익은 얼마나 될 것인지와 같은 사항은 투자자들의 책임과 판단하에 결정될 성질의 것이므로, 상가를 분양하면서 그 곳에 첨단 오락타운을 조성하고 전문경영인에 의한 위탁경영을 통하여 일정 수익을 보장한다는 취지의 광고를 하였다고 하여 이로써 상대방을 기망하여 분양계약을 체결하게 하였다거나 상대방이 계약의 중요부분에 관하여 착오를 일으켜 분양계약을 체결하게 된 것이라 볼 수 없다. [대법원 2001. 5. 29. 선고 99다55601 판결]

[판례] 지역사회에서 상당한 사회적 지위와 명망을 가지고 있는 자가 유부녀와 통정한 후 상간자의 배우자로부터 고소를 당하게 되면 자신의 사회적 명예가 실추되고 구속될 여지도 있어 다소 궁박한 상태에 있었다고 볼 수는 있으나 상간자의 배우자가 상대방의 그와 같은 처지를 적극적으로 이용하여 폭리를 취하려 하였다고 볼 수 없는 경우, 고소를 하지 않기로 합의하면서 금 170,000,000원의 약속어음공정증서를 작성한 행위가 불공정한 법률행위에 해당한다고 볼 수 없다고 한 원심판결을 수긍한 사례. [대법원 1997. 3. 25. 선고 96다47951 판결]

▪ 무효 · 취소 · 철회 ▪

법률행위의 무효(無效)란 성립한 법률행위가 어떤 원인으로 인하여 처음부터 그 효과를 발생하지 못하는 것으로 확정되어 있는 경우를 말한다. 무효인 법률행위는 그 본래의 효과가 발생하지 않으나, 그로 인하여 다른 부수적 효과를 발생시키기도 하므로 법률상의 무(無)는 아니다. 예컨대, 원시적 불능으로 인하여 계약이 무효로 된 경우에도 이로 인하여 계약체결상의 과실책임(민법 제535조)이 발생하며, 무효인 법률행위에 대해서도 일정한 경우 이를 유효하게 하기 위한 추인이나 전환이 인정되고, 선의의 제3자에 대하여 무효를 주장할 수 없는 경우도 있다(예: 통정허위표시).

한편 법률행위(또는 의사표시)의 취소(取消)라 함은 법률행위의 원시적 하자를 이유로 취소권자의 일방적 의사표시에 의하여 법률행위의 효력을 소급적으로 소멸시키는 것을 말한다. 따라서 취소할 수 있는 법률행위는 일단 유효한 것으로 다루어지지만 취소권자의 취소로 말미암아 소급적으로 그 효력을 상실하게 된다. 취소는 취소권자가 상대방에 대하여 취소한다는 의사표시를 하는 방법으로 이루어진다. 취소의 효과는 소급하지만 거래의 안전을 보호하기 위하여 선의의 제3자에게 대항하지 못하는 것으로 규정하기도 한다(예: 착오나 사기·강박의 경우).

취소와 비교할 때 철회는 법률행위의 효력이 발생하기 전에 그 법률행위가 없었던 것과 같은 상태로 돌아가고자 하는 당사자 일방의 의사표시라는 점에서 차이가 있다. 철회에 있어서는 법률행위가 성립하고는 있으나 그에 따른 이행 등이 행하여진 것이 없기 때문에 당사자의 의사표시만 있으면 법률관계가 소멸한다(따라서 성립과 동시에 효력이 발생하는 경우에는 철회가 인정될 여지가 없다). 한편 후술하는 바와 같이 할부거래나 방문판매 및 전자상거래의 경우에는 법률의 규정에 의하여 본래의 철회와는 다른 의미에서 청약을 철회하는 제도가 마련되어 있다(제4장 Ⅳ. 참고).

4. 의사표시의 도달

의사표시는 상대방에게 도달한 때에 효력이 발생한다. 따라서 의사표시를 발송하였으나 상대방에게 도달하지 아니한 때에는 아무런 효력이 없다. 그 결과 의사표시가 상대방에게 도달하지 못하였거나 늦게 도달한 경우에는 표의자에게 불리하게 된다. 한편 의사표시가 상대방에게 도달하기 전에는 그 효력이 발생하지 않으므로 표의자는 자신의 의사표시를 철회할 수 있다. 다만 철회의 의사표시는 늦어도 먼저 발신한 의사표시와 동시에 도달하여야 한다. 예를 들어 물건을 주문하는 의사표시를 한 후 철회하려면 철회한다는 의사표시가 주문하는 의사표시보다 먼저 또는 적어도 동시에 상대방에게 도달하여야 하는 것이다. 그리고 의사표시는 발송으로 완성되는 것이므로 의사표시를 발송한 후 그것이 상대방에게 도달하기 전에 표의자가 사망하거나 행위능력을 상실하여도 의사표시의 효력에는 아무런 영향이 없다.

한편 표의자가 과실 없이 상대방을 알지 못하거나 상대방의 소재를 알지 못하는 경우에는 의사표시를 민사소송법상의 공시송달의 규정에 의하여 송달할 수 있다. 공시송달이 이루어지기 위해서는 ① 상대방을 모르거나 그 소재를 몰라야 하고, ② 상대방을 모르는 것과 그의 소재를 모르는 것에 대해서 표의자에게 과실이 없어야 한다. 공시송달에 의한 의사표시는 법원게시판에 게시하거나 관보·공보 또는 신문에 게재한 때 또는 전자통신매체를 이용하여 공시한 날부터 2주가 경과하면 효력이 발생한다(다만 같은 당사자에게 하는 그 뒤의 공시송달은 공시한 다음날부터 효력이 생긴다).

> **[판례]** 채권양도의 통지서가 들어 있는 우편물을 채무자의 가정부가 수령한 직후 한집에 거주하고 있는 통지인인 채권자가 그 우편물을 바로 회수해 버렸다면 그 우편물의 내용이 무엇인지를 그 가정부가 알고 있었다는 등의 특별한 사정이 없었던 이상 그 채권양도의 통지는 사회관념상 채무자가 그 통지내용을 알 수 있는 객관적 상태에 놓여 있는 것이라고 볼 수 없으므로 그 통지는 피고에게 도달되었다고 볼 수 없을 것이다. [대법원 1983. 8. 23. 선고 82다카439 판결]

IV. 대리

1. 대리의 의의

법률행위는 반드시 당사자 본인에 의하여 행하여져야 하는 것은 아니며, 본인을 대신하여 법률행위를 할 권한을 가진 자에 의해서도 행해질 수 있다. 이러한 제도를 대리(代理)라고 부르며, 본인을 대신하여 법률행위를 할 권한을 가진 자를 대리인(代理人)이라고 한다. 대리제도는 행위능력의 제한이나 시간의 부족 등을 이유로 본인이 스스로 처리할 수 없는 일을 대리인이 대신할 수 있도록 함으로써 본인의 활동을 보충하거나 확장하는 역할을 한다.

민법이 규정하고 있는 대리는 원칙적으로 법률행위에 대해서만 인정된다. 즉 의사표시를 하거나 또는 상대방이 하는 의사표시를 받는 것에 한한다. 다만 법률행위와 함께 이루어지는 사실행위의 경우에는 예외적으로 대리를 인정한다(예: 거래의 목적물을 수령하거나 대금을 지급하는 행위).

그렇지만 법률행위라도 본인의 의사를 절대로 필요로 하는 행위에 관하여는 대리가 허용되지 않는다. 그러므로 매매와 같은 재산상의 행위는 일반적으로 대리인을 통하여 할 수 있으나 가족법상의 법률행위(예: 혼인, 인지, 유언 등)는 대리인에 의하여 행하여질 수 없으며, 반드시 본인이 하여야 한다. 그러나 재산상의 행위 중에서도 특별한 이유에서 대리를 허용하지 않는 경우도 있다(예: 근로

계약체결과 임금청구).

　대리는 일반적으로 대리인이 본인의 정당한 대리인이라는 본인과 대리인 사이의 관계(대리권 수여의 관계)와 대리인이 본인을 위하여 상대방과의 사이에 법률행위를 한다는 대리인과 상대방 사이의 관계(대리행위의 관계), 그리고 대리행위의 결과 상대방과 본인 사이에 권리변동이 생긴다는 상대방과 본인 사이의 관계(대리효과의 관계)로 이루어진다(이를 대리의 3면관계라고 부른다).

2. 대리권

　대리가 성립하기 위해서는 대리인에게 대리권(代理權)이 있어야 한다. 이 경우의 대리권이라 함은 대리인이 될 수 있는 지위 또는 자격, 즉 대리인이 본인의 이름으로 의사표시를 하거나 또는 의사표시를 받음으로써 직접 본인에게 법률효과를 귀속시킬 수 있는 대리인의 본인에 대한 법률상의 지위 또는 자격을 말한다.

　대리권은 본인의 수권행위나 법률의 규정에 의하여 주어진다. 대리인에게 주어진 대리권의 범위는, 본인이 선임한 임의대리의 경우에는 수권행위에 의하여 정해지고, 법률의 규정에 의한 법정대리의 경우에는 그 규정에 의하여 정해진다. 다만 대리권의 범위가 분명하지 아니한 경우에는 민법 제118조가 적용되며, 따라서 대리인은 재산의 가치를 현상 그대로 유지하는 것을 목적으로 하는 보존행위와 재산의 성질을 변경하지 않는 범위 내에서 수익을 도모하는 이용행위 및 재산의 사용가치 또는 교환가치를 증가시키는 개량행위 등을 할 수 있다.

　대리권은 일반적으로 본인의 사망, 대리인의 사망이나 성년후견의 개시 또는 파산의 경우에 소멸하지만, 예외적으로 법률의 규정이나 법원의 처분에 의하여 대리권이 소멸할 수도 있고, 임의대리의 경우 대리인에게 위임한 사무의 처리가 끝날 때까지 대리권이 존속하는 것을 인정되는 경우도 있다(예: 의뢰인이 사망한 후에도 판결이 있을 때까지 변호사가 소송을 수행하는 경우).

3. 대리행위

대리행위를 함에 있어서 대리인은 자신의 행위가 본인을 위한 대리행위임을 표시하여야 한다(현명주의[顯名主義]). 그러므로 대리인이 본인을 위한 것임을 표시하지 않고서 의사표시를 한 경우에는 대리인 자신을 위한 것으로 간주된다(민법 제115조). 다만 상대방이 대리인으로서 한 것임을 알았거나 알 수 있었을 때에는 그 의사표시는 대리행위로서 효력을 발생한다(민법 제115조 단서). 같은 이유에서 상대방이 대리인임을 아는 경우에는 대리인이 본인의 대리인임을 표시하여 법률행위를 하지 않고 직접 본인의 이름으로 법률행위를 하는 이른바 대행행위(代行行爲)도 유효한 대리행위로 인정된다. 예컨대, 위탁된 본인의 인장을 사용하여 본인 명의의 증서를 작성한 경우나 대리인이 증서에 본인의 이름을 쓰고 도장을 찍는 행위는 유효하고, 본인에 대하여 효력이 발생한다.

■ **대리인의 자격** ■

대리행위의 효과는 대리인에게 귀속하지 않으므로 대리인은 행위능력이 없어도 된다(민법 제117조). 따라서 미성년자도 본인을 대리하여 유효한 대리행위를 할 수 있다. 그러나 대리인에게 적어도 의사능력만은 있어야 한다. 왜냐하면 의사능력 없는 자의 행위는 법률행위로서 효력이 인정되지 않기 때문이다. 다른 법률행위와 마찬가지로 대리행위에도 하자가 있을 수 있는데, 대리행위의 하자의 유무는 원칙적으로 대리인을 표준으로 하여 결정한다.

4. 대리의 효과

대리인의 대리행위로 인한 법률효과는 마치 본인 스스로 그 행위를 한 것과 같이 직접 본인에게 귀속된다(민법 제114조). 본인에게 귀속되는 효과는 대리행위로 인한 법률행위의 중심적 효과(이행청구권, 이행의무, 기타 재산권의 귀속 등)뿐만 아니라 이에 따르는 부수적 효과(취소권, 해제권, 담보책임 등)도 포함한다. 예컨대 대리인이 주택을 매수한 경우에 주택소유권의 이전청구권뿐만 아니라 그 가옥에 하자가 있으면 담보책임을 물을 권리가, 대리인이 사기나 강박을 당하였으면 취소권 등이 모두 본인에게 귀속한다(대리인이 취소권을 행사하기 위해서는 본인이 취소할 권한을 따로 주어야 한다). 대리의 효과가 본인에게 귀속되기 위해서는 본인에게 권리능력만 있으면 족하며, 행위능력이나 의사능력은 필요하지 않다. 한편 대리인이 대리행위를 함에 있어서 불법행위를 저지른 경우에 그 효과인 손해배상책임은 본인에게 귀속되지 않고 대리인에게 귀속된다(왜냐하면 불법행위에는 대리가 인정되지 않기 때문이다. 다만 사용자책임이 문제되는 경우는 있다).

5. 무권대리

대리인이 대리권을 부여받지 아니하고 대리행위를 한 경우, 대리의 효과를 본인에게 귀속시킬 수 있는가라는 문제가 생긴다. 이러한 경우를 두 가지로 나누어 볼 수 있는데, 하나는 대리인이 무단으로 본인의 대리인임을 표시하여 법률행위를 한 경우이고, 다른 하나는 그 대리행위를 위한 적법한 대리권을 가지고 있지는 않지만 대리인이 대리행위에 필요한 대리권을 가진 것과 같은 외관을 본인이 어느 정도 제공한 경우이다. 전자를 협의(狹義)의 무권대리(無權代理)라고 하고, 후자를 표현대리(表見代理)라고 한다.

(1) 협의의 무권대리

대리권 없이 행하여진 대리행위 중에서 표현대리에 해당하지 않는 것을 협의의 무권대리라고 한다. 협의의 무권대리에 의한 대리행위가 행하여진 경우, 그 대리행위는 원칙적으로 본인에게 아무런 효력이 없다. 그러나 그 대리행위가 본인에게 유리한 경우에는 본인은 무권대리행위를 추인(追認)함으로써 그 대리행위의 효과를 자신에게 귀속시킬 수 있다. 추인은 무권대리인이나 상대방에 대하여 하며, 추인을 하게 되면 무효인 대리행위는 소급하여 유효한 대리행위가 된다. 다만 추인의 소급효는 제3자의 권리를 해하지 못한다. 본인은 당연히 추인을 거절할 수 있는데, 이러한 추인거절은 무권대리가 확정적으로 무효로 된다는 점에 의미가 있다.

한편 무권대리행위의 효력은 본인의 의사 여하에 달려 있기 때문에, 무권대리인과 거래한 상대방은 매우 불안정한 상태에 놓이게 된다. 민법은 이러한 상대방을 보호하기 위하여 상대방에게 최고권과 철회권을 부여하고 있다. 최고권을 행사한 경우 본인이 확답을 하지 않으면 무권대리행위를 추인하지 않은 것으로 본다. 철회권은 상대방이 선의인 경우에 인정되는데, 상대방은 철회권을 행사하여 무권대리인에 의하여 행하여진 법률행위를 본인이 추인하기 전에 철회할 수 있다.

무권대리인의 대리행위를 본인이 추인하지 않은 경우에는 무권대리인이 대리행위에 대한 책임을 진다. 다만 대리행위를 할 때 무권대리인에게 대리권이 없다는 사실을 상대방이 알았을 경우 또는 무권대리인이 제한능력자인 경우에는 책임을 지지 않는다. 무권대리인이 지는 책임은 상대방의 선택에 따라 의무를 이행하거나 손해배상을 하는 것이다.

(2) 표현대리

원래는 무권대리행위에 지나지 않지만, 무권대리인과 본인 사이에 특수한 관계가 있는 경우, 무권대리인을 진실한 대리인으로 신뢰하여 거래한 상대방을 보호하기 위하여 무권대리행위의 효과를 본인에게 귀속시키기도 한다. 이러한 경우를 표현대리라고 하는데, 표현대리는 대리행위의 다른 요건을 갖추고 있으나 대리권 없이 행한 행위에 대하여 본인에게도 책임의 일부가 있다고 생각되는 특별한 사정이 존재하는 경우에 인정된다.

민법상 표현대리는 다음과 같이 세 가지의 유형으로 구분된다.

1) **대리권 수여의 표시에 의한 표현대리**(민법 제125조)　　본인이 제3자에 대하여 타인에게 대리권을 수여하였다는 사실을 표시하였지만 실제로 대리권을 수여하지 않은 경우이다. 이러한 경우에 대리인이 통지를 받은 선의·무과실인 상대방과의 사이에 대리행위를 한 경우에는 본인은 그 대리행위에 대하여 책임을 진다.

[판례] 갑이 주채무액을 알지 못한 상태에서 주채무자의 부탁으로 채권자와 보증계약 체결 여부를 교섭하는 과정에서 채권자에게 보증의사를 표시한 후 주채무가 거액인 사실을 알고서 보증계약 체결을 단념하였으나 갑의 도장과 보증용 과세증명서를 소지하게 된 주채무자가 임의로 갑을 대위하여 채권자와 사이에 보증계약을 체결한 경우, 갑이 채권자에 대하여 주채무자에게 보증계약 체결의 대리권을 수여하는 표시를 한 것이라 단정할 수 없고, 대리권 수여의 표시를 한 것으로 본다 하더라도 채권자에게는 주채무자의 대리권 없음을 알지 못한 데 과실

이 있다고 보아 민법 제125조 소정의 표현대리의 성립을 부정한 사례. [대법원 2000. 5. 30. 선고 2000다2566 판결]

2) 권한을 넘는 표현대리(민법 제126조)   대리인이 대리권의 범위를 넘은 행위를 하였으나 다소의 범위에서 대리권을 가지고 있기 때문에 그의 법률효과가 직접 본인에게 귀속되는 경우이다(예: 대리인에게 부동산을 임대할 권한을 부여하였는데, 그 부동산을 매도한 경우). 이 경우에도 대리인의 대리행위의 효과는 본인에게 귀속된다. 다만 권한을 넘는 표현대리가 성립하기 위해서는 상대방은 대리인의 법률행위가 대리권의 범위 내에 속한다고 믿을 만한 정당한 이유를 가지고 있어야 한다.

권한을 넘는 표현대리를 적용할 것인지 여부가 자주 문제되는 예로는 부부 간에 인정되는 일상가사대리권(민법 제827조)을 넘는 대리행위를 한 경우가 있다. 가족생활을 영위하기 위하여 부부는 일상의 가사에 대하여 서로를 대리할 권한을 가지는데, 이러한 일상가사대리권의 범위를 넘는 행위에 의하여도 권한을 넘는 표현대리가 성립한다. 판례에 의하면 일상가사대리의 범위를 넘는 대리행위에 대해서도 그것이 일상가사의 범주에 포함되는 듯한 외관을 갖추고 있고 상대방이 그러한 권한이 있다고 믿을 정당한 사유가 있는 경우에는 민법 제126조를 적용하여 본인에게 그 책임을 지우고 있다.

[판례] 일상가사대리권 외에 별도의 기본대리권이 있는 처가 근저당권설정등기에 필요한 각종 서류를 소지하고 있는 데다가 그 인감증명서가 본인인 남편이 발급 받은 것이고, 남편이 스스로 처에게 인감을 보냈음을 추단할 수 있는 문서와 남편의 무인이 찍힌 위임장 및 주민등록증 등을 제시하는 등 남편이 처에게 대리권을 수여하였다고 믿게 할 특별한 사정까지 있었다면, 그 상대방으로서는 처가 남편을 대리할 적법한 권한이 있었다고 믿은 데 정당한 이유가 있다고 하여 표현대리의 성립을 인정한 사례. [대법원 1995. 12. 22. 선고 94다45098 판결]

[판례] 처가 임의로 남편의 인감도장과 용도란에 아무런 기재 없이 대리방식으로 발급받은 인감증명서를 소지하고 남편을 대리하여 친정 오빠의 할부판매보증보험계약상의 채무를 연대보증한 경우, 남편의 표현대리책임을 부정한 사례. [대법원 1998. 7. 10. 선고 98다18988 판결]

[판례] 남편이 자신의 사업상의 채무에 대하여 처 명의로 연대보증약정을 한 행위를 일상가사

대리권을 넘는 표현대리행위라고 인정한 원심판결을 파기한 사례. [대법원 1997. 4. 8. 선고 96다54942 판결]

[판례] 처가 제3자를 남편으로 가장시켜 관련 서류를 위조하여 남편 소유의 부동산을 담보로 금원을 대출받은 경우, 남편에 대한 민법 제126조 소정의 표현대리책임을 부정한 사례. [대법원 2002. 6. 28. 선고 2001다49814 판결]

   3) 대리권 소멸 후의 표현대리(민법 제129조)   대리권이 이미 소멸한 후에 행한 대리행위에 대하여 본인에게 책임을 지우는 경우이다. 이것은 종전에 대리인이 었기 때문에 여전히 대리인인 것으로 여기고 법률행위를 한 상대방을 보호하기 위하여 인정되는 표현대리이다. 기존의 대리권이 소멸하였지만 그 범위 내에서 대리행위가 이루어진 경우에만 민법 제129조가 적용되고, 그러한 범위를 넘은 대리행위인 경우에는 민법 제126조가 적용된다.

[판례] 원고가 피고 상호신용금고의 차장으로 있던 소외인의 권유에 따라 피고와 신용부금계약을 맺고 1회 불입금을 불입하자 소외인이 제1회 불입금은 피고금고에 입금하였으나 그 후 동인은 피고금고를 사직하고서도 신용부금계약증서를 원고가 동인에게 맡겨두고 있음을 기화로 그 후에도 7회에 걸쳐 계속 원고로부터 원고의 사무실 등에서 불입금을 교부받아 피고금고에 입금치 않고 이를 횡령한 경우, 피고금고로서도 그 사이 원고에 대하여 불입금의 지급독촉이나 약관에 따른 부금계약의 해제조치도 없이 그대로 방치해 두었고 소외인이 원고에게 한 것과 같이 고객에게 부금가입을 권유하거나 수금을 하기 위하여 자주 자리를 비우는 자였다면 비록 원고가 다른 거래관계로 피고금고 사무실에 자주 드나들었고 그때마다 소외인이 그 자리에 없었다 하더라도 원고로서는 소외인이 피고 금고를 사직한 사실을 모른 데 대해 어떤 과실이 있었다고 보기 어렵다. [대법원 1986. 8. 19. 선고 86다카529 판결]

▪ 조건과 기한 ▪

   법률행위의 일반적 효력을 제한하기 위하여 법률행위와 동시에 그 내용으로서 덧붙인 것을 부관(附款)이라 한다. 법률행위의 부관에는 조건과 기한이 있다.

   조건(條件)이라 함은 법률행위 효력의 발생 또는 소멸을 장래 불확실한 사실의 성립 여부에 의존케 하는 것을 말한다. 조건의 대표적인 유형으로는 정지조건과 해제조건이 있다. 정지조건은 법률행위의 효력의 발생을 장래 불확실한 사실에 의존하게 하는 조건이고, 해제조건은 법률행위의 효력의 소멸을 장래 불확실한 사실에 의존케 하는 조건이다(7월 7일에 비가 오면 위로금을 지급하기로 하는 것은 정지조건이 붙은 법률행위이고, 11월에 첫눈이 오면 농사에 필요한 비료의 공급을 중단하기로 하는 것은 해제조건이 붙은 법률행위이다).

기한(期限)이라 함은 법률행위의 효력의 발생, 소멸 또는 채무의 이행을 장래에 발생하는 것이 확실한 사실에 의존하게 하는 부관을 말한다. 기한에는 시기와 종기가 있는데, '내년 1월 1일부터'는 시기에 해당하며, '내년 말까지'는 종기에 해당한다. 기한은 장차 발생할 것이 확정되어 있다는 점에서 발생 여부 자체가 불확실한 조건과 구별된다. 기한의 유형에는 확정기한과 불확정기한이 있다(2월 28일 같이 특정된 날을 기준으로 하는 것은 확정기한이고, 첫눈이 올 때와 같이 언제인지 모르는 때를 기준으로 하는 것은 불확정기한에 해당한다).

제 3 장 계약의 일반원리

I. 계약의 의의

계약(契約)이라 함은 일정한 법률효과의 발생을 목적으로 하는 2인 이상인 당사자의 의사의 합치 즉, 합의에 의하여 성립하는 법률행위를 말한다. 넓은 의미의 계약에는 채권의 발생을 목적으로 하는 합의(채권계약), 물권의 변동을 목적으로 하는 합의(물권적 합의), 채권의 양도와 같은 물권 이외의 재산권의 변동을 목적으로 하는 합의(준물권계약), 혼인과 같은 가족법상 법률관계의 변동을 목적으로 하는 합의(가족법상의 계약) 등이 있으나, 일반적으로 계약이라고 함은 채권계약을 의미한다(좁은 의미의 계약).

채권계약은 일정한 채권의 발생을 목적으로 하는 2인 이상의 당사자의 서로 대립하는 의사표시의 합치로 성립하는 법률행위라고 정의할 수 있다. 다시 말하면 일방은 채권자가 되고 상대방은 채무자가 되며, 채무자가 채권자에게 약속한 급부를 하기로 하는 것이 채권계약이다. 이러한 채권계약이 성립하려면 청약과 승낙이라고 부르는 2개의 의사표시가 있어야 하고, 그 의사표시가 서로 합치하여야 한다.

Ⅱ. 계약의 성립과 효력

1. 청약과 승낙

계약은 청약(請約)과 승낙(承諾)이라는 의사표시의 합치에 의하여 성립한다. 청약은 일정한 내용의 계약을 성립시킬 것을 목적으로 하는 의사표시이다. 청약자는 계약을 체결할 특정인이어야 한다. 청약의 의사표시는 계약의 내용을 결정할 수 있을 정도로 명확해야 하고, 상대방에게 도달한 때에 효력이 발생한다. 일반적으로 우편함에 투입된 때 또는 상대방의 손에 들어간 때에 도달한 것으로 본다. 청약의 구속력으로 인하여 청약의 효력이 발생한 이후에는 청약자가 임의로 청약을 철회할 수 없다(민법 제527조).

한편 승낙이라 함은 청약과 결합하여 계약을 성립시킬 것을 목적으로 하는 상대방의 의사표시이다. 승낙에 의하여 계약이 성립하기 위해서는 승낙자가 청약의 내용과 일치하는 의사표시를 승낙기간 내에 발송하여야 할 뿐만 아니라 그 기간 내에 승낙의 의사표시가 청약자에게 도달하여야 한다. 만약 승낙자가 청약의 내용에 변경을 가하여 승낙한 경우에는 원래의 청약을 거절함과 동시에 새로운 청약을 한 것으로 보며, 이 경우에는 청약자가 그에 대하여 승낙하여야 계약이 성립한다(예를 들어 자전거를 10만원에 팔겠다고 하였는데, 8만원이면 사겠다고 하는 경우에는 8만원에 팔겠다고 하는 경우에 계약이 성립함).

그 밖에도 동일한 내용의 청약을 서로 행한 경우에 두개의 청약이 각각 상대방에게 도달한 때에 계약이 성립한 것으로 보는 교차청약과 승낙의 의사표시로 인정되는 사실이 있는 때에 계약이 성립하는 것으로 보는 의사실현에 의하여도 계약이 성립할 수 있다.

■ 청약의 유인 ■

타인을 꾀어 자기에게 청약을 하게 하려는 행위를 청약의 유인(誘引)이라고 한다. 청약의 유인을 한 사람은 타인의 청약을 거절할 수 있지만, 청약을 한 사람은 상대방의 승낙을 거절할 수 없다는 점에 차이가 있다. 예컨대 구인광고·물품판매광고·상품목록 배부·기차시간표의 게시 등이 청약의 유인에 해당하나, 자동판매기의 설치·정찰가격이 붙은 백화점의 상품진열 등은 청약으로 본다.

[판례] 청약은 이에 대응하는 상대방의 승낙과 결합하여 일정한 내용의 계약을 성립시킬 것을 목적으로 하는 확정적인 의사표시인 반면 청약의 유인은 이와 달리 합의를 구성하는 의사표시가 되지 못하므로 피유인자가 그에 대응하여 의사표시를 하더라도 계약은 성립하지 않고 다시 유인한 자가 승낙의 의사표시를 함으로써 비로소 계약이 성립하는 것으로서 서로 구분되는 것이다. 그리고 위와 같은 구분 기준에 따르자면, 상가나 아파트의 분양광고의 내용은 청약의 유인으로서의 성질을 갖는 데 불과한 것이 일반적이라 할 수 있다. 그런데 선분양·후시공의 방식으로 분양되는 대규모 아파트단지의 거래 사례에 있어서 분양계약서에는 동·호수·평형·입주예정일·대금지급방법과 시기 정도만이 기재되어 있고 분양계약의 목적물인 아파트 및 그 부대시설의 외형·재질·구조 및 실내장식 등에 관하여 구체적인 내용이 기재되어 있지 아니한 경우가 있는바, 분양계약의 목적물인 아파트에 관한 외형·재질 등이 제대로 특정되지 아니한 상태에서 체결된 분양계약은 그 자체로서 완결된 것이라고 보기 어렵다 할 것이므로, 비록 분양광고의 내용, 모델하우스의 조건 또는 그 무렵 분양회사가 수분양자에게 행한 설명 등이 비록 청약의 유인에 불과하다 할지라도 그러한 광고 내용이나 조건 또는 설명 중 구체적 거래조건, 즉 아파트의 외형·재질 등에 관한 것으로서 사회통념에 비추어 수분양자가 분양자에게 계약 내용으로서 이행을 청구할 수 있다고 보이는 사항에 관한 한 수분양자들은 이를 신뢰하고 분양계약을 체결하는 것이고 분양자들도 이를 알고 있었다고 보아야 할 것이므로, 분양계약시에 달리 이의를 유보하였다는 등의 특단의 사정이 없는 한, 분양자와 수분양자 사이에 이를 분양계약의 내용으로 하기로 하는 묵시적 합의가 있었다고 봄이 상당하다(분양계약의 목적물인 아파트의 외형·재질에 관하여 별다른 내용이 없는 분양계약서는 그 자체로서 완결된 것이라고 보기 어려우므로 위 아파트 분양계약은 목적물의 외형·재질 등이 견본주택(모델하우스) 및 각종 인쇄물에 의하여 구체화될 것을 전제로 하는 것이라고 보아, 광고 내용 중 도로확장 등 아파트의 외형·재질과 관계가 없을 뿐만 아니라 사회통념에 비추어 보더라도 수분양자들 입장에서 분양자가 그 광고 내용을 이행한다고 기대할 수 없는 것은 그 광고 내용이 그대로 분양계약의 내용을 이룬다고 볼 수 없지만, 이와 달리 온천 광고, 바닥재(원목마루) 광고, 유실수단지 광고 및 테마공원 광고는 아파트의 외형·재질 등에 관한 것으로서, 콘도회원권 광고는 아파트에 관한 것은 아니지만 부대시설에 준하는 것이고 또한 이행 가능하다는 점에서, 각 분양계약의 내용이 된다고 한 사례). [대법원 2007. 6. 1. 선고 2005다5812, 5829, 5836 판결]

2. 계약서와 계약금

(1) 계약서

매매와 같이 당사자의 의사표시만으로 성립하는 계약(이러한 계약을 낙성계약이라고 한다)은 계약서를 작성하지 않은 경우에도 당사자 사이에 의사표시의 합치만 있으면 유효하게 성립한다. 그렇지만 계약의 체결을 증명하거나 그 내용을 증명할 필요가 있는 경우에는 계약서가 중요한 역할을 하게 된다. 따라서 현실매매의 경우와 같이 계약의 체결과 이행이 동시에 이루어지는 경우가 아니라면 계약서를 작성하여 계약의 이행이 완료되거나 또는 계약상의 담보책임을 물을 수 있는 기간(예: 애프터서비스 기간)이 만료될 때까지 보관할 필요가 있다. 계약서의 작성에 있어서는 특별한 방식을 요구하지 않으며, 계약의 당사자를 확인한 사항과 계약을 통하여 달성하려고 하는 목적 및 계약의 이행에 있어서 조건으로 삼은 내용 등을 기재하면 된다.

■ 약관 ■

약관(約款)이란 기업 또는 개인이 고객과의 사이에 그의 업종에 속하는 다수의 계약을 체결하는 때에 사용하기 위하여 미리 계약의 내용이 될 사항들을 정하여 놓은 것을 말한다(예: 버스운송약관, 인터넷쇼핑몰 회원약관 등). 약관은 계약의 체결을 간편하게 하기 위한 것이기는 하지만, 계약을 체결하는 고객이 약관의 내용을 충분히 파악할 수 있는 기회를 갖지 못함으로써 불리한 내용의 계약을 체결할 수도 있다는 점에서 문제가 된다. 그래서 「약관의 규제에 관한 법률」(줄여서 약관규제법이라고 부른다)에서는 사업자가 고객에게 약관을 명시하거나 교부하여야 하고, 또 약관의 중요한 내용에 대해서는 설명하도록 하며, 이러한 의무를 다하지 아니한 경우에는 그 약관조항을 계약의 내용으로 주장할 수 없도록 하고 있다. 그리고 약관의 내용이 불분명한 경우에는 고객에게 유리하게 해석하여야 하고, 약관의 내용과 다른 내용의 약정을 체결한 경우에는 개별약정이 약관에 우선하여 적용된다. 나아가 약관의 내용이 고객에게 부당하게 불리한 경우에는 그 약관조항을 무효로 한다. 한편 일부 거래에 관하여는 공정거래위원회가 제정한 표준약관을 사용하도록 함으로써 소비자에게 피해가 발생하는 것을 예방하고 있다.

(2) 계약금

매매는 낙성계약이므로 매매계약 체결 당시에 대금을 지급할 것을 필요로 하지 않는 것이 원칙이지만, 일반적으로는 계약체결시에 매수인이 매도인에게 매매대금의 일부에 해당하는 금전을 교부하는 경우가 있는데, 이 금전을 계약금 (契約金)이라 한다.

계약금은 당사자 사이에 계약이 체결되었다는 증거인 증약금(證約金), 계약을 이행하지 않는 경우에 부과하는 위약금(違約金) 또는 손해배상액(損害賠償額)의 예정(豫定), 일정기간 동안 계약을 해제할 수 있는 권한을 계약당사자에게 부여하는 해약금(解約金)으로서의 의미를 가진다. 민법은 계약금을 계약의 해제권을 보류하기 위해 수수되는 금전인 해약금으로 추정하고 있으며, 이 경우 계약금을 지급한 당사자는 일방이 이행에 착수할 때까지 계약금을 포기하고 계약을 해제할 수 있고, 계약금을 받은 당사자는 계약금의 2배를 반환하고 계약을 해제할 수 있다(민법 제565조).

> **[판례]** 매도인이 '계약금 일부만 지급된 경우 지급받은 금원의 배액을 상환하고 매매계약을 해제할 수 있다'고 주장한 사안에서, '실제 교부받은 계약금'의 배액만을 상환하여 매매계약을 해제할 수 있다면 이는 당사자가 일정한 금액을 계약금으로 정한 의사에 반하게 될 뿐 아니라, 교부받은 금원이 소액일 경우에는 사실상 계약을 자유로이 해제할 수 있어 계약의 구속력이 약화되는 결과가 되어 부당하기 때문에, 계약금 일부만 지급된 경우 수령자가 매매계약을 해제할 수 있다고 하더라도 해약금의 기준이 되는 금원은 '실제 교부받은 계약금'이 아니라 '약정 계약금'이라고 봄이 타당하므로, 매도인이 계약금의 일부로서 지급받은 금원의 배액을 상환하는 것으로는 매매계약을 해제할 수 없다고 한 사례. [대법원 2015. 4. 23. 선고 2014다231378 판결]

■ 추정과 간주 ■

추정(推定)이라 함은 법적으로 불명확한 사실을 일단 존재하는 것으로 정하여 법률효과를 발생시키는 것을 말한다. 예를 들어 "처가 혼인 중에 포태한 자는 부(夫)의 자로 추정한다"는 규정은 혼인 중에 임신하였다면 태아의 부(父)는 남편이라고 인정하지만, 그와 반대되는 증거가 제시되면 남편이 부(父)가 아닌 것이 된다는 것을 의미한다.

이에 비하여 간주(看做)라 함은 원래 그렇지 아니한 것을 일정한 법률관계에 관하여서는 그러한 것으로 정하여 그에 따른 법률효과가 생기게 하는 것이다. 이른바 법률에 의한 의제로서 민법은 "…으로 본다."라고 표현한다. 이러한 예로 민법 제366조는 "저당물의 경매로 인하여 토지와 그 지상건물이 다른 소유자에 속한 경우에는 토지소유자는 건물소유자에 대하여 지상권을 설정한 것으로 본다."라고 규정하고 있는데, 이는 경매로 토지와 지상건물의 소유자가 달라지는 경우가 발생하면 건물의 소유자가 당연히 지상권을 취득한다는 것을 의미한다.

추정의 경우에는 반대의 증거를 제시함으로서 그 효과를 배제할 수 있지만, 간주의 경우에는 당사자의 의사를 고려하지 않고서 법에서 정한 효과를 부여한다는 점에서 차이가 있다.

3. 계약의 일반적 효력

(1) 권리·의무의 발생

계약이 체결되면 양당사자는 계약의 내용에 따른 권리와 의무를 취득한다. 예컨대 매매의 경우 매도인은 목적물을 이전할 의무와 대금을 청구할 권리를 취득하고, 매수인은 대금을 지급할 의무와 목적물의 이전을 청구할 권리를 취득한다. 이와 같이 양당사자가 서로 대가적 의미를 지닌 채무를 부담하는 계약을 쌍무계약(雙務契約)이라 하는데, 쌍무계약은 양당사자의 채권과 채무가 서로 동시에 이행되어야 할 긴밀한 의존관계에 있다는 특성을 갖는다(일방만이 채무를 부담하는 계약은 편무계약이라고 하며, 대표적인 예로는 증여계약이 있다). 따라서 쌍무계약의 양당사자는 상대방이 채무를 이행할 때까지 자기의 채무이행을 거절할 수 있으며(동시이행의 항변권), 일방의 채무가 당사자 쌍방의 책임 없는 사유로 소멸한 경우에는 상대방의 채무이행을 청구하지 못한다(위험부담).

(2) 동시이행의 항변권

쌍무계약에서 당사자 일방이 자신의 채무를 이행하지 않고서 상대방에 대해 채무이행을 요구한 경우, 상대방은 이행을 청구한 자에 대해 그 자의 채무이행이 있기까지는 자기 채무의 이행을 거절한다고 할 수 있는데, 이를 동시이행(同時履行)의 항변권(抗辯權)이라고 한다(민법 제536조). 동시이행의 항변권은 쌍무계약의 당사자 사이에 적용되나, 예외적으로 두 개의 채무를 서로 관련적으로 이행하게 하는 것이 공평에 적합한 경우에도 유추적용한다. 동시이행의 항변권을 가진 채무자는 상대방이 이행의 제공을 할 때까지 자기의 채무이행을 거절할 수 있으며, 동시이행관계에 있는 금전채무(예: 매매대금)에 대해서는 상대방의 반대급부의 이행이 있을 때까지 이자를 지급하지 않아도 된다.

[판례] 임차인이 임대차계약 종료 이후에도 동시이행의 항변권을 행사하는 방법으로 목적물의 반환을 거부하기 위하여 임차건물 부분을 계속 점유하기는 하였으나 이를 본래의 임대차계약 상의 목적에 따라 사용·수익하지 아니하여 실질적인 이득을 얻은 바 없는 경우에는 그로 인하여 임대인에게 손해가 발생하였다 하더라도 임차인의 부당이득반환의무는 성립되지 아니한다. [대법원 2003. 4. 11. 선고 2002다59481 판결]

■ 준용과 유추적용 ■

준용(準用)이라 함은 법률을 제정하면서 이를 간결하게 할 목적으로 비슷한 사항에 관하여 법규를 제정할 때에 다른 유사한 법규를 적용할 것을 규정한 것이다. 민법 제702조에서 소비임치(消費任置)에 관하여는 소비대차(消費貸借)에 관한 규정을 준용하도록 하고 있는 것이 그 예이다. 준용과 비슷한 의미를 가지면서 다른 경우에 사용되는 것으로 유추적용(類推適用)이라고 하는 용어가 있는데, 이는 어떠한 사안에 관하여 법령에서 규정하고 있지 않지만, 다른 유사한 사안에 관하여 규정하고 있는 경우에 법령을 해석하여 적용하는 과정에서 이를 이용하는 것이다. 준용은 입법의 경우에 사용하는 용어이며, 유추적용은 법령의 해석과정에서 사용되는 용어이다.

(3) 위험부담(危險負擔)

위험(Risk)이란 일반적으로 양당사자에게 책임 없는 사유로 발생한 물품의 손실을 가리킨다. 매매계약의 목적은 목적물을 판매하고서 그 대가를 얻고자 하는 것이다. 현실매매의 경우에는 즉석에서 대금을 지급하고 목적물을 인수하기 때문에 특별히 문제될 것이 없다. 그러나 계약체결과 이행간에 시간적 간격이 있는 경우에는 그 사이에 양당사자의 귀책사유 없이 도난 또는 화재에 의하여 목적물이 멸실될 수 있다. 이러한 경우에 매수인은 물품을 수령하지 못했기 때문에 대금을 지급할 필요가 없다. 즉 우리 민법은 채무자가 위험을 부담하도록 규정하고 있다(민법 제537조). 따라서 채무자는 목적물을 인도해야 하는 자신의 의무를 면하기는 하지만 상대방에 대하여 매매대금을 지급하라고 청구할 수 있는 권리도 잃는다.

[판례] 매매 목적물이 경매절차에서 매각됨으로써 당사자 쌍방의 귀책사유 없이 이행불능에 이르러 매매계약이 종료된 사안에서, 위험부담의 법리에 따라 매도인은 이미 지급받은 계약금을 반환하여야 하고 매수인은 목적물을 점유·사용함으로써 취득한 임료 상당의 부당이득을 반환할 의무가 있다고 한 사례. [대법원 2009. 5. 28. 선고 2008다98655 판결]

4. 계약의 해제와 해지

(1) 해제와 해지의 의의 및 요건

계약의 해제나 해지는 당사자 사이에 계약금만 교부된 경우와 같이 약정해제권이 인정된 경우나 채무불이행이 있는 경우와 같이 법률의 규정에 의하여 해제권이 부여된 경우에 할 수 있다. 약정해제권에 관하여는 계약금과 관련하여 살펴보았으므로, 이곳에서는 채무불이행이 있는 경우만 살펴본다.

채무불이행으로 인한 계약의 해제(解除)라고 함은 계약이 성립되어 그 효력이 발생한 후에 계약내용의 위반 또는 기타의 원인을 이유로 계약의 효력을 소급적으로 소멸시키는 일방적 의사표시를 말한다. 해제는 상대방에게 통지하여야 효력이 발생하기 때문에 당연해제는 원칙적으로 인정되지 않는다. 즉 당사자 일방이 그 채무를 이행하지 아니하는 때에는 상대방은 상당한 기간을 정하여 그 이행을 최고하고 그 기간 내에 이행하지 않은 때에 상대방은 해제의 의사표시를 함으로써 계약을 해제할 수 있다(민법 제544조). 다만 이행을 최고하면서 정해진 기간 내에 이행하지 않는 경우에는 해제된 것으로 하는 것은 가능하다. 한편 해지(解止)라고 함은 계속적 거래관계에 있어서 계약의 효력을 장래에 향하여 소멸케 하는 일방적 의사표시이다. 해지는 임대차와 같은 계속적 거래관계에 적용된다.

(2) 해제 및 해지의 효과

계약이 해제되면 양당사자는 계약상의 의무를 면한다. 즉 매도인은 재산권이전의무를 면하고, 매수인은 대금지급의무를 면한다. 그런데 계약의 해제는 양당사자로 하여금 모든 의무를 면하게 하지는 않는다. 즉 해제의 결과를 정리하여야 할 법률관계는 여전히 남는다.

계약이 해제되어도 여전히 남는 법률관계로는, 첫째 채무불이행으로 말미암아 손해를 입은 당사자는 해제를 한 후에도 상대방에 대하여 손해배상을 청구할 수 있고, 둘째 이미 이행한 부분이 있는 경우에는 원상회복의무가 발생한다는 것 등이 있다. 그렇지만 해지의 경우에는 장래를 향하여 계약의 효력이 소멸할 뿐이고 이미 이행된 부분에 대해서는 아무런 영향을 미치지 않으므로 손해배상의 문제만 남는다.

한편 계약이 성립된 후 당사자 일방이 제3자와 계약목적물에 관하여 새로운 법률관계를 맺은 경우, 그 제3자는 계약이 해제되더라도 새로운 법률관계에 따른 권리를 보호받을 수 있다. 제3자가 해제의 소급효에 의하여 영향을 받지 않는 경우는 새로운 법률관계에 의하여 취득한 권리가 대항력을 갖는 경우인데, 예를 들어 부동산을 매수한 제3자가 이전등기를 한 경우, 부동산에 대하여 근저당권을 설정한 경우, 주택을 임차하여 임차권등기를 하거나 주택임대차보호법상의 대항력을 취득한 경우가 이에 해당한다.

> **[판례]** 갑이 을로부터 아파트를 분양받은 후 피고에게 임대하였고, 피고는 그 아파트에 입주하여 주민등록을 이전한 후 현재까지 거주하고 있다면, 갑이 을에게 분양대금으로 교부한 어음이 결제되지 아니하여 을이 분양계약을 해제한 후 원고에게 다시 분양하였다고 하더라도 피고는 원고에게 자신의 임차권을 주장할 수 있다고 한 사례. [대법원 1996. 8. 20. 선고 96다17653 판결]

> **[판례]** 계약이 해제되기 이전에 계약상의 채권을 양수하여 이를 피보전권리로 하여 처분금지가처분결정을 받은 경우, 그 권리는 채권에 불과하고 대세적 효력을 갖는 완전한 권리가 아니라는 이유로 그 채권자는 민법 제548조 제1항 단서 소정의 해제의 소급효가 미치지 아니하는 '제3자'에 해당하지 아니한다고 본 사례. [대법원 2000. 8. 22. 선고 2000다23433 판결]

III. 계약의 유형

계약은 당사자의 자유로운 의사에 의하여 성립하며, 그 내용도 당사자가 자유롭게 정할 수 있으므로 어떤 계약이 체결될지 알 수 없다고 하여야 할 것이나, 민법은 일반적으로 많이 사용되는 계약의 유형을 규정함으로서 사람들이 이를 이용할 수 있도록 하고 있다. 물론 민법에서 규정하고 있다고 해서 다른 유형의 계약을 체결하지 못하는 것은 아니지만, 많은 경우 미리 정해진 내용을 기초로 하여 자신에게 맞도록 고쳐서 사용하는 것이 편리하다는 점과 당사자가 계약의 모든 내용을 정하지 않더라도 법에서 규정하고 있는 내용을 계약의 내용으로 이용할 수 있다는 점에서 민법의 규정은 의미가 있다.

　민법은 15가지의 전형계약을 규정하고 있는데, 이를 계약당사자들 사이에 발생하는 관계의 유형에 따라 몇 가지로 나누어볼 수 있다. 첫째 목적물의 소유권을 상대방에게 이전하는 내용의 계약으로는 증여·매매·교환이 있는데, 증여는 대가를 받지 않고 목적물을 이전하는 경우이고, 매매는 금전을 대가로 받는 경우이며, 교환은 물건을 서로 바꾸는 경우를 말한다. 둘째 다른 사람의 물건을 빌리는 관계인 대차관계에는 소비대차·사용대차·임대차가 있다. 소비대차는 빌린 물건을 소비한 후 같은 종류와 수량의 물건으로 반환하는 경우이고, 사용대차는 사용료를 지급하지 않고 물건을 빌려 쓰는 관계이며, 임대차는 사용료를 지급하고서 물건을 빌려 쓰는 관계이다. 셋째 다른 사람의 힘을 빌리는 관계에는 고용·도급·여행계약·현상광고·위임·임치가 있다. 고용은 다른 사람에게 일을 시키는 관계이고, 도급은 일을 시키되 일이 끝나면 보수를 지급하는 관계이며, 도급의 특수한 사례인 여행계약은 여행사에서 판매하는 단체상품을 이용한 관광에서의 여행자와 여행주최자의 관계를 규율한다. 그리고 현상광고는 광고를 통하여 원하는 것을 제시하고 그것을 완성한 자 중에서 선정하여 보수를 지급하는 관계를 말하고, 위임은 사무의 처리는 부탁하는 것이며, 임치는 물건의 보관을 부탁하는 것이다. 끝으로 조합·종신정기금·화해가 있는데, 조합은 공동의 목적을 달성하기 위하여 사람들이 모여서 단체를 이루는 경우에 관한 규정이고, 종신정기금은 일정한 재산을 맡겨두고서 죽을 때까지 얼마씩 받기로 하는 계약을 말한다. 그리고 화해는 분쟁이 생겼을 때 당사자가 서로 양보하여 분쟁을 해결한다는 취지의 계약을 맺는 것을 말한다.

　위와 같은 전형계약 중 가장 많이 행하여지는 것은 매매이며, 소비대차, 임대차, 도급 등의 계약도 자주 이용된다. 이 책에서는 일상생활에 있어서 가장 많이 이용되는 매매와 소비대차 및 임대차에 관하여 살펴본다.

■ 고용계약과 근로계약 ■

민법은 사람의 노동력을 이용하기 위한 계약 중 가장 단순한 형태인 고용계약에 관하여 규정하고 있지만, 이는 고용주와 고용자가 대등한 관계에서 계약을 체결하는 것이 가능하다는 것을 전제로 하고 있다. 그렇지만 기업이 개인을 고용하는 경우에는 대등한 관계에서 계약을 체결하는 것을 기대할 수 없으므로 이 경우에는 노동법이라고 부르는 영역의 법률이 우선적으로 적용된다. 가장 대표적인 법률은 근로기준법이며, 근로자와의 계약에서 근로기준법의 규정보다 근로자에게 불리한 내용은 무효가 되며, 근로기준법에 따르게 된다. 예를 들어 최저임금 이하의 임금을 받기로 한 경우에는 특별한 사정이 없는 한 최저임금을 청구할 수 있게 된다.

제4장 매 매

I. 매매의 의의

매매(賣買)는 당사자 일방(매도인)이 상대방에게 재산권을 이전할 것을 약정하고 상대방(매수인)이 대금을 지급할 것을 약정함으로써 성립하는 계약이다(민법 제563조). 따라서 매매는 재화(재화는 물건과 권리를 포함한다)와 금전의 교환이므로, 재화와 재화의 교환은 매매가 아니다(하지만 금전과 금전의 교환인 환전은 매매이다).

매매는 우리의 일상생활에서 가장 많이 발생하는 법률관계이다. 민법이 규정하고 있는 매매는 당사자의 의사표시만으로 성립하며, 매매계약의 체결과 동시에 물건이나 권리를 상대방에게 이전할 것을 요구하지 않는다. 따라서 매매목적물은 반드시 매도인의 소유에 속하는 것일 필요가 없다. 만약 매도인이 타인의 소유물을 매도한 경우에는 이행기가 될 때까지 그 물건을 취득하여 매수인에게 이전하면 된다.

▪ 현실매매 ▪

현실매매(現實賣買)는 물건과 금전을 현실적으로 교환하는 것으로서, 물물교환의 단계를 지나 화폐가 사용되면서 처음 나타난 매매의 유형이다. 현실매매에서는 계약의 체결, 물건의 소유권 이전, 대금지급 등 일련의 과정이 한 장소에서 곧바로 행하여지게 되는데, 오늘날에도 일상생활에서 이루어지는 동산(動産)의 매매는 대부분 현실매매로 이루어진다(예: 음료, 책 등의 구입). 현실매매에서는 계약상의 채권과 채무가 발생함과 동시에 이행이 되므로 채무불이행의 문제는 생기지 않지만, 매도인은 여전히 담보책임(擔保責任)을 부담한다(예: 파본인 경우).

■ 동산과 부동산 ■

민법은 유체물 및 전기 기타 관리할 수 있는 자연력(예 : 산소통에 들어 있는 산소)을 물건(物件)이라고 정의하고(민법 제98조), 그 물건을 다시 동산(動産)과 부동산(不動産)으로 나누고 있는데, 부동산은 토지 및 그 정착물을 말하며, 부동산 이외의 물건을 동산이라고 한다(민법 제99조). 토지의 정착물인 건물은 토지와 독립한 부동산이며 따로 처분할 수 있지만, 집합건물의 경우에는 항상 함께 처분하도록 하고 있다.

II. 매매의 성립

매매 또는 매매계약은 당사자의 의사표시만으로 성립하는 낙성계약(諾成契約)이므로, 재산권 이전과 대금지급에 관한 의사의 합치가 있으면 곧바로 성립한다. 매매의 목적물은, 계약체결 당시에 이미 멸실한 것이 아니라면, 현존하는 것인지 장래 생성될 것인지가 문제되지 않는다. 다만 이미 멸실한 물건을 목적으로 하는 계약을 체결하였다면 그 계약의 효력은 인정되지 않지만, 목적물이 멸실하였다는 사실을 매도인이 이미 알고 있었다면 상대방은 계약이 유효하다고 믿었기 때문에 입은 손해를 배상을 청구할 수 있다(계약체결상의 과실; 민법 제535조).

[판례] [1] 계약이 성립하기 위하여는 당사자의 서로 대립하는 수 개의 의사표시의 객관적 합치가 필요하고 객관적 합치가 있다고 하기 위하여는 당사자의 의사표시에 나타나 있는 사항에 관하여는 모두 일치하고 있어야 하는 한편, 계약 내용의 '중요한 점' 및 계약의 객관적 요소는 아니더라도 특히 당사자가 그것에 중대한 의의를 두고 계약성립의 요건으로 할 의사를 표시한 때에는 이에 관하여 합치가 있어야 계약이 적법·유효하게 성립한다. / [2] 계약이 성립하기 위한 법률요건인 청약은 그에 응하는 승낙만 있으면 곧 계약이 성립하는 구체적·확정적 의사표시여야 하므로, 청약은 계약의 내용을 결정할 수 있을 정도의 사항을 포함시키는 것이 필요하다. / [3] 어느 일방이 교섭단계에서 계약이 확실하게 체결되리라는 정당한 기대 내지 신뢰를 부여하여 상대방이 그 신뢰에 따라 행동하였음에도 상당한 이유 없이 계약의 체결을 거부하여 손해를 입혔다면 이는 신의성실의 원칙에 비추어 볼 때 계약자유원칙의 한계를 넘는 위법한 행위로서 불법행위를 구성한다. / [4] 계약교섭의 부당한 중도파기가 불법행위를 구성하는 경우 그러한 불법행위로 인한 손해는 일방이 신의에 반하여 상당한 이유 없이 계약교섭을 파기함으로써 계약체결을 신뢰한 상대방이 입게 된 상당인과관계 있는 손해로서 계약이 유효하게 체결된다고 믿었던 것에 의하여 입었던 손해 즉 신뢰손해에 한정된다고 할 것이

고, 이러한 신뢰손해란 예컨대, 그 계약의 성립을 기대하고 지출한 계약준비비용과 같이 그러한 신뢰가 없었더라면 통상 지출하지 아니하였을 비용상당의 손해라고 할 것이며, 아직 계약체결에 관한 확고한 신뢰가 부여되기 이전 상태에서 계약교섭의 당사자가 계약체결이 좌절되더라도 어쩔 수 없다고 생각하고 지출한 비용, 예컨대 경쟁입찰에 참가하기 위하여 지출한 제안서, 견적서 작성비용 등은 여기에 포함되지 아니한다. / [5] 침해행위와 피해법익의 유형에 따라서는 계약교섭의 파기로 인한 불법행위가 인격적 법익을 침해함으로써 상대방에게 정신적 고통을 초래하였다고 인정되는 경우라면 그러한 정신적 고통에 대한 손해에 대하여는 별도로 배상을 구할 수 있다(피고가 조형물을 건립하기로 하고 원고가 제출한 조형물을 선정한 후 계약을 체결하기로 하였으나 당선사실 통지시로부터 약 3년이 경과한 시점에 원고에게 이 사건 조형물의 설치를 취소하기로 하였다고 통보한 사안). [대법원 2003. 4. 11. 선고 2001다53059 판결]

■ **낙성계약과 요물계약 및 요식계약** ■

낙성계약(諾成契約)이란 당사자의 의사표시만으로 성립하는 계약이며, 계약의 성립을 위하여 목적물을 양도하거나 계약서를 작성하는 등의 행위를 필요로 하지 않는다. 민법이 규정하고 있는 계약은 대부분 낙성계약에 해당한다. 이에 비하여 요물계약(要物契約)은 계약을 체결하기 위하여 반드시 계약의 목적물을 상대방에게 양도하여야 하는 경우를 말하며(예: 계약금의 지급), 요식계약(要式契約)은 계약시의 작성과 같이 일정한 방식을 통하여 계약이 체결되어야 하는 경우를 말한다(예: 건설공사의 도급계약, 국가를 당사자로 하는 계약). 요물계약이나 요식계약은 계약의 성립을 확실하게 하거나 내용을 명확하게 하기 위한 경우에 이용된다.

III. 매매의 효력

매매계약이 성립하면 매도인은 매수인에 대해 매매의 목적인 재산권을 이전할 의무를 지고, 매수인은 매도인에게 매매대금을 지급할 의무를 진다. 한편 매매의 목적인 재산권이나 물건에 하자가 있는 경우에 매도인은 담보책임을 진다. 그 밖에 당사자는 여러 가지 부수적인 의무를 부담한다(예: 포장, 운반, 설치 등). 또한 매매계약의 성립 후 매매목적물이 멸실한 때 위험이 어느 시점에 매수인에게 이전하느냐와 매매목적물로부터 과실이 생겼을 경우 그 과실을 누가 갖는가도 문제된다.

1. 매도인의 재산권이전의무

재산권이전의무는 매도인의 가장 중요한 의무로서, 매매목적물이 물건이면 그 물건의 소유권 및 점유를 이전해야 하고, 권리이면 권리 그 자체를 이전해야 한다. 그리하여 매매의 목적물이 부동산인 경우에는 소유권을 매수인에게 이전하기 위하여 소유권이전등기를 해야 하며(민법 제186조), 목적물이 동산인 경우에는 그 물건을 매수인에게 인도하여야 한다(민법 제188조). 이 경우 매도인의 재산권이전의무 및 인도의무는 원칙적으로 매수인의 대금지급의무와 동시이행관계에 있다.

그리고 계약을 체결할 때에 특약이 없었다면 매도인은 아무런 부담이 없는 완전한 권리를 매수인에게 이전하여야 한다. 따라서 예컨대 부동산에 저당권이 설정되어 있는 경우에는 그 저당권을 소멸시켜서 완전한 소유권을 이전해야 한다.

[판례] 부동산의 매매계약이 체결된 경우에는 매도인의 소유권이전등기의무, 인도의무와 매수인의 잔대금지급의무는 동시이행의 관계에 있는 것이 원칙이고, 이 경우 매도인은 특별한 사정이 없는 한 제한이나 부담이 없는 완전한 소유권이전등기의무를 지는 것이므로 매매목적 부동산에 가압류등기 등이 되어 있는 경우에는 매도인은 이와 같은 등기도 말소하여 완전한 소유권이전등기를 해 주어야 하는 것이고, 따라서 가압류등기 등이 있는 부동산의 매매계약에 있어서는 매도인의 소유권이전등기 의무와 아울러 가압류등기의 말소의무도 매수인의 대금지급의무와 동시이행관계에 있다고 할 것이다. [대법원 2000. 11. 28. 선고 2000다8533 판결]

[판례] 매수인이 선이행하여야 할 중도금 지급을 하지 아니한 채 잔대금지급일을 경과한 경우에는 매수인의 중도금 및 이에 대한 지급일 다음 날부터 잔대금지급일까지의 지연손해금과 잔대금의 지급채무는 매도인의 소유권이전등기의무와 특별한 사정이 없는 한 동시이행관계에 있다. [대법원 1991. 3. 27. 선고 90다19930 판결]

2. 매수인의 대금지급의무

매매계약이 성립하면 매수인은 대금을 지급할 의무를 부담한다. 그렇지만 예외적으로 동시이행의 항변권이 있는 경우나, 매매목적물에 대해 권리를 주장하는 자가 있어서 매수인이 매수한 권리의 전부나 일부를 잃을 염려가 있는 경우에는 매수인은 그 위험의 한도에서 대금의 전부나 일부의 지급을 거절할 수 있다. 그리고 매수인은 매도인이 제공하는 목적물을 수령할 의무가 있다.

> **[판례]** 매도인이 말소할 의무를 부담하고 있는 매매목적물상의 근저당권을 말소하지 못하고 있다면 매수인은 그 위험의 한도에서 매매대금의 지급을 거절할 수 있고, 그 결과 민법 제 587조 단서에 의하여 매수인이 매매목적물을 인도받았다고 하더라도 미지급 대금에 대한 인 도일 이후의 이자를 지급할 의무가 없으나, 이 경우 지급을 거절할 수 있는 매매대금이 어느 경우에나 근저당권의 채권최고액에 상당하는 금액인 것은 아니고, 매수인이 근저당권의 피담 보채무액을 확인하여 이를 알고 있는 경우와 같은 특별한 사정이 있는 경우에는 지급을 거절 할 수 있는 매매대금은 확인된 피담보채무액에 한정된다. [대법원 1996. 5. 10. 선고 96다 6554 판결]

3. 매도인의 담보책임

매매계약의 체결로 매도인은 매수인에게 재산권을 이전해 주어야 할 의무를 지는데, 이때 매도인이 매수인에게 이전해야 할 권리나 물건은 흠 없는 완전한 것이어야 한다. 따라서 흠 있는 권리를 이전하였거나 흠 있는 물건을 급부한 경우에는 매수인에 대해 책임을 져야 한다. 이와 같이 매매계약에 기해 매수인이 매도인으로부터 취득하는 권리나 물건에 흠이 있는 경우 매도인이 지는 책임을 매도인의 담보책임(擔保責任)이라고 한다. 매도인의 담보책임은 매도인의 귀책사유를 묻지 않고 인정되는 무과실책임이다. 매매계약에 기하여 매도인이 부담하는 담보책임은 목적물의 권리관계에 관한 담보책임과 물건 자체의 하자에 관한 담보책임으로 나눌 수 있다.

(1) 권리의 하자에 대한 담보책임

권리의 하자에 대한 담보책임이란 매매의 목적물인 재산권의 전부 또는 일부가 매도인의 소유에 속하지 않거나 또는 매도인에게 속하기는 하지만 타인의 권리에 의하여 제한되어 있기 때문에 매수인이 완전한 권리를 취득할 수 없는 경우에 매도인이 부담하는 담보책임을 말한다. 권리의 하자에 대한 담보책임은 목적물의 전부 또는 일부가 타인에게 속하는 경우와 목적물에 대한 권리가 다른 권리에 의하여 제한을 받고 있는 경우로 나눌 수 있으며, 민법은 각각의 경우에 관하여 자세히 규정하고 있다.

　　매매계약을 통하여 타인의 권리를 매매하는 것도 가능하므로, 매도인은 자신의 소유가 아닌 물건도 매도할 수 있지만, 이 경우 매도인이 그 물건을 취득하여 매수인에게 이전하지 못한다면 거래의 안전이 문제된다. 이러한 점을 고려하여 권리의 전부가 타인에게 속하는 경우에 있어서 매수인이 선의인 경우에는 계약해제와 손해배상을 인정하며, 악의인 경우에도 계약해제를 인정하고 있다. 한편 권리의 일부가 타인에게 속하는 경우에 있어서 매수인이 선의라면, 그 모자라는 일부로 말미암아 계약의 목적을 달성할 수 없는 경우(예를 들어 주택을 신축하기 위하여 토지를 매수하였으나, 그 면적이 건축허가의 요건에 미달하는 경우)에는 계약을 해제하거나 손해배상을 청구할 수 있고, 목적을 달성할 수 있는 경우에는 대금의 감액을 청구할 수 있다. 그렇지만 악의의 매수인에게는 대금감액만 인정된다.

> **[판례]** 부동산을 매수한 자가 그 소유권이전등기를 하지 아니한 채 이를 다시 제3자에게 매도한 경우에는 그것을 민법 제569조에서 말하는 '타인의 권리 매매'라고 할 수 없다. [대법원 1996. 4. 12. 선고 95다55245 판결]

　　나아가 매매의 목적에 대한 권리가 부족하거나 제한을 받고 있는 경우에도 담보책임이 성립하는데, 첫째 목적물의 수량이 부족하거나 일부가 멸실된 경우, 매수인이 선의라면 계약을 해제하거나 손해배상을 청구할 수 있으며, 대금의 감액도 청구할 수 있다. 다만 수량부족의 경우와 관련하여 판례는 토지를 매매함에 있어 등기부상의 면적을 기준으로 하여 매매가액을 산정한 경우에는 실제면적에 따라 대금감액을 청구할 수 없다고 한다.

> **[판례]** 민법 제574조에서 규정하는 '수량을 지정한 매매'라 함은 당사자가 매매의 목적인 특정물이 일정한 수량을 가지고 있다는 데 주안을 두고 대금도 그 수량을 기준으로 하여 정한 경우를 말하는 것이므로, 토지의 매매에 있어 목적물을 등기부상의 면적에 따라 특정한 경우라도 당사자가 그 지정된 구획을 전체로서 평가하였고 면적에 의한 계산이 하나의 표준에 지나지 아니하여 그것이 당사자들 사이에 대상토지를 특정하고 그 대금을 결정하기 위한 방편이었다고 보일 때에는 이를 가리켜 수량을 지정한 매매라 할 수 없다. [대법원 2003. 1. 24. 선고 2002다65189 판결]

[판례] 목적물이 일정한 면적(수량)을 가지고 있다는 데 주안을 두고 대금도 면적을 기준으로 하여 정하여지는 아파트분양계약은 이른바 수량을 지정한 매매라 할 것이다. [대법원 2002. 11. 8. 선고 99다58136 판결]

그리고 용익적 권리에 의하여 제한을 받고 있는 경우(예를 들어 나대지로 알고 매입하였는데, 제3자가 그 토지상에 지상권을 가지고 있는 경우)에도 그로 말미암아 목적을 달성할 수 없는 경우에는 선의의 매수인은 계약을 해제하고 손해배상을 청구할 수 있다. 다만 저당권이나 전세권에 의해 제한받고 있는 경우에는 그로 말미암아 계약의 목적을 달성할 수 없다면 매수인이 악의인 경우에도 계약을 해제하거나 손해배상을 청구할 수 있다.

[판례] 매매의 목적이 된 부동산에 설정된 저당권의 행사로 인하여 매수인이 취득한 소유권을 잃은 때에는 매수인은 민법 제576조 제1항의 규정에 의하여 매매계약을 해제할 수 있지만, 매수인이 매매목적물에 관한 근저당권의 피담보채무를 인수하는 것으로 매매대금의 지급에 갈음하기로 약정한 경우에는 특별한 사정이 없는 한, 매수인으로서는 매도인에 대하여 민법 제576조 제1항의 담보책임을 면제하여 주었거나 이를 포기한 것으로 봄이 상당하므로, 매수인이 매매목적물에 관한 근저당권의 피담보채무 중 일부만을 인수한 경우 매도인으로서는 자신이 부담하는 피담보채무를 모두 이행한 이상 매수인이 인수한 부분을 이행하지 않음으로써 근저당권이 실행되어 매수인이 취득한 소유권을 잃게 되더라도 민법 제576조 소정의 담보책임을 부담하게 되는 것은 아니다. [대법원 2002. 9. 4. 선고 2002다11151 판결]

(2) 물건의 하자에 대한 담보책임(하자담보책임)

하자담보책임이 성립하기 위해서는 매매목적물에 하자, 즉 물리적 흠이 있어야 하는데, 흠이란 그 종류의 물건이 일반적으로 갖고 있어야 할 품질, 성능, 성질, 형태 등이 기준에 미달하는 것을 말한다. 그리고 하자담보책임에서의 하자에는 객관적 하자 즉 물건이 본래 가지고 있어야 할 객관적 성질이 결여된 경우뿐만 아니라, 주관적 하자 즉 매매당사자가 합의한 성질을 결여한 경우도 포함된다. 예를 들어 견본품을 제시하였으나 실제 인도한 물건이 그 기준에 미달한 때에는 주관적 하자가 있는 것이고 이때에도 하자담보책임이 인정된다.

하자담보책임을 묻기 위해서는 매수인은 하자가 있음을 알지 못하고 알지 못하는 데 과실이 없어야 한다(민법 제580조 제1항). 담보책임을 주장하는 매수인은 하자의 존재만을 주장하면 되고, 매수인의 악의나 과실은 담보책임을 면하려는 매도인이 주장, 입증해야 한다. 매도인이 하자담보책임을 지는 경우, 특정물 매매에 있어서의 매수인은 해제권과 손해배상청구권을 가지고, 불특정물매매에 있어서는 그 밖에 완전물급부청구권도 가진다.

> **[판례]** 매도인이 매수인에게 공급한 기계가 통상의 품질이나 성능을 갖추고 있는 경우, 그 기계에 작업환경이나 상황이 요구하는 품질이나 성능을 갖추고 있지 못하다 하여 하자가 있다고 인정할 수 있기 위하여는, 매수인이 매도인에게 제품이 사용될 작업환경이나 상황을 설명하면서 그 환경이나 상황에 충분히 견딜 수 있는 제품의 공급을 요구한 데 대하여, 매도인이 그러한 품질과 성능을 갖춘 제품이라는 점을 명시적으로나 묵시적으로 보증하고 공급하였다는 사실이 인정되어야만 할 것임은 물론이나, 매도인이 매수인에게 기계를 공급하면서 당해 기계의 카탈로그와 검사성적서를 제시하였다면, 매도인은 그 기계가 카탈로그와 검사성적서에 기재된 바와 같은 정도의 품질과 성능을 갖춘 제품이라는 점을 보증하였다고 할 것이므로, 매도인이 공급한 기계가 매도인이 카탈로그와 검사성적서에 의하여 보증한 일정한 품질과 성능을 갖추지 못한 경우에는 그 기계에 하자가 있다고 보아야 한다. [대법원 2000. 10. 27. 선고 2000다30554 판결]

> **[판례]** 갑이 을 주식회사로부터 자동차를 매수하여 인도받은 지 5일 만에 계기판의 속도계가 작동하지 않는 하자가 발생하였음을 이유로 을 회사 등을 상대로 신차 교환을 구한 사안에서, 위 하자는 계기판 모듈의 교체로 큰 비용을 들이지 않고서도 손쉽게 치유될 수 있는 하자로서 하자수리에 의하더라도 신차구입이라는 매매계약의 목적을 달성하는 데에 별다른 지장이 없고, 하자보수로 자동차의 가치하락에 영향을 줄 가능성이 희박한 반면, 매도인인 을 회사에 하자 없는 신차의 급부의무를 부담하게 하면 다른 구제방법에 비하여 을 회사에 지나치게 큰 불이익이 발생되어서 오히려 공평의 원칙에 반하게 되어 매수인의 완전물급부청구권의 행사를 제한함이 타당하므로, 갑의 완전물급부청구권 행사가 허용되지 않는다고 한 사례. [대법원 2014. 5. 16. 선고 2012다72582 판결]

Ⅳ. 특수한 매매

물건을 팔고 사는 가장 기본적인 모습은 매도인과 매수인이 만나 흥정을 한 후 합의한 바에 따라 매도인이 목적물을 양도하고 매수인이 대금을 지급하는 것이라고 할 것이다. 그렇지만 현재에는 원칙적인 모습의 매매계약 이외에도 다양한 모습의 매매계약이 체결되고 있다. 그 가운데 자주 행하여지는 것으로는 대금의 지급을 나누어서 하는 할부거래, 매도인이 매수인을 방문하여 이루어지는 방문판매, 인터넷 등 통신매체를 통하여 이루어지는 전자상거래 등을 들 수 있을 것이다. 이하에서는 위와 같은 거래의 중요한 내용들을 차례로 살펴본다.

1. 할부거래

할부거래는 매수인이 매도인 또는 신용제공자에게 목적물의 대금을 2개월 이상의 기간에 걸쳐 3회 이상 나누어 지급하고, 목적물의 대금을 완납하기 전에 매도인으로부터 목적물을 인도 받기로 한 거래를 말하며, 이러한 거래에는 「할부거래에 관한 법률」이 적용된다. 할부거래는 많은 비용을 한꺼번에 지불하지 않고 목적물을 구입할 수 있는 장점이 있는 반면에 장래에 할부금을 지급할 수 있는지를 판단하지 않고 충동구매를 할 가능성도 있으며, 또한 할부거래기간 동안 매수인은 잔액에 대한 이자를 지급하여야 하는 불이익이 있다.

할부거래의 당사자는 반드시 서면을 통하여 계약을 체결하여야 하며, 매도인은 할부계약서 1통을 매수인에게 주어야 한다. 이 경우 매수인은 할부거래에 관한 계약서를 교부받은 날 또는 목적물의 인도를 받은 날로부터 7일 이내에 청약을 철회할 수 있다. 철회는 서면에 의하여야 하며, 철회한 경우 목적물의 반환에 필요한 비용은 매도인이 부담하며, 매도인은 매수인에게 위약금이나 손해배상을 청구할 수 없다. 그리고 매수인은 할부금의 기한이 되기 전이라도 나머지 할부금을 한꺼번에 지급함으로써 할부수수료를 절약할 수 있다. 반대로 매도인은 매수인이 할부금지급의무를 이행하지 않는 경우 14일 이상의 기간을 정하여 최고한 후 계약을 해제할 수 있으며, 매수인이 할부금을 2회 이상 연속하여 지급하지 아니하고, 지급하지 아니한 금액이 할부가격의 10분의 1을 초과하는 경우에는 할부금의 전액을 청구할 수 있다.

2. 방문판매 등

방문판매는 재화 또는 용역의 판매를 업으로 하는 자가 방문의 방법으로 그의 영업소 외의 장소에서 소비자에게 권유하여 계약의 청약을 받거나 계약을 체결하여 재화와 용역을 판매하는 것을 말한다. 방문판매에 대해서는 「방문판매 등에 관한 법률」이 적용되는데, 방문판매법에서는 방문판매뿐만 아니라 전화권유판매 및 다단계판매에 대해서도 규정하고 있다. 방문판매에 의한 계약을 체결하는 경우 소비자는 방문판매업자가 누구인지 알 수 없어 손해를 입는 일이 생길 수 있으므로, 계약을 체결할 때에 방문판매업자의 정보가 적힌 계약서를 교부하도록 하고 있다. 또 계약을 체결한 경우 계약서를 교부받거나 재화를 공급받은 날부터 14일 이내에 청약을 철회할 수 있으며, 재화의 내용이 표시·광고와 다른 경우에는 그 사실을 알았거나 또는 알 수 있었던 날부터 1월 이내에 철회할 수 있다. 다만 재화를 사용한 경우 등 예외적인 사유가 있는 경우에는 철회가 인정되지 않는다. 한편 다단계판매의 경우에도 방문판매와 유사한 방식으로 청약을 철회하는 것이 인정된다. 또한 다단계판매업자가 다단계판매원에게 방문판매법 제23조에서 금지한 행위를 고지하여야 할 의무를 게을리함으로써 소비자에게 손해가 발생한 경우에는 이를 배상하여야 한다. 그리고 방문판매나 다단계판매에서 대금의 지급을 할부로 한 경우에는 할부거래에 관한 법률도 중복해서 적용된다.

3. 전자상거래 등

전자상거래는 재화와 용역을 거래함에 있어서 그 전부 또는 일부를 전자문서에 의하는 방법으로 상행위를 하는 것을 말한다(인터넷이나 모바일을 통한 거래가 이에 해당한다). 그리고 통신판매는 우편·전기통신 등의 방법에 따라 재화 또는 용역의 판매에 관한 정보를 제공하고 소비자의 청약에 의하여 재화 또는 용역을 판매하는 것을 말한다. 이들 거래에 대해서는 「전자상거래 등에서의 소비자 보호에 관한 법률」이 적용된다.

전자상거래의 경우에는 사업자로 하여금 거래기록을 5년간 보존하도록 한다. 그리고 거래의 특성상 잘못 조작하는 경우가 있을 수 있기 때문에 조작실수를 방지하기 위한 조치를 하여야 하며, 대금지급을 안전하게 할 수 있는 조치도 하여야 한다. 그리고 판매자를 알 수 있도록 하기 위하여 사이버몰에 사업자의 신원을 공개하여야 하며, 통신판매업자는 공정거래위원회 등에 신고하도록 하고 있다. 전자상거래나 통신판매의 경우에도 계약서를 교부받은 날 또는 재화 등의 공급이 개시된 날로부터 7일 이내에 청약을 철회할 수 있다.

그리고 재화를 직접 판매하는 통신판매업자를 위하여 사이버 몰을 개설한 후 그 몰에서 통신판매업자와 소비자가 거래를 할 수 있도록 주선하는 통신판매중개자가 통신판매업자의 판매행위에 대하여 책임이 없다는 사실을 약정하지 아니하거나 미리 고지하지 아니하고 통신판매를 중개한 경우에는, 당해 통신판매와 관련하여 통신판매의 중개를 의뢰한 자의 고의 또는 과실로 소비자에게 발생한 재산상의 손해에 대하여 중개를 의뢰한 자와 연대하여 배상할 책임을 진다.

V. 부동산매매와 등기

부동산을 사고파는 계약도 매매계약에 해당한다. 따라서 매매계약에 관한 설명이 부동산의 매매에 대해서도 그대로 적용된다. 다만 거래의 목적물이 부동산이라는 점에서 동산의 매매에 비하여 조금 더 복잡한 법률관계가 형성된다.

1. 계약의 체결

부동산에 대한 매매계약도 당사자의 합의만으로 계약이 성립한다. 그렇지만 계약의 내용에 대한 분쟁을 예방하기 위하여 계약서를 작성한다. 다만 매수인이 매도인에게 계약금을 교부한 경우 상대방이 이행에 착수할 때까지 매수인은 계약금을 포기하고 계약을 해제할 수 있으며, 매도인은 계약금의 2배를 상환하고 계약을 해제할 수 있다.

2. 계약의 이행

매도인의 입장에서 부동산에 대한 매매계약을 이행한다는 것은 부동산에 대한 소유권을 이전하는 것을 말하며, 매수인은 대금을 지급하는 것을 말한다. 부동산에 대한 소유권이 이전되기 위해서는 소유권이전등기가 행해져야 하며, 이는 부동산의 점유를 이전하는 것과 전혀 별개의 것이다. 소유권이전등기를 위해서는 매도인과 매수인이 함께 등기소에 출석하여 등기를 신청하는 것이 원칙이지만, 대부분의 경우 매도인과 매수인이 법무사에게 등기를 위임함으로써 법무사에 의하여 이전등기가 행하여진다. 그리고 매도인은 매매계약의 이행으로서 등기서류를 교부하는 것과 함께 매매목적물의 점유도 이전하며, 이에 대하여 매수인은 잔금을 지급하는데, 등기서류의 교부와 잔금의 지급은 동시이행관계에 있다. 소유권이전등기는 매매계약에 따른 의무의 이행이 완료된 때, 즉 잔금을 지급한 날부터 60일 내에 하여야 하며, 이를 게을리 하면 과태료가 부과된다.

[판례] 매매계약시 잔금 지급 이전에 매매목적물인 부동산에 관한 소유권이전등기를 매수인에게 경료하여 준다는 특별한 약정이 없는 한, 잔금의 지급과 상환으로 그 소유권이전등기를 경료하여 주는 것이 일반적이고, 매매계약시 그러한 특별 약정이 없음에도 잔금 지급 이전에 소유권이전등기를 경료하여 주는 것은 극히 이례에 속한다. [대법원 1995. 1. 20. 선고 94다41423 판결]

■ 부동산중개 ■

부동산거래는 대부분의 경우 부동산중개업소를 통하여 이루어지며, 이 경우 거래를 중개하는 공인중개사가 일정한 사항을 서류로 작성하여 교부하도록 되어 있다. 이 경우 매수인은 매도인이 본인인지 여부 또는 정당한 대리권을 가졌는지 여부를 확인하여야 하며, 부동산등기부와 대장을 통하여 매매목적물의 현황과 권리관계를 확인할 필요가 있다. 그리고 당사자 사이에 특약을 한 경우에는 반드시 그 내용을 계약서에 기재하여야 한다.

한편 중개를 담당한 중개업소 또는 공인중개사에게 지급하는 수수료는 공인중개사법의 위임에 따라 국토교통부령에서 정하고 있다. 현재의 국토교통부령에서는 중개의뢰인 쌍방으로부터 각각 받도록 하고 있으며, 거래가액에 따라 그 일방으로부터 받을 수 있는 한도는 매매 · 교환의 경우에는 거래금액의 1천분의 9 이내로 하고, 임대차 등의 경우에는 거래금액의 1천분의 8 이내로 한다(구체적인 비율은 시 · 도의 조례로 결정함).

[판례] 부동산중개업법 제20조(현행 공인중개사법 제32조)에 의하면, 중개업자는 중개업무에 관하여 중개의뢰인으로부터 소정의 수수료를 받을 수 있고(제1항), 위 수수료의 한도 등에 관하여 필요한 사항은 건설교통부령이 정하는 범위 내에서 특별시 · 광역시 또는 도의 조례로 정하도록 규정하고 있으며(제3항), 구 부동산중개업법시행규칙(2000. 7. 29. 건설교통부령 제250호로 개정되어 2000. 10. 1.부터 시행되기 전의 것) 제23조의2 제1항에 의하면, 부동산

중개업법 제20조 제3항의 규정에 의한 수수료는 중개의뢰인 쌍방으로부터 각각 받되 그 한도는 매매·교환의 경우에는 거래가액에 따라 0.15%(위 개정 후에는 0.2%)에서 0.9% 이내로 하도록 규정되어 있고, 한편 부동산중개업법 제15조 제2호는 중개업자가 같은 법 제20조 제3항의 규정에 의한 수수료를 초과하여 금품을 받거나 그 외에 사례·증여 기타 어떠한 명목으로라도 금품을 받는 행위를 할 수 없도록 금지하고, 위와 같은 금지행위를 한 경우 등록관청이 중개업등록을 취소할 수 있으며(같은 법 제22조 제2항 제3호), 위와 같은 금지규정을 위반한 자는 1년 이하의 징역 또는 1천만 원 이하의 벌금에 처하도록 규정하고 있는바(같은 법 제38조 제2항 제5호), 부동산중개업법이 '부동산중개업자의 공신력을 높이고 공정한 부동산 거래질서를 확립하여 국민의 재산권 보호에 기여함'을 목적으로 하고 있는 점(같은 법 제1조), 위 규정들이 위와 같은 금지행위의 결과에 의하여 경제적 이익이 귀속되는 것을 방지하려는 데에도 그 입법 취지가 있다고 보이는 점, 그와 같은 위반행위에 대한 일반사회의 평가를 감안할 때 위와 같은 금지행위 위반은 반사회적이거나 반도덕적으로 보아야 할 것인 점, 위반행위에 대한 처벌만으로는 부동산중개업법의 실효를 거둘 수 없다고 보이는 점 등을 종합하여 보면, 위와 같은 규정들은 부동산중개의 수수료 약정 중 소정의 한도액을 초과하는 부분에 대한 사법상의 효력을 제한함으로써 국민생활의 편의를 증진하고자 함에 그 목적이 있는 것이므로 이른바, 강행법규에 속하는 것으로서 그 한도액을 초과하는 부분은 무효라고 보아야 한다. [대법원 2002. 9. 4. 선고 2000다54406, 54413 판결]

■ 취득세, 등록면허세 및 양도소득세 ■

부동산을 거래하는 경우에 취득세와 등록면허세 및 양도소득세가 부과되는데, 매수인이 취득세와 등록면허세를 부담하며, 매도인이 양도소득세를 부담하는 것이 일반적이다.

취득세는 토지와 건물을 살 때 내는 지방세로 납세의무는 부동산을 실제 취득했을 때 발생한다(지방세법 제6조 이하). 예를 들어 새로 지은 아파트의 경우는 준공검사일이 기준이며, 매수한 경우는 이전등기를 한 때이다. 다만 준공검사 전에 사용승인을 받아 입주한 경우에는 사용승인일로부터 취득세 납세의무가 발생한다. 취득물건 중 토지의 과세표준은 취득자가 신고한 취득 당시의 가액을 원칙으로 하나, 신고가 없거나 신고가액이 시가표준액에 미달하는 경우에는 시가표준액을 토지의 과세표준으로 한다(세율은 지방세법 제11조 참고). 취득세의 경우에는 10%의 농어촌특별세(농·어업의 경쟁력 강화와 농어촌의 산업기반시설의 확충에 필요한 재원에 충당하기 위하여 과세하는 목적세)가 가산된다.

등록면허세는 취득한 부동산을 자신의 명의로 이전등기를 할 때 내는 지방세이다(지방세법 제23조 이하). 토지에 대한 등록세의 과세표준도 등기 또는 등록 당시의 가액을 원칙으로 하지만, 신고가 없거나 신고가액이 시가표준액에 미달하는 경우에는 시가표준액을 과세표준으로 한다. 등록면허세의 경우에는 20%의 지방교육세(교육재정의 확충에 필요한 재원을 확보하기 위한 조세)가 가산된다.

한편 양도소득세란 토지와 건물 또는 부동산에 관한 권리(분양권 등) 및 기타 자산을 팔았을 때 발생하는 양도소득에 대하여 부과하는 세금이다(소득세법 제88조 이하). 즉 토지나 건물을 유상으로 양도하였을 때 그 보유기간 동안 발생된 자본이득에 대해 과세하는 것이다. 다만, 1가구 1주택으로서 2년 이상 보유하고 거래가액이 9억원 미만인 경우에는 양도소득세가 부과되지 않는다. 그 밖에 기존주택을 양도하기 전에 새로운 주택을 취득하여 1가구 2주택이 된 경우로서 새로 취득한 주택을 취득한 날로부터 3년 이내에 비과세요건(2년 이상 보유)을 갖춘 기존주택을 양도하는 경우에는 일시적인 2주택으로 보아 양도소득세가 과세되지 않으며, 결혼으로 인하여 1가구 2주택이 된 경우와 부모봉양을 위해 세대를 합침으로써 2주택이 된 경우에 혼인한 날 또는 부모와 합가한 날로부터 5년 이내에 비과세요건(2년 이상 보유)을 갖춘 주택을 양도하는 경우에는 과세되지 않는다. 이와 같이 양도소득세가 비과세되는 경우에는 양도소득세의 신고의무도 없다.

■ 부동산보유세 ■

부동산에 대한 거래에 대하여 부과하는 세금과는 별도로 부동산을 보유하는 것에 대하여 부과되는 세금을 부동산보유세라고 부른다. 현재 부동산을 보유하는 것을 이유로 부과되는 세금으로는 지방세법에서 규정하고 있는 재산세와 종합부동산세법에서 규정하고 있는 종합부동산세가 있다. 재산세는 건축물(주택, 상가), 토지, 시설물(골프장, 풀장, 스케이트장, 고급오락장, 수조, 저유소), 고급선박, 항공기를 소유하고 있는 자에게 과세하는 지방세로서 시·군에서 징수하며 재산세 과세기준일(6월 1일) 현재 재산을 사실상 소유하고 있는 자에게 부과된다. 과세표준은 시장·군수·구청장이 결정고시한 시가표준액이고, 세율은 대상에 따라 다르다(지방세법 제110조 이하 참고). 이에 비하여 종합부동산세는 고액의 부동산 보유자에 대하여 부과되는 세금으로서, 재산세를 납부한 후에 따로 정해진 과세표준과 세율에 따라 추가로 납부하는 세금이다(이에 관하여는 종합부동산세법에서 규정하고 있다).

3. 등기

동산(예: TV, 카메라 등)의 경우에는 그것이 누구의 소유에 속하는지를 현재 가지고 있다는 사실에 의하여 판단하는 경우가 많다(현재 가지고 있는 것을 법률용어로는 점유(占有)하고 있다고 한다). 그러나 부동산(예: 토지나 건물)의 경우에는 현재 점유하고 있다는 사실을 통하여 누가 이를 소유하고 있는지 쉽게 알 수 없다. 왜냐하면 부동산의 경우에는 소유자가 그것을 타인에게 빌려주는 경우가 동산의 경우에 비하여 흔하기 때문이다. 그래서 국가(법원)가 관리하는 등기부(登記簿)라는 공적 장부를 만들어 놓고 여기에 부동산에 관한 권리관계를 기재하도록 하여 일반인에게 공시하고 있는데, 그것이 바로 부동산등기(不動産登記)이다. 부동산등기부에는 부동산의 지번, 지목, 구조, 면적 등 부동산의 표시에 관한 사항과 소유권, 지상권, 저당권, 전세권, 가압류 등 부동산의 권리관계가 상세히 기재되어 있다.

■ 동산의 등기나 등록 ■

부동산이 아닌 동산에 대해서도 소유권을 이전하기 위하여 등기나 등록을 요구하는 경우가 있다. 동산 가운데 자동차, 건설기계, 항공기, 선박(20톤 이상)이 여기에 해당한다. 이러한 동산의 경우에는 소유권 이전에 필요한 각종 서류와 그 물건의 점유를 이전하는 것만으로는 소유권이 이전되지 않으며, 등기나 등록명의를 이전한 경우에만 소유권이 이전된다.

■ 선의취득 ■

동산의 소유권을 양도하기 위해서는 당사자 사이에 동산의 소유권을 이전하는 데 대한 합의를 하고 동산의 점유를 이전하면 된다. 이 경우 동산을 양도하는 자는 원칙적으로 동산에 대한 소유권을 가지고 있어야 한다. 그렇지만 동산을 양도한 자에게 소유권이 없는 경우에도 양수인이 양도인과의 거래행위를 통하여 평온, 공연, 선의, 무과실로 동산을 취득한 경우에는 그 동산에 대한 소유권을 취득하는 것으로 하는데(민법 제249조), 이것을 선의취득(善意取得)이라고 한다. 다만 금전의 경우나 자동차와 같이 등록된 동산의 경우에는 선의취득이 인정되지 않는다. 한편 선의취득한 동산이 도품(盜品)이나 유실물(遺失物)인 경우에는 동산을 취득한 자뿐만 아니라 그 동산의 소유자도 보호할 필요가 있기 때문에 원소유자나 유실자가 현재 동산을 점유하고 있는 자에 대하여 2년 이내에 반환을 청구할 수 있도록 하고 있다. 다만 점유자가 그 동산을 경매를 통해서나 시장 또는 같은 종류의 물건을 판매하는 상인에게서 선의로 매수한 경우에는 그 대가를 변상하고서 반환을 청구할 수 있다.

> **[판례]** 민법 제250조, 제251조 소정의 도품, 유실물이란 원권리자로부터 점유를 수탁한 사람이 적극적으로 제3자에게 부정처분한 경우와 같은 위탁물 횡령의 경우는 포함되지 아니하고 또한 점유보조자 내지 소지기관의 횡령처럼 형사법상 절도죄가 되는 경우도 형사법과 민사법의 경우를 동일시해야 하는 것은 아닐 뿐만 아니라 진정한 권리자와 선의의 거래 상대방간의 이익형량의 필요성에 있어서 위탁물 횡령의 경우와 다를 바 없으므로 이 역시 민법 제250조의 도품, 유실물에 해당되지 않는다. [대법원 1991. 3. 22. 선고 91다70 판결]

■ 유실물과 점유이탈물 횡령 ■

자신의 의사에 의하지 아니하고 점유를 상실한 물건을 유실물(遺失物)이라고 하는데, 이러한 물건에 대하여는 유실물법에 의하여 공고한 후 6개월 이내에 소유자가 권리를 주장하지 않는 경우에 습득한 자가 그 물건에 대한 소유권을 취득한다. 그렇지만 유실물의 소유자를 알게 되면 그에게 반환하여야 하며, 이 경우에는 습득한 자는 유실물 가액의 5% 내지 20%에 해당하는 보상금을 받을 수 있다. 위와는 달리 유실물을 습득한 자가 유실물법에 따른 신고를 하지 않은 경우에는 유실물법에 의하여 소유권을 취득할 권리를 상실할 뿐만 아니라 형법 제360조에서 규정하는 점유이탈물 횡령에 해당되어 그에 따른 처벌을 받게 된다.

> [판례] 고속버스 운전사는 고속버스의 관수자로서 차내에 있는 승객의 물건을 점유하는 것이 아니고 승객이 잊고 내린 유실물을 교부받을 권능을 가질 뿐이므로 유실물을 현실적으로 발견하지 않는 한 이에 대한 점유를 개시하였다고 할 수 없고, 그 사이에 다른 승객이 유실물을 발견하고 이를 가져갔다면 절도에 해당하지 아니하고 점유이탈물 횡령에 해당한다. [대법원 1993. 3. 16. 선고 92도3170 판결]

법률행위를 통하여 부동산에 관한 소유권 등의 권리관계가 발생하거나 그 권리가 이전 또는 변경되기 위해서는 부동산의 물권변동에 대한 합의와 함께 그에 관한 등기를 하여야 한다. 예컨대 A가 자신의 부동산을 B에게 매도하고 잔금까지 모두 받았지만 아직 소유권이전등기를 경료하기 전에 그 부동산을 다시 C에게 매도하고 소유권이전등기를 해 주었다면, B가 아니라 C가 그 부동산에 대한 소유권을 취득하게 된다. 한편 B가 위 부동산에 대하여 이전등기를 하기 전에 A의 채권자인 D가 그 부동산을 압류한다면, 그 이후에 소유권이전등기를 마친 B는 채권자 D의 압류등기에 우선할 수 없게 된다. 위와 같은 결과가 생기는 것은 우리 민법이 부동산에 관한 법률행위(매매, 증여, 근저당권 설정 등)로 인한 권리의 득실변경은 등기를 하여야만 그 효력이 생긴다는 이른바 물권변동의 형식주의 또는 성립요건주의를 채택하고 있기 때문이다(민법 제186조).

■ 법률의 규정에 의한 부동산물권변동 ■

법률행위에 의한 부동산물권변동의 경우와는 달리 법률의 규정에 의한 부동산물권변동에 있어서는 등기를 하지 않더라도 부동산의 소유권이 이전된다(민법 제187조). 이에 해당하는 경우로는 상속, 공용징수, 판결, 경매와 기타 법률의 규정에 의한 것이 있는데, 상속의 경우에는 피상속인이 사망한 때, 공용징수의 경우에는 협의수용이나 재결수용에서 정한 때, 판결의 경우에는 판결이 확정된 때, 경매의 경우에는 경락인이 경락대금을 완납한 때에 소유권이 이전된다. 위와 같은 경우에는 등기를 하지 않더라도 소유권을 취득하지만, 취득한 소유권을 다른 사람에게 처분하기 위해서는 먼저 소유자 명의의 등기를 하여야 한다. 그 밖에 법률의 규정에 의하여 소유권을 취득하거나 소멸하게 되는 경우로는 신축건물에 대한 소유권 취득, 법정지상권 또는 관습법상의 법정지상권의 취득, 피담보채권의 소멸에 의한 저당권의 소멸, 법률행위가 무효이거나 해제된 경우의 물권의 복귀 등이 있다.

▪ 취득시효 ▪

취득시효(取得時效)란 어떤 사람이 마치 자기가 권리자인 것 같이 권리를 행사하고 있는 사실상태가 일정한 기간 동안 계속한 경우에 그 사람이 진실한 권리자인지 여부를 묻지 않고 처음부터 그 자가 권리자였던 것으로 인정하는 제도이다(민법 제245조 이하). 점유취득시효를 통하여 부동산에 대한 소유권을 취득하기 위해서는 타인의 부동산을 소유의 의사로 평온·공연하게 20년 이상 점유하고 있어야 하며, 이 요건이 갖추어지면 소유자로부터 이전등기를 받음으로써 소유권을 취득한다. 한편 부동산의 소유자는 아니지만 부동산의 소유자로 등기된 자는 10년간 선의·무과실로 그 부동산을 점유하면 소유권을 취득한다. 동산의 경우에는 10년간 소유의 의사로 평온, 공연하게 짐유하면 되는데, 선의·무과실로 점유를 개시한 경우에는 5년간 점유하면 된다.

(1) 등기사항

부동산에 대한 물권변동과 관련하여 등기할 사항은 부동산등기법에서 정하고 있다. 따라서 당사자가 법으로 정해져 있지 않은 어떤 법률관계를 임의로 만들어 이를 등기할 수는 없다. 부동산등기법에서 규정하고 있는 등기할 사항으로 소유권, 지상권, 지역권, 전세권, 저당권, 권리질권, 임차권에 대한 설정·보존·이전·변경의 제한 또는 소멸과 가등기, 환매등기 등이 있다.

▪ 가등기 ▪

가등기(假登記)란 부동산물권에 대한 청구권을 보전하거나 또는 장래에 확정될 청구권을 보전하기 위하여 행하여지는 등기이다. 가등기의 내용은 장차 행하여질 본등기의 내용과 일치하는 것이어야 하며, 가등기 그 자체로는 청구권을 보전하는 것과 본등기의 순위를 보전하는 효력이 있을 뿐 물권변동의 효력은 생기지 않는다. 그렇지만 가등기에 의하여 본등기를 하게 되면 그 순위는 가등기의 순위에 따르게 되며, 본등기에 저촉되는 가등기 이후 제3자의 등기는 가등기에 의하여 본등기가 이루어질 때 등기공무원이 직권으로 말소한다.

(2) 등기부(등기기록)

토지등기는 1개 지번의 토지(1필(筆)의 토지)에 대하여 1개의 등기기록으로 되어 있다(1부동산 1등기기록의 원칙). 따라서 토지가 분할되면 분할된 토지의 수만큼 등기기록이 증가하고 여러 개의 토지가 합쳐지면 등기기록은 하나로 된다(토지를 분할하는 것을 분필(分筆), 합치는 것을 합필(合筆)이라고 한다).

건물등기도 1동의 건물에 대하여 1개의 등기기록으로 되어 있다. 그러나 1동의 주된 건물에 부속건물이 여러 개 있더라도 그것은 1개의 등기기록을 사용하게 되며 그 부속건물을 분할하여 독립된 건물로 하거나 다른 여러 건물을 합병하면 1개의 등기기록을 하게 된다. 또 1동의 건물이 수개의 구분된 건물로 인정되는 아파트나 상가와 같은 건물(집합건물이라고 한다)은 전체를 1동의 건물로 표시하여 그에 대한 등기기록을 두면서 각 구분된 부분에 대하여도 따로 등기기록을 두고 있다(따라서 구분건물의 경우에는 건물 전체에 대한 표제부와 전유부분에 대한 표제부가 있게 된다).

■ 등기기록의 열람 ■

부동산거래를 위하여 등기부를 열람하거나 등본을 발급받기 위해서는 관할등기소를 찾아가 발급을 신청하거나 인터넷등기소(http://www.iros.go.kr)에서 발급을 신청한 후 직접 프린터로 출력하면 된다.

(3) 등기용지의 구성

등기부는 전산정보처리조직에 의하여 입력·처리된 등기정보자료를 대법원규칙으로 정하는 바에 따라 편성한 것을 말하는데, 하나의 등기기록은 표제부와 갑구 및 을구로 구성되어 있다. 다만 을구에 기재된 사항이 전혀 없거나 기재된 사항이 말소되어 현재 효력이 있는 부분이 없을 때에는 표제부 및 갑구만으로 구성된 등기부 등본을 발급한다.

1) **표제부**   표제부(表題部)에는 부동산의 소재지와 그 내용을 표시한다. 즉 토지의 경우에는 지번·지목·면적 등을, 건물인 경우에는 지번·구조·용도·면적 등이 기재된다. 다만 아파트 등 집합건물의 경우에는 건물전체에 대한 표제부와 구분된 개개의 전유부분에 대한 표제부가 따로 있어 건물전체의 표제부에서는 건물의 소재지와 용도 및 연면적 등이 표시되며, 구분된 각 전유부분의 표제부에는 그 부분의 면적이 표시된다(토지나 건물의 면적은 ㎡로 표시되어 있으며 이것을 3.3025로 나누면 평(坪)으로 환산할 수 있다). 토지가 분할되거나 합병되어 면적이 변경된 경우나 지목이 변경된 경우 또는 건물 구조가 변경되거나 증축 등에 의한 면적이 변경된 경우에는 그 변경내용을 표제부에 기재한다.

2) **갑 구**   갑구(甲區)에는 소유권에 관한 사항을 기재한다. 따라서 소유권에 대한 압류, 가등기, 경매개시결정등기 그리고 소유자의 처분을 금지하는 가처분등기 등이 모두 갑구에 기재된다. 그리고 이러한 권리관계의 변경, 소멸에 관한 사항도 역시 갑구에 기재된다.

부동산에 대하여 최초로 행하여지는 등기를 소유권보존등기(所有權保存登記)라고 하며, 보존등기가 행하여질 때 그 부동산에 대한 등기기록이 처음으로 마련되고 이후로는 그 부동산에 관한 등기를 그 등기기록에 기재하게 된다. 한편 매매나 증여 또는 상속 등에 의하여 소유자가 바뀐 경우에는 소유권이전등기가 행하여진다. 다만 소유권이 이전되더라도 전소유자란을 말소하지 않는다(일반적으로 권리가 소멸하면 그 권리에 대한 등기는 말소된다). 그리고 부동산을 2인 이상이 공유하고 있는 경우에는 소유자의 성명과 함께 각자의 지분을 표시한다(예: 갑 1/2, 을 1/2).

■ **말소등기** ■

등기부에 기재되었던 내용의 일부를 말소하는 것을 말소등기(抹消登記)라고 하는데, 부동산에 대하여 행하여졌던 압류나 저당권과 같은 제한물권이 소멸한 경우에 행하여진다. 말소등기는 종전에 어떠한 내용의 등기가 있었는지 알아볼 수 있도록 하는데, 전산화된 등기부의 경우에는 기재내용 위에 횡선을 그어 말소된 부분을 표시하고 말소했다는 취지를 등기부에 기재하는 방법으로 행하여진다.

3) 을 구   을구(乙區)에는 소유권 이외의 권리인 저당권, 전세권, 지역권, 지상권 등에 관한 권리관계의 변경·이전이나 말소사항을 기재한다. 을구에 기재된 권리는 등기된 순서에 따라 순위를 가지게 된다. 한편 저당권을 실행함으로써 경매가 행하여진 경우에는 1번 저당권을 포함하여 1번 저당권이 등기된 이후에 등기된 모든 권리가 소멸하게 되므로, 그에 관한 등기를 등기관이 직권으로 말소하게 된다.

▪ 대장 ▪

국가가 관리하는 부동산에 관한 기록에는 등기부 외에 대장(臺帳)이 있다. 대장은 부동산에 관한 현황과 소유자를 파악하여 세금을 부과하기 위한 목적으로 만들어졌다. 대장에는 토지대장과 임야대장 및 건축물대장이 있다. 부동산의 현황에 관한 사항은 대장이 기준이 되며, 부동산의 권리에 관한 사항은 등기부를 기준으로 하므로 대장과 등기부는 매우 밀접한 관련이 있다.

4. 등기된 권리의 순위

등기는 등기관이 등기기록을 마친 때에 효력이 발생하는데, 효력이 발생하는 시기는 등기를 신청한 때로 소급한다. 등기관이 등기를 함에 있어서는 등기한 순서대로 순위번호를 기재하도록 하고 있으므로, 같은 구에서는 그 순위번호에 의하여 등기의 우열이 가려지고, 다른 구 사이에서는 접수일자와 접수번호에 의하여 그 우열을 가리게 된다. 이에 대한 예외로서 부기등기의 순위는 주등기의 순위에 의하며, 가등기가 있는 경우에 본등기를 하면 그 본등기의 순위는 가등기의 순위에 의한다. 등기된 권리의 순위 가운데 가장 많이 문제되는 것은 저당권의 순위인데, 그 순위는 저당권이 설정된 순서에 따라 정해진다. 그리하여 저당권의 경우 가장 먼저 설정된 것을 1번 저당권이라고 하고, 그 다음은 2번 저당권, 3번 저당권 등의 용어를 사용하여 그 순위를 표시하고 있다(다만, 먼저 설정된 저당권이 소멸한 경우에는 나중에 설정된 저당권의 순위가 승진한다).

한편 등기부의 을구에 저당권이 등기되어 있는 경우, 갑구에 소유자로 기재되어 있으면서 저당권을 설정한 자는 물론이고, 그 후에 소유권을 취득한 자도 저당권에 의한 제한을 받는다(소유권에 대한 제한물권의 우위). 따라서 채무자가 채무를 이행하지 않아 저당권자가 저당권을 실행한 경우, 저당권이 설정된 부동산의 소유자는 자신의 소유권을 잃게 될 수 있다.

제5장 주택임대차 및 상가건물임대차

I. 임대차

다른 사람의 물건을 빌려 쓰는 방법으로는 지상권(地上權)이나 전세권(傳貰權)과 같은 용익물권(用益物權)을 설정하는 방법과 사용대차(使用貸借)나 임대차(賃貸借)와 같이 계약에 의하여 채권을 취득하는 방법이 있다.

먼저 용익물권을 설정하는 방법으로 물건을 빌려 쓰는 경우를 살펴보면, 지상권은 타인 소유의 토지를 빌려서 그 위에 건물을 짓거나 나무를 심는 경우에 이용되며, 전세권은 토지나 건물을 빌려서 사용하는 경우에 이용된다. 지상권과 전세권을 설정하기 위해서는 이에 관한 등기가 행하여져야 하며, 지상권이나 전세권이 설정된 경우에는 소유자의 도움 없이도 토지나 건물을 사용·수익할 수 있다(지상권이나 전세권이 어떠한 효력을 가지는 것인가에 관하여는 민법 물권편에서 자세히 규정하고 있다).

지상권이나 전세권과는 달리 사용대차나 임대차는 채권계약에 의하여 물건을 빌려 쓰는 관계이다. 사용대차의 경우에는 사용료를 지급하지 않고 다른 사람의 물건을 빌려 쓰지만, 임대차의 경우에는 반드시 사용료를 지급하여야 한다는 점에 차이가 있다. 또한 이러한 대차관계는 대주가 임의로 차주에게 물건을 빌려주는 것을 전제로 하고 있다.

타인의 물건을 빌려 쓰는 방법 가운데 가장 많이 쓰이는 제도가 임대차이다(사용대차도 많이 이용되는 제도이기는 하지만, 법률관계로 인식되는 경우가 많지 않다). 임대차관계는 임대인이 임차인에게 물건을 빌려주기로 하고 그에 대하여 임차인이 사용료(차임)를 지급하기로 하는 내용의 계약을 체결함으로써 성립한다. 이러한 임대차의 법률관계를 조금 더 자세히 살펴보면, 임대차계약에 근거하여 임차인은 임대인에게 목적물을 사용할 수 있게 해 달라고 청구할 수 있으며, 임대인은 임차인에게 목적물을 빌려주어 사용할 수 있게 해 주어야 할 의무를 부담하게 된다. 그리고 임대인의 의무가 이행되어 임차인이 목적물을 사용할 수 있게 되면 그에 대한 대가로 임차인은 임대인에게 차임을 지급할 의무를 지고, 임대차계약이 종료한 후에는 그 목적물을 반환할 의무를 진다. 한편 임차인의 목적물반환의무와 차임지급의무를 담보하기 위해서 통상적으로 임차인이 임대인에게 보증금을 지급하게 되며, 임대차계약이 종료하면 목적물과 보증금을 서로 반환하게 된다.

이러한 임대차에 있어서 문제될 수 있는 점을 임차인의 관점에서 살펴보면, ① 임대인이 임차주택의 소유권을 다른 사람에게 양도한 경우에 임차인이 새로운 소유자에 대하여 자신의 임차권을 주장할 수 있는지(대항력), ② 임대차관계가 얼마나 오랫동안 지속될 수 있는지(존속기간), ③ 임대차가 계속되는 동안 임대인이 차임을 얼마나 올릴 수 있는지(차임증액), ④ 임대차가 종료한 후에 임차인은 보증금을 안전하게 반환받을 수 있는지(우선변제권) 등을 들 수 있다.

위와 같은 임대차에 관한 문제는 임차목적물이 주택이나 상가인 경우에도 그대로 적용되며, 결과적으로 임차인에게 불리한 경우가 많이 있으므로, 임대차의 목적물이 주택인 경우에 특별히 임차인을 보호하기 위하여 「주택임대차보호법」이 만들어졌고, 상가를 임차하여 영업을 하는 사람들을 보호하기 위하여 「상가건물임대차보호법」이 만들어졌다.

II. 주택임대차

1. 주택임대차보호법의 적용범위

(1) 계약의 당사자

주택임대차보호법은 서민들의 주거생활의 안정을 목적으로 하므로, 원칙적으로 개인이 주택을 임차한 경우에만 적용되지만, 그 밖에 중소기업기본법에 따른 중소기업이 주택을 임차하여 사원들에게 사용하도록 한 경우나 한국토지주택공사와 지방공사가 전세임대주택을 제공하는 경우에도 적용된다.

(2) 주거용 건물

주택임대차보호법은 주거용 건물, 즉 주택의 임대차에 한하여 적용된다(제2조). 주택은 사회통념상 건물로 인정하기에 충분한 요건을 구비하고 실제로 주거용으로 사용되고 있는 것이면 되며, 건축물대장의 용도란에 '주거용'으로 기재되어 있지 않은 경우에도 실제로 주거용으로 사용하고 있다면 이 법의 적용을 받는다. 따라서 공부상 공장용 건물이나 창고용 건물이라도 건물의 내부 구조를 주거용으로 사실상 변경한 경우에는 주택이라고 보게 된다. 또한 관할관청으로부터 허가를 받지 아니하고 건축한 무허가 건물이나 사용허가를 받았으나 준공검사를 마치지 못한 건물에 대하여도 주택임대차보호법이 적용된다.

또한 임차주택의 일부가 주거 외의 목적으로 사용되는 경우에도 이 법이 적용된다(제2조). 예컨대 주택에 딸린 가게에서 소규모영업 및 공장을 경영하는 경우도 이 법의 보호대상이 된다. 다만 건물 전체의 면적 가운데 주거용으로 사용되는 부분이 절반 이상이거나 상당한 부분을 차지하고 있어야 하고, 임차인에게 다른 주거용 건물이 없어야 한다(만약 상가 부분이 더 큰 경우에는 상가건물임대차보호법이 정하는 요건을 갖춤으로써 법의 보호를 받을 수 있다).

[판례] 건물이 공부상으로는 단층 작업소 및 근린생활시설로 표시되어 있으나 실제로 갑은 주거 및 인쇄소 경영 목적으로, 을은 주거 및 슈퍼마켓 경영 목적으로 임차하여 가족들과 함께 입주하여 그 곳에서 일상생활을 영위하는 한편 인쇄소 또는 슈퍼마켓을 경영하고 있으며, 갑의 경우는 주거용으로 사용되는 부분이 비주거용으로 사용되는 부분보다 넓고, 을의 경우는 비주거용으로 사용되는 부분이 더 넓기는 하지만 주거용으로 사용되는 부분도 상당한 면적이고, 위 각 부분이 갑·을의 유일한 주거인 경우 주택임대차보호법 제2조 후문에서 정한 주거용 건물로 인정한 사례. [대법원 1995. 3. 10. 선고 94다52522 판결]

[판례] 방 2개와 주방이 딸린 다방이 영업용으로서 비주거용 건물이라고 보여지고, 설사 그 중 방 및 다방의 주방을 주거목적에 사용한다고 하더라도 이는 어디까지나 다방의 영업에 부수적인 것으로서 그러한 주거목적 사용은 비주거용 건물의 일부가 주거목적으로 사용되는 것

일 뿐, 주택임대차보호법 제2조 후문에서 말하는 '주거용 건물의 일부가 주거 외의 목적으로 사용되는 경우'에 해당한다고 볼 수 없다고 한 원심의 판단을 수긍한 사례. [대법원 1996. 3. 12. 선고 95다51953 판결]

(3) 미등기 전세

주택임대차보호법은 미등기 전세(未登記 傳貰), 즉 채권적 전세에도 적용된다 (제12조). 미등기 전세는 오래전부터 부동산임대차 특히 건물임대차의 특수한 형태로 관습상 발전하여 온 제도로서, 건물의 소유자가 세입자에게 전세금(傳貰金)을 받고 일정한 기간 그 건물을 사용·수익하게 한 후 그 기간이 만료된 때에 그 건물을 반환받음과 동시에 전세금을 반환하는 것을 내용으로 하는 계약을 말한다. 일반적으로 전세라고 할 때에는 미등기 전세를 말한다. 이 경우 임대차에서 임차인이 지급해야 하는 차임은 전세금의 이자로 충당된다.

[판례] 갑이 주택소유자로서 1986. 4. 24. 주민등록전입신고를 하고 거주하여 오다가 을에게 주택을 매도하면서 1990. 11. 27. 을과 사이에 주택 1층에 관하여 전세계약을 체결하고 계속 거주하던 중 1991. 7. 6. 전세권설정등기를 경료하였는데, 을이 1991. 4. 13. 병에게 근저당권을 설정하였고 병의 임의경매신청으로 정이 1991. 12. 19. 경락을 받은 경우 갑이 전세권설정등기를 한 이유가, 주택임대차보호법 소정의 임차인의 대항력을 갖추었지만 그의 지위를 강화시키기 위한 것이었다면, 갑 명의의 전세권설정등기가 선순위의 근저당권의 실행에 따른 경락으로 인하여 말소된다 하더라도 그 때문에 갑이 위 전세권설정등기 전에 건물소유자와 전세계약을 맺고 주민등록을 함으로써 주택임대차보호법 제12조, 제3조 제1항에 의하여 확보된 대항력마저 상실하게 되는 것은 아니다. [대법원 1993. 11. 23. 선고 93다10552 판결]

2. 임차권의 대항력과 임차권의 승계

(1) 주택임차권의 대항력

주택임대차보호법 제3조 제1항에서는 "임대차는 그 등기가 없는 경우에도 임차인이 주택의 인도와 주민등록을 마친 때에는 그 다음날부터 제3자에 대하여 효력이 생긴다."고 규정하고 있다(일반적인 임대차의 경우에는 등기한 경우에만 대항력을 인정한다). 여기에서 "제3자에 대하여 효력이 생긴다."라고 함은 임대인 이외의 자에 대하여도 그 주택의 임대차관계를 주장할 수 있다는 의미이며, 이것은 결국 임대차기간 중 임대주택의 소유자가 변경되는 경우에도 임차인은 계약기간 동안(보증금을 준 경우에는 그 보증금을 반환 받을 때까지)에는 임차목적물을 반환하지 않아도 된다는 것을 의미한다. 그러나 임대주택에 대하여 민사집행법에 의한 경매가 행하여진 경우 임차인이 가진 임차권은 그 임차주택의 경락에 의하여 소멸한다. 다만 보증금이 전액 변제되지 아니한 대항력 있는 임차권의 경우(즉, 1순위 저당권이 설정되기 전에 대항력을 취득한 임차권)에는 경락으로 인하여 소멸하지 않는다(제3조의5).

(2) 대항력취득의 요건

1) **주택의 인도**   주택의 인도는 임차인이 임차목적물을 임대인으로부터 양도받는 것을 말하며, 임대차계약에 따른 대항력의 존재 여부가 문제된 때에 임차인이 그 목적물을 점유하고 있어야 한다. 임차목적물을 점유하는 사람은 임차인이어야 하는 것이 원칙이나 임차인의 가족 등의 점유도 임차인의 점유로 인정될 수 있으며, 예외적으로 제3자의 점유도 임차인의 점유로 인정될 수 있다. 이러한 목적물의 점유는 계속되어야 하며, 점유가 중단된 경우에는 새로 점유를 시작한 때로부터 다시 대항력이 인정된다.

[판례] 주택임대차보호법 제3조 제1항에서 주택임차인에게 주택의 인도와 주민등록을 요건으로 명시하여 등기된 물권에 버금가는 강력한 대항력을 부여하고 있는 취지에 비추어 볼 때 달리 공시방법이 없는 주택임대차에서는 주택의 인도 및 주민등록이라는 대항요건은 그 대항력 취득시에만 구비하면 족한 것이 아니고, 그 대항력을 유지하기 위하여서도 계속 존속하고 있어야 한다. [대법원 1987. 2. 24. 선고 86다카1695 판결]

[판례] 국민의 주거생활의 안정을 보장함을 목적으로 하고 있는 주택임대차보호법의 입법취지나 주택의 인도와 주민등록이라는 공시방법을 요건으로 하여 대항력을 부여하고 있는 동법 제3조 제1항의 취지에 비추어 볼 때, 주민등록이라는 대항요건은 임차인 본인뿐 아니라 그 배우자의 주민등록을 포함한다. [대법원 1987. 10. 26. 선고 87다카14 판결]

[판례] 주택임차인이 임차주택을 직접 점유하여 거주하지 않고, 간접 점유하여 자신의 주민등록을 이전하지 아니한 경우라 하더라도 임대인의 승낙을 받아 임차주택을 전대하고 그 전차인이 주택을 인도받아 자신의 주민등록을 마친 때에는 그 때로부터 임차인은 제3자에 대하여

대항력을 취득한다. [대법원 1994. 6. 24. 선고 94다3155 판결]

2) 주민등록(전입신고)   주민등록은 주민등록법에 의하여 1개월 이상 거주할 목적으로 등록해 놓은 것을 말한다. 주민등록을 통하여 임차목적물인 주택에 소유자 이외의 자가 살고 있는가를 확인할 수 있으므로, 주민등록은 담보권(저당권)을 설정하려는 제3자로 하여금 담보목적물을 임차하여 사용하고 있는 임차인이 있는지를 확인할 수 있도록 정확하게 이루어져야 할 필요가 있다. 주민등록이 정확하게 행하여졌는지는 주택에 대한 등기의 표제부에 기재된 주소와 일치하는지 여부에 의하여 결정된다. 주택임대차보호법에서는 전입신고를 한 때에 주민등록을 한 것으로 간주하고 있다.

■ **주소** ■

생활의 근거가 되는 곳을 주소(住所)라고 한다(민법 제18조). 주소는 그곳을 생활의 근거로 삼고 있는지 여부에 의하여 결정되므로, 동시에 2곳이 있을 수 있다(주간과 야간의 생활근거가 다른 경우). 주소는 법률관계에서 중요한 의미를 가지고 있는데, 예를 들어 특정물인도 이외의 채무변제는 채권자의 현주소에서 하여야 하며, 상속은 피상속인의 주소지에서 개시하고, 민사소송에서 개인의 보통재판적은 그 주소에 의하여 정하여 진다. 이와는 달리 주민등록법에서는 거주지(居住地)라고 하는 개념을 사용하고 있는데, 이때의 거주지는 30일 이상 거주할 목적으로 그 관할구역 안에 주소 또는 거소를 가진 자(주민)로 하여금 등록하게 한 곳이다(주민등록법 제6조). 많은 경우 주민등록법상의 주소가 민법에서 규정하고 있는 주소로 사용되고 있지만, 그렇지 않은 경우도 있다.

[판례] 다세대주택 임차 당시 칭하여진 동호수로 주민등록은 이전하고 임대차계약서에 확정일자를 받았는데 준공검사 후 건축물관리대장이 작성되면서 동호수가 바뀌어 등기부 작성시에도 임대계약서와 다른 동호수가 등재된 경우, 그 주택에 대하여 근저당권자의 신청에 의한 임의경매절차가 진행되던 중 임차인이 위 확정일자의 임대차계약서를 근거로 경매법원에 임차보증금반환채권에 대한 권리신고 및 배당요구를 하였다가 뒤늦게 그 주택의 표시가 위와 같이 다르게 되었다는 것을 알게 되어, 동장에게 그 주민등록 기재에 대하여 이의신청을 하여 주민등록표상의 주소를 등기부상 동호수로 정정하게 하였다면, 그 주택의 실제의 동표시와 불일치한 임차인의 주민등록은 임대차의 공시방법으로서 유효한 것이라고 할 수 없고, 임차인은 실제 동표시와 맞게 주민등록이 정리된 이후에야 비로소 대항력을 취득하였다고 볼 것이다. [대법원 1994. 11. 22. 선고 94다13176 판결]

[판례] 임차인이 임대차계약을 체결함에 있어 그 임차주택을 등기부상 표시와 다르게 현관문에 부착된 호수의 표시대로 그 임대차계약서에 표시하고, 주택에 입주하여 그 계약서상의 표시대로 전입신고를 하여 그와 같이 주민등록표에 기재된 후 그 임대차계약서에 확정일자를 부여받은 경우, 그 임차주택의 실제 표시와 불일치한 표시로 행해진 임차인의 주민등록은 그 임대차의 공시방법으로 유효한 것으로 볼 수 없어 임차권자인 피고가 대항력을 가지지 못하므로, 그 주택의 경매대금에서 임대차보증금을 우선변제받을 권리가 없다고 한 사례. [대법원 1996. 4. 12. 선고 95다55474 판결]

[판례] 주택의 인도와 주민등록이라는 임대차의 공시방법은 어디까지나 등기라는 원칙적인 공시방법에 갈음하여 마련된 것이고, 제3자는 주택의 표시에 관한 사항과 주택에 관한 권리관계에 관한 사항을 통상 등기부에 의존하여 파악하고 있으므로, 임대차 공시방법으로서의 주민등록이 등기부상의 주택의 현황과 일치하지 않는다면 원칙적으로 유효한 공시방법이라고 할 수 없으나, 다만 주택의 소유권보존등기가 이루어진 후 토지의 분할 등으로 인하여 지적도, 토지대장, 건축물대장 등의 주택의 지번 표시가 분할 후의 지번으로 등재되어 있으나 등기부에는 여전히 분할 전의 지번으로 등재되어 있는 경우, 임차인이 주민등록을 함에 있어 토지대장 및 건축물대장에 일치하게 주택의 지번과 동호수를 표시하였다면 설사 그것이 등기부의 기재와 다르다고 하여도 일반의 사회통념상 임차인이 그 지번에 주소를 가진 것으로 제3자가 인식할 수 있다고 봄이 상당하므로 유효한 임대차의 공시방법이 된다. [대법원 2001. 12. 27. 선고 2001다63216 판결]

3) 대항력의 취득시기   임차인이 주택의 인도와 주민등록을 마친 때에는 그 다음 날부터 대항력을 취득한다. 여기에서의 다음 날은 다음 날 0시를 의미한다.

[판례] 주택임대차보호법 제3조의 임차인이 주택의 인도와 주민등록을 마친 때에는 그 '익일부터' 제3자에 대하여 효력이 생긴다고 함은 익일 오전 영시부터 대항력이 생긴다는 취지이다. [대법원 1999. 5. 25. 선고 99다9981 판결]

(3) 양수인의 임대인 지위승계

임차주택의 양수인이라 함은 매매, 교환 등 법률행위에 의하여 임차주택의 소유권을 취득하는 자는 물론 상속, 공용징수, 판결, 경매 등 법률의 규정에 의하여 임차주택의 소유권을 취득한 자도 포함한다(제3조 제2항). 다만 임차주택의 양수인 가운데 임차권보다 선순위인 저당권 또는 가등기 등에 기하여 경매 또는 본등기의 이행 등의 방법으로 소유권을 취득한 사람에 대해서는 임차권을 주장할 수 없으므로, 이들은 법 제3조 제2항에서 규정하는 임차주택의 양수인에 포함되지 않는다.

임차주택의 양수인이 임대인의 지위를 승계한다는 것은 종전 임대차계약에서 정하여진 권리와 의무를 양수인이 모두 이어받는다는 의미이다. 그러므로 임차주택의 소유권 변동 후에 발생할 차임청구권은 양수인에게 이전하지만, 그전에 이미 연체된 차임에 대한 청구권은 종전 임대인에게 이미 발생하였던 채권이므로 양수인에게 당연히 승계되는 것은 아니다. 그리고 보증금 또는 전세금 반환채무는 임차주택의 반환채무와 동시이행관계에 있으므로 당연히 새로운 양수인이 부담하여야 한다.

[판례] 대항력 있는 주택임대차에 있어 기간만료나 당사자의 합의 등으로 임대차가 종료된 경우에도 주택임대차보호법 제4조 제2항에 의하여 임차인은 보증금을 반환받을 때까지 임대차관계가 존속하는 것으로 의제되므로 그러한 상태에서 임차목적물인 부동산이 양도되는 경우에는 같은 법 제3조 제2항에 의하여 양수인에게 임대차가 종료된 상태에서의 임대인으로서의 지위가 당연히 승계되고, 양수인이 임대인의 지위를 승계하는 경우에는 임대차보증금 반환채무도 부동산의 소유권과 결합하여 일체로서 이전하는 것이므로 양도인의 임대인으로서의 지위나 보증금 반환채무는 소멸하는 것이지만, 임차인의 보호를 위한 임대차보호법의 입법취지에 비추어 임차인이 임대인의 지위승계를 원하지 않는 경우에는 임차인이 임차주택의 양도사실을 안 때로부터 상당한 기간 내에 이의를 제기함으로써 승계되는 임대차관계의 구속으로부터 벗어날 수 있다고 봄이 상당하고, 그와 같은 경우에는 양도인의 임차인에 대한 보증금 반환채무는 소멸하지 않는다. [대법원 2002. 9. 4. 선고 2001다64615 판결]

[판례] 주택임대차보호법상의 대항력과 우선변제권이라는 두 가지 권리를 겸유하고 있는 임차인이 먼저 우선변제권을 선택하여 임차주택에 대하여 진행되고 있는 경매절차에서 보증금 전액에 대하여 배당요구를 하였다고 하더라도, 그 순위에 따른 배당이 실시된 경우 보증금 전액을 배당받을 수 없었던 때에는 보증금 중 경매절차에서 배당받을 수 있었던 금액을 공제한 잔액에 관하여 경락인에게 대항하여 이를 반환받을 때까지 임대차관계의 존속을 주장할 수 있다고 봄이 상당하고, 이 경우 임차인의 배당요구에 의하여 임대차는 해지되어 종료되고, 다만 같은 법 제4조 제2항에 의하여 임차인이 보증금의 잔액을 반환받을 때까지 임대차관계가 존속하는 것으로 의제될 뿐이므로, 경락인은 같은 법 제3조 제2항에 의하여 임대차가 종료된 상태에서의 임대인의 지위를 승계한다. [대법원 1998. 7. 10. 선고 98다15545 판결]

[판례] 임차인에 대하여 임대차보증금 반환채무를 부담하는 임대인임을 당연한 전제로 하여 임대차보증금 반환채무의 지급금지를 명령받은 제3채무자의 지위는 임대인의 지위와 분리될 수 있는 것이 아니므로, 임대주택의 양도로 임대인의 지위가 일체로 양수인에게 이전된다면 채권가압류의 제3채무자의 지위도 임대인의 지위와 함께 이전된다고 볼 수밖에 없다. 한편 주택임대차보호법상 임대주택의 양도에 양수인의 임대차보증금 반환채무의 면책적 인수를 인정하는 이유는 임대주택에 관한 임대인의 의무 대부분이 그 주택의 소유자이기만 하면 이행 가능하고 임차인이 같은 법에서 규정하는 대항요건을 구비하면 임대주택의 매각대금에서 임대차보증금을 우선변제받을 수 있기 때문인데, 임대주택이 양도되었음에도 양수인이 채권가압류의 제3채무자의 지위를 승계하지 않는다면 가압류권자는 장차 본집행절차에서 주택의 매각대금으로부터 우선변제를 받을 수 있는 권리를 상실하는 중대한 불이익을 입게 된다. 이러한 사정들을 고려하면, 임차인의 임대차보증금 반환채권이 가압류된 상태에서 임대주택이 양도되면 양수인이 채권가압류의 제3채무자의 지위도 승계하고, 가압류권자 또한 임대주택의 양도인이 아니라 양수인에 대하여만 위 가압류의 효력을 주장할 수 있다고 보아야 한다. [대법원 2013. 1. 17. 선고 2011다49523 전원합의체 판결]

■ **임차권의 양도와 임차물의 전대** ■

임차권의 양도란 임차인이 임차권을 그 동일성을 유지하면서 이전하는 계약이며, 임차물의 전대는 임차인이 자신이 가진 임차인의 지위를 그대로 유지하면서 임차물의 전부 또는 일부를 다시 제3자로 하여금 사용·수익하게 하는 것이다. 민법은 원칙적으로 임차권의 양도와 임차물의 전대를 금지하고, 임대인의 동의가 있을 때에만 예외적으로 허용하고 있다(제629조 제1항). 따라서 임차인이 임대인의 동의 없이 임차권을 양도하거나 임차물을 전대한 때에는 임대인은 임대차계약을 해지할 수 있다(제629조 제2항). 다만, 건물의 임차인이 그 건물의 소부분을 타인에게 사용하게 하는 경우에는 임대인의 동의를 얻지 않아도 된다.

3. 보증금의 회수

(1) 목적물과 보증금 반환의 동시이행

임대차가 종료한 때에 임대인은 임차인에게 보증금을 반환할 의무를 지며, 임차인은 목적물을 반환할 의무를 부담한다. 이 경우 임대인의 보증금 반환과 임차인의 목적물 반환은 동시이행관계에 있는 것으로 본다.

■ **보증금** ■

보증금(保證金)은 임대차에 있어서 차임지급의무나 목적물반환의무 또는 원상회복의무와

같은 임차인의 채무를 담보하기 위하여 임차인 또는 제3자가 임대인에게 교부하는 금전 기타
의 유가물을 말한다. 임대차가 종료하는 때에 임차인의 채무불이행이 있으면 임대인은 보증금
중에서 채무불이행에 해당하는 금액만큼은 당연히 변제에 충당되는 것으로 하고 잔액만 반환
하면 된다. 왜냐하면 보증금은 연체차임, 임차물의 멸실·훼손 등 임대차관계에서 발생하게 되
는 임차인의 모든 채무를 담보하므로, 임대인은 이를 보증금으로부터 다른 채권자에 우선하여
변제받을 수 있기 때문이다.

> **[판례]** 임차보증금 반환채권을 피전부채권으로 한 전부명령이 확정된 경우, 제3채무자에게 송
> 달한 때에 소급하여 그 효력이 발생하지만, 임차보증금 반환채권은 임대인의 채권이 발생하는
> 것을 해제조건으로 하여 발생하는 것이므로, 임대차관계 종료 후 그 목적물이 명도되기까지
> 사이에 발생한 임대인의 채권을 공제한 잔액에 관하여서만 전부명령이 유효하다. [대법원
> 1998. 10. 20. 선고 98다31905 판결]

> **[판례]** 임대차계약에서 임대차보증금은 임대차계약 종료 후 목적물을 임대인에게 명도할 때까
> 지 발생하는, 임대차에 따른 임차인의 모든 채무를 담보한다. 따라서 이러한 채무는 임대차관
> 계 종료 후 목적물이 반환될 때에 특별한 사정이 없는 한 별도의 의사표시 없이 보증금에서
> 당연히 공제된다. 임차건물의 양수인이 건물 소유권을 취득한 후 임대차관계가 종료되어 임차
> 인에게 임대차보증금을 반환해야 하는 경우에 임대인의 지위를 승계하기 전까지 발생한 연체
> 차임이나 관리비 등이 있으면 이는 특별한 사정이 없는 한 임대차보증금에서 당연히 공제된
> 다. 일반적으로 임차건물의 양도 시에 연체차임이나 관리비 등이 남아있더라도 나중에 임대차
> 관계가 종료되는 경우 임대차보증금에서 이를 공제하겠다는 것이 당사자들의 의사나 거래관
> 념에 부합하기 때문이다. [대법원 2017. 3. 22. 선고 2016다218874 판결]

(2) 우선변제권의 인정

임대목적물 및 보증금의 반환에 대하여 인정되는 동시이행의 항변권은 주
택임대차의 경우에도 그대로 적용된다. 따라서 주택임차인은 임대인이 보증금
을 반환할 때까지 주택을 비워주지 않아도 된다. 주택임대차보호법 제4조 제2
항에서는 이러한 취지에서 임대차가 종료한 경우에도 임차인이 보증금을 반환
받을 때까지는 임대차관계는 존속하는 것으로 본다고 규정하고 있다.

그렇지만 임차목적물이 경매됨으로써 임차권이 소멸하는 경우에는 동시이
행의 항변권에 의한 보증금 반환이 보장되지 않는다. 임차목적물이 경매된 경우
저당권 등을 설정한 채권자가 목적물의 매각대금에서 우선적으로 배당을 받도
록 되어 있고, 보증금반환청구권을 가진 임차인이 1순위 저당권자에 비하여 후

순위인 대항력을 가지고 있는 경우에는 경매로 인하여 대항력이 소멸하게 되어 주택의 새로운 소유자인 매수인(양수인)에게 임차권을 가지고 대항할 수도 없게 되므로 실질적으로 보증금을 돌려받을 수 없게 된다.

이러한 문제를 해결하기 위하여 주택임대차보호법에서는 임차인에게 대항력을 인정하는 데 그치지 않고 임차인이 주택의 인도와 주민등록을 마치고 임대차계약서상의 확정일자를 갖춘 경우에는 경매 또는 공매(公賣)시 임차주택의 환가대금에서 후순위 권리자 및 기타 채권자보다 우선하여 보증금을 변제받을 권리를 갖는다고 규정하고 있다. 다만 후순위 권리자 기타 채권자보다 우선하여 보증금을 변제받을 권리가 있을 뿐이므로 임차인이 주택의 인도, 주민등록 및 계약서상의 확정일자를 갖추기 전에 설정된 저당권보다는 우선하지 못한다.

임차인이 우선변제권을 취득하기 위한 임대차계약서상의 확정일자란 공증인 또는 법원서기(또는 주민센터 담당직원)가 그 날짜에 임대차계약서가 존재하고 있다는 것을 증명하기 위하여 확정일자부의 번호를 써넣거나 일자인을 찍는 것을 말한다(주택임대차계약에 따른 확정일자 정보는 인터넷등기소에서 확인할 수 있다). 임차인이 임대차계약서에 확정일자를 받은 경우에는 주택의 인도, 주민등록, 확정일자의 요건 가운데 가장 늦게 갖추어진 요건을 기준으로 저당권과의 순위를 결정하게 된다.

우선변제권이 인정되는 보증금의 범위에 대해서는 제한이 없다. 다만 임차인이 당해 주택의 양수인에게 대항할 수 있는 경우에는 임대차가 종료된 후가 아니면 보증금의 우선변제를 청구하지 못하며 우선변제가 인정되더라도 임차인은 임차주택을 양수인에게 인도하지 아니하면 보증금을 수령할 수 없다. 한편 우선변제권이 있는 임차주택의 양수인 또는 임차인의 보증금반환채권을 양수한 금융기관도 행사할 수 있다(제3조의2).

[판례] 구 주택임대차보호법(1999. 1. 21. 법률 제5614호로 개정되기 전의 것) 제3조 제1항은 임대차는 그 등기가 없는 경우에도 임차인이 주택의 인도와 주민등록을 마친 때에는 그 익일부터 제3자에 대하여 효력이 생긴다고 규정하고 있고, 같은 법 제3조의2 제1항은 같은 법 제3조 제1항의 대항요건과 임대차계약증서상의 확정일자를 갖춘 임차인은 경매 등에 의한 환가대금에서 후순위권리자 기타 채권자보다 우선하여 보증금을 변제받을 권리가 있다고 규정하고 있는바, 주택의 임차인이 주택의 인도와 주민등록을 마친 당일 또는 그 이전에 임대차계약증

서상에 확정일자를 갖춘 경우 같은 법 제3조의2 제1항에 의한 우선변제권은 같은 법 제3조 제1항에 의한 대항력과 마찬가지로 주택의 인도와 주민등록을 마친 다음날을 기준으로 발생한다. [대법원 1999. 3. 23. 선고 98다46938 판결]

[판례] 주택임대차보호법 제8조에서 임차인에게 같은 법 제3조 제1항 소정의 주택의 인도와 주민등록을 요건으로 명시하여 그 보증금 중 일정액의 한도 내에서는 등기된 담보물권자에게도 우선하여 변제받을 권리를 부여하고 있는 점, 위 임차인은 배당요구의 방법으로 우선변제권을 행사하는 점, 배당요구시까지만 위 요건을 구비하면 족하다고 한다면 동일한 임차주택에 대하여 주택임대차보호법 제8조 소정의 임차인 이외에 같은 법 제3조의2 소정의 임차인이 출현하여 배당요구를 하는 등 경매절차상의 다른 이해관계인들에게 피해를 입힐 수도 있는 점 등에 비추어 볼 때, 공시방법이 없는 주택임대차에 있어서 주택의 인도와 주민등록이라는 우선변제의 요건은 그 우선변제권 취득시에만 구비하면 족한 것이 아니고, 민사집행법상 배당요구의 종기까지 계속 존속하고 있어야 한다. [대법원 2007. 6. 14. 선고 2007다17475 판결]

[판례] 주택임대차보호법상의 대항력과 우선변제권의 두 가지 권리를 겸유하고 있는 임차인이 우선변제권을 선택하여 제1경매절차에서 보증금 전액에 대하여 배당요구를 하였으나 보증금 전액을 배당받을 수 없었던 때에는 경락인에게 대항하여 이를 반환받을 때까지 임대차관계의 존속을 주장할 수 있을 뿐이고, 임차인의 우선변제권은 경락으로 인하여 소멸하는 것이므로 제2경매절차에서 우선변제권에 의한 배당을 받을 수 없다. [대법원 2001. 3. 27. 선고 98다4552 판결]

[판례] 주택임대차보호법 제3조 제1항에 의한 대항력을 갖춘 주택임차인이 임대인의 동의를 얻어 적법하게 임차권을 양도하거나 전대한 경우, 양수인이나 전차인에게 점유가 승계되고 주민등록이 단절된 것으로 볼 수 없을 정도의 기간 내에 전입신고가 이루어졌다면 비록 위 임차권의 양도나 전대에 의하여 임차권의 공시방법인 점유와 주민등록이 변경되었다 하더라도 원래의 임차인이 갖는 임차권의 대항력은 소멸되지 아니하고 동일성을 유지한 채로 존속한다고 보아야 한다. 이러한 경우 임차권 양도에 의하여 임차권은 동일성을 유지하면서 양수인에게 이전되고 원래의 임차인은 임대차관계에서 탈퇴하므로 임차권 양수인은 원래의 임차인이 주택임대차보호법 제3조의2 제2항 및 같은 법 제8조 제1항에 의하여 가지는 우선변제권을 행사할 수 있고, 전차인은 원래의 임차인이 주택임대차보호법 제3조의2 제2항 및 같은 법 제8조 제1항에 의하여 가지는 우선변제권을 대위 행사할 수 있다. [대법원 2010. 6. 10. 선고 2009다101275 판결]

(3) 소액임차인의 최우선변제권

임차인 가운데 보증금의 금액이 대통령이 정하는 금액 이하인 경우에는 보증금의 일정액을 다른 담보물권자보다 우선하여 변제받을 수 있는 권리가 인정된다(제8조). 다만 하나의 주택에 임차인이 2명 이상이고 이들이 그 주택에서 가정공동생활을 하는 경우에는 이들을 1명의 임차인으로 보아 이들의 각 보증금을 합산한다.

　　임차인이 최우선변제권을 행사하기 위해서는 주택에 대한 경매신청의 등기 이전에 대항력을 취득하여야 한다. 그리고 임차인이 여러 명이어서 반환되어야 하는 보증금의 액수가 대지의 가격을 포함한 주택가액의 절반을 넘는 경우에는 주택가액의 2분의 1의 범위 내에서만 보증금을 모든 채권자에 우선하여 반환한다.

[판례] [1] 주택임대차보호법의 입법목적과 소액임차인 보호제도의 취지 등을 고려할 때, 채권자가 채무자 소유의 주택에 관하여 채무자와 임대차계약을 체결하고 전입신고를 마친 다음 그곳에 거주하였다고 하더라도, 임대차계약의 주된 목적이 주택을 사용·수익하려는 것에 있는 것이 아니고 소액임차인으로 보호받아 선순위 담보권자에 우선하여 채권을 회수하려는 것에 주된 목적이 있었던 경우에는, 그러한 임차인을 주택임대차보호법상 소액임차인으로 보호할 수 없다. / [2] 실제 임대차계약의 주된 목적이 주택을 사용·수익하려는 것인 이상, 처음 임대차계약을 체결할 당시에는 보증금액이 많아 주택임대차보호법상 소액임차인에 해당하지 않았지만 그 후 새로운 임대차계약에 의하여 정당하게 보증금을 감액하여 소액임차인에 해당하게 되었다면, 그 임대차계약이 통정허위표시에 의한 계약이어서 무효라는 등의 특별한 사정이 없는 한 그러한 임차인은 같은 법상 소액임차인으로 보호받을 수 있다. [대법원 2008. 5. 15. 선고 2007다23203 판결]

(4) 임차권등기명령

　　임대차가 종료하였으나 보증금을 반환받지 못한 경우, 임차인은 보증금을 반환받을 때까지 임차목적물을 반환하지 않아도 되지만, 직장의 이전 등으로 인하여 이사를 해야 하는 경우에는 이와 같은 방법으로는 문제를 해결할 수 없다. 그리하여 주택임대차보호법에서는 임대차가 종료된 후에 보증금을 반환받지 못한 임차인으로 하여금 임차주택의 소재지를 관할하는 지방법원, 지방법원지원 또는 시·군법원에 임차권등기명령을 신청할 수 있도록 하는 제도를 마련하였다(제3조의3). 이에 따라 임차권등기명령이 있게 되면 임차인은 대항력 또는 우선변제권을 취득하며, 이미 보유하고 있는 경우에는 주택임대차보호법상의 요건을 갖추지 못한 경우에도 대항력 또는 우선변제권을 상실하지 않는다. 그리고 민법의 규정에 따라 임대차를 등기한 경우에도 대항력과 우선변제권을 취득한다(제3조의4). 임차권등기명령을 신청하기 위해서는 신청의 취지와 이유, 임대차의 목적인 주택, 임차권등기의 원인이 된 사실(임차인이 대항력이나 우선변제권을 취득한 경우에는 그 사실) 등을 소명하여야 한다. 그리고 임차권등기명령의 신청 및 그에 따른 임차권등기와 관련하여 소요된 비용은 임대인에게 청구할 수 있다. 한편 보증금에 대하여 담보권을 설정한 금융기관도 임차인을 대위하여 임차권등기명령을 신청할 수 있다.

> **[판례]** 임차권등기명령에 의하여 임차권등기를 한 임차인은 우선변제권을 가지며, 위 임차권등기는 임차인으로 하여금 기왕의 대항력이나 우선변제권을 유지하도록 해 주는 담보적 기능을 주목적으로 하고 있으므로, 위 임차권등기가 첫 경매개시결정등기 전에 등기된 경우, 배당받을 채권자의 범위에 관하여 규정하고 있는 민사집행법 제148조 제4호의 "저당권·전세권, 그 밖의 우선변제청구권으로서 첫 경매개시결정 등기 전에 등기되었고 매각으로 소멸하는 것을 가진 채권자"에 준하여, 그 임차인은 별도로 배당요구를 하지 않아도 당연히 배당받을 채권자에 속하는 것으로 보아야 한다. [대법원 2005. 9. 15. 선고 2005다33039 판결]

(5) 보증금의 반환을 보장하기 위한 그 밖의 제도

임차인이 임차주택에 대하여 보증금반환청구소송의 확정판결 기타 이에 준하는 집행권원에 기한 경매를 신청하는 경우에는 민사집행법 제41조의 규정에 불구하고 반대의무의 이행 또는 이행의 제공을 집행개시의 요건으로 하지 아니한다(제3조2 제1항). 따라서 임차주택을 비워주지 않고서도 경매를 신청할 수 있다.

4. 계약기간과 차임

(1) 계약기간

주택임대차의 기간은 당사자가 자유로이 정할 수 있으나 기간의 정함이 없거나 기간을 2년 미만으로 정한 임대차는 그 기간을 2년으로 본다(제4조 제1항). 다만 임차인은 2년 미만으로 정한 기간이 유효함을 주장할 수 있다(제4조 제1항 단서). 따라서 임대차기간을 1년으로 정한 경우에는 임대인은 2년의 계약기간을 보장해야 하지만, 임차인은 계약에 따라 1년이 지난 때에 계약기간의 만료를 주장할 수 있게 된다. 또한 임대차가 종료한 경우에도 임차인이 보증금을 반환받을 때까지는 임대차관계가 존속하는 것으로 간주된다.

그리고 당사자가 약정하였거나 또는 법률의 규정에 의하여 정하여진 계약기간이 만료되기 전에 당사자는 임대차관계를 지속할 것인지 여부를 결정하여 상대방에게 통지해야 하는데, 임대인이 임대차기간 만료 전 6월부터 1월까지에 임차인에 대하여 갱신거절의 통지 또는 조건을 변경하지 아니하면 갱신하지 않는다는 뜻을 통지하지 아니한 경우에는 그 기간이 만료된 때에 전 임대차와 동일한 조건으로 다시 임대차한 것으로 본다(제6조). 임차인이 임대차기간 만료 전 1월까지 통지하지 않은 경우에도 마찬가지이다. 다만 임차인이 2기의 차임액에 달하도록 차임을 연체하거나 기타 임차인으로서의 의무를 현저히 위반한 경우에는 계약의 갱신이 인정되지 않는다(예를 들어 월세를 2개월 동안 지급하지 않거나 주택을 개조하여 유흥주점으로 사용하는 경우).

이렇게 하여 갱신된 계약은 전 임대차와 동일한 조건이며 계약기간은 2년이 된다(제6조 제2항). 이 경우에 임대인은 계약을 해지할 수 없으나, 임차인은 언제든지 계약해지를 통고할 수 있으며, 해지통고가 임대인에게 도착한 날로부터 3개월이 지나면 임대차계약이 종료된다(제6조의2).

[판례] "기간의 정함이 없거나 기간을 2년 미만으로 정한 임대차는 그 기간을 2년으로 본다."고 규정하고 있는 구 주택임대차보호법(1999. 1. 21. 법률 제5641호로 개정되기 전의 것) 제4조 제1항은, 같은 법 제10조가 "이 법의 규정에 위반된 약정으로서 임차인에게 불리한 것은 그 효력이 없다."고 규정하고 있는 취지에 비추어 보면 임차인의 보호를 위한 규정이라고 할 것이므로, 위 규정에 위반되는 당사자의 약정을 모두 무효라고 할 것은 아니고 위 규정에 위반하는 약정이라도 임차인에게 불리하지 아니한 것은 유효하다고 풀이함이 상당하다 할 것인 바(위 1999. 1. 21.자 법률개정으로 위 법 제4조 제1항에 "다만, 임차인은 2년 미만으로 정한 기간이 유효함을 주장할 수 있다."는 명문의 단서규정이 신설되었다), 임대차기간을 2년 미만으로 정한 임대차의 임차인이 스스로 그 약정임대차기간이 만료되었음을 이유로 임차보증금의 반환을 구하는 경우에는 그 약정이 임차인에게 불리하다고 할 수 없으므로, 같은 법 제3조 제1항 소정의 대항요건(주택인도와 주민등록 전입신고)과 임대차계약증서상의 확정일자를 갖춘 임차인으로서는 그 주택에 관한 저당권자의 신청에 의한 임의경매절차에서 2년 미만의 임대차기간이 만료되어 임대차가 종료되었음을 이유로 그 임차보증금에 관하여 우선변제를 청구할 수 있다. [대법원 2001. 9. 25. 선고 2000다24078 판결]

[판례] 임차인이 주택임대차보호법 제4조 제1항의 적용을 배제하고 2년 미만으로 정한 임대차기간의 만료를 주장할 수 있는 것은 임차인 스스로 그 약정 임대차기간이 만료되어 임대차가 종료되었음을 이유로 그 종료에 터잡은 임차보증금 반환채권 등의 권리를 행사하는 경우에 한정되고, 임차인이 2년 미만의 약정 임대차기간이 만료되고 다시 임대차가 묵시적으로 갱신되었다는 이유로 같은 법 제6조 제1항, 제4조 제1항에 따른 새로운 2년간의 임대차의 존속을 주장하는 경우까지 같은 법이 보장하고 있는 기간보다 짧은 약정 임대차기간을 주장할 수는 없다. [대법원 1996. 4. 26. 선고 96다5551, 5568 판결]

(2) 차임 또는 보증금의 증액

  민법은 임대 목적물에 대한 공과부담의 증감 기타 경제사정의 변동으로 인하여 약정한 차임이 상당하지 아니할 때에는 당사자로 하여금 차임의 증액이나 감액을 청구할 수 있도록 하고 있다. 이에 비하여 주택임대차보호법은 차임증감청구권을 인정하지만 임대인의 증액청구권을 제한함으로써 임차인을 보호하고 있다. 즉 차임 또는 보증금의 증액청구는 임대차계약 또는 약정한 차임이나 보증금의 증액이 있은 후 1년 이내에는 하지 못하며, 설사 1년 후 증액하는 경우에도 기존 차임 또는 보증금의 5%를 초과할 수 없다(제7조; 예를 들어 전세금이 2천만원인 경우에는 1백만원). 그렇지만 임차인이 차임 또는 보증금의 감액을 청구함에는 아무런 제한이 없다. 한편 임대차계약이 만료한 후 재계약을 하는 경우에는 위 규정이 적용되지 않으므로 차임 또는 보증금의 증액에 아무런 제한이 없다. 임차인이 제7조에 따른 증액비율을 초과하여 차임 또는 보증금을 지급하거나 제7조의2에 따른 월차임 산정률을 초과하여 차임을 지급한 경우에는 초과지급된 차임 또는 보증금 상당금액의 반환을 청구할 수 있다(제10조의2).

[판례] 주택임대차보호법 제7조의 규정은 임대차계약의 존속 중 당사자 일방이 약정한 차임 등의 증감을 청구한 때에 한하여 적용되고, 임대차계약이 종료된 후 재계약을 하거나 또는 임대차계약 종료 전이라도 당사자의 합의로 차임 등이 증액된 경우에는 적용되지 않는다. [대법원 1993. 12. 7. 선고 93다30532 판결]

[판례] 전세보증금 증감청구권의 인정은 이미 성립된 계약의 구속력에서 벗어나 그 내용을 바꾸는 결과를 가져오는 것인 데다가, 보충적인 법리인 사정변경의 원칙, 공평의 원칙 내지 신의칙에 터잡은 것인 만큼 엄격한 요건 아래에서만 인정될 수 있으므로, 기본적으로 사정변경의 원칙의 요건인 ① 계약 당시 그 기초가 되었던 사정이 현저히 변경되었을 것, ② 그 사정

변경을 당사자들이 예견하지 않았고 예견할 수 없었을 것, ③ 그 사정변경이 당사자들에게 책임 없는 사유로 발생하였을 것, ④ 당초의 계약 내용에 당사자를 구속시키는 것이 신의칙상 현저히 부당할 것 등의 요건이 충족된 경우로서, 전세보증금 시세의 증감 정도가 상당한 수준(일반적인 예로서, 당초 약정금액의 20% 이상 증감하는 경우를 상정할 수 있음)에 달하고, 나머지 전세기간이 적어도 6개월 이상은 되어야 전세보증금의 증감청구권을 받아들일 정당성과 필요성이 인정될 수 있고, 증감의 정도도 시세의 등락을 그대로 반영할 것이 아니라 그 밖에 당사자들의 특수성, 계약의 법적 안정성 등의 요소를 고려하여 적절히 조정되어야 한다. [서울지법 동부지원 1998. 12. 11. 선고 98가합19149 판결]

(3) 월세로의 전환

보증금의 전부 또는 일부를 월 단위의 차임으로 전환하는 경우 그 차임은 전환되는 금액에 은행법에 의한 금융기관에서 적용하는 대출금리 및 당해 지역의 경제여건 등을 감안하여 대통령령으로 정하는 비율을 곱한 월차임의 범위를 초과할 수 없다(제7조의2; 현재 대통령령에서는 연 1할 또는 한국은행에서 공시한 기준금리에 연 3.5%를 더한 비율 중 낮은 비율을 한도로 정하고 있다).

▪ 주택임대차표준계약서 ▪

주택임대차계약을 서면으로 체결할 때에는 법무부장관이 정해놓은 표준임대차계약서를 사용할 수 있다. 표준계약서에는 계약의 중요한 내용에 대한 설명을 덧붙이고 있어 반드시 참고할 필요가 있다. 표준계약서 양식은 법무부 홈페이지(http://www.moj.go.kr)에서 내려 받을 수 있다.

▪ 주택임대차분쟁조정위원회 ▪

주택임대차에 관한 분쟁을 효율적이고 합리적으로 해결하기 위한 『주택임대차분쟁조정위원회』가 대한법률구조공단 6개 지부(서울, 수원, 대전, 대구, 부산, 광주)에 설치되었다. 조정위원회는 ① 차임 또는 보증금의 증감에 관한 분쟁, ② 임대차 기간에 관한 분쟁, ③ 보증금 또는 임차주택의 반환에 관한 분쟁, ④ 임차주택의 유지·수선 의무에 관한 분쟁(법 제14조) 외에도 ⑤ 임대차계약의 이행 및 임대차계약 내용의 해석에 관한 분쟁, ⑥ 임대차계약 갱신 및 종료에 관한 분쟁, ⑦ 임대차계약의 불이행 등에 따른 손해배상청구에 관한 분쟁, ⑧ 공인중개사 보수 등 비용부담에 관한 분쟁, ⑨ 주택임대차표준계약서 사용에 관한 분쟁(시행령 제22조)에 대하여 조정할 권한을 가진다. 조정기간은 통상 60일 이내이고, 비용은 조정가액이 1억원 미만이면 1만원, 10억원 이상이면 10만원이다.

Ⅲ. 상가건물임대차

1. 상가건물임대차보호법의 적용범위

상가건물임대차보호법은 제3조 제1항에 따른 사업자등록의 대상이 되는 상가건물을 대상으로 하는 임대차에 적용되는데, 상가용건물인지의 판단시점은 계약체결시이며 미등기건물의 경우에도 적용된다. 또한 임대차 목적물의 일부가 다른 용도로 사용되더라도 주된 부분을 영업용으로 사용하는 경우를 포함한다. 다만 대통령령이 정하는 보증금액을 초과하는 임대차에 대하여는 적용하지 않는다(시행령 제2조). 이 경우 보증금액을 정함에 있어서는 당해 지역의 경제여건 등을 감안하여 지역별로 구분하여 규정하되, 보증금 외에 차임이 있는 경우에는 그 차임액에 은행법에 의한 금융기관의 대출금리 등을 감안하여 대통령령이 정하는 비율을 곱하여 환산한 금액을 포함하도록 하고 있다(법 제2조). 그렇지만 상가건물에 대한 대항력의 인정, 5년을 초과하지 않는 범위에서 이루어지는 임차인의 계약갱신요구권 보장, 임차인의 권리금 보호 및 차임연체로 인한 해지에 관한 사항은 대통령령이 정하는 보증금을 초과하는 임대차에도 적용된다.

[판례] 상가건물 임대차보호법의 목적과 같은 법 제2조 제1항 본문, 제3조 제1항에 비추어 보면, 상가건물 임대차보호법이 적용되는 상가건물 임대차는 사업자등록 대상이 되는 건물로서 임대차 목적물인 건물을 영리를 목적으로 하는 영업용으로 사용하는 임대차를 가리킨다. 그리고 상가건물 임대차보호법이 적용되는 상가건물에 해당하는지는 공부상 표시가 아닌 건물의 현황·용도 등에 비추어 영업용으로 사용하느냐에 따라 실질적으로 판단하여야 하고, 단순히 상품의 보관·제조·가공 등 사실행위만이 이루어지는 공장·창고 등은 영업용으로 사용하는 경우라고 할 수 없으나 그곳에서 그러한 사실행위와 더불어 영리를 목적으로 하는 활동이 함께 이루어진다면 상가건물 임대차보호법 적용대상인 상가건물에 해당한다(임차인이 상가건물의 일부를 임차하여 도금작업을 하면서 임차부분에 인접한 컨테이너 박스에서 도금작업의 주문을 받고 완성된 도금제품을 고객에 인도하여 수수료를 받는 등 영업활동을 해 온 사안에서, 임차부분과 이에 인접한 컨테이너 박스는 일체로서 도금작업과 더불어 영업활동을 하는 하나의 사업장이므로 위 임차부분은 상가건물 임대차보호법이 적용되는 상가건물에 해당한다고 본 사례). [대법원 2011. 7. 28. 선고 2009다40967 판결]

2. 대항력

상가건물에 대한 임대차는 그 등기가 없는 경우에도 임차인이 건물의 인도와 부가가치세법 제8조, 소득세법 제168조 또는 법인세법 제111조의 규정에 의한 사업자등록을 신청한 때에는 그 다음날부터 제3자에 대하여 효력이 생긴다 (제3조). 그리고 임차건물의 양수인은 임대인의 지위를 승계한 것으로 본다. 한편 상가건물의 임대차에 이해관계가 있는 자는 관할 세무서장에게 해당 상가건물의 확정일자 부여일, 차임 및 보증금 등에 관한 정보의 제공을 요청할 수 있고, 임대차계약을 체결하려는 자는 임대인의 동의를 받아 관할 세무서장에게 위와 같은 정보의 제공을 요청할 수 있다(제4조).

[판례] [1] 상가건물임대차보호법 제3조 제1항에서 건물의 인도와 더불어 대항력의 요건으로 규정하고 있는 사업자등록은 거래의 안전을 위하여 임차권의 존재를 제3자가 명백히 인식할 수 있게 하는 공시방법으로서 마련된 것이므로, 사업자등록이 어떤 임대차를 공시하는 효력이 있는지 여부는 일반 사회통념상 그 사업자등록으로 당해 임대차건물에 사업장을 임차한 사업자가 존재하고 있다고 인식할 수 있는지 여부에 따라 판단하여야 한다. / [2] 상가건물임대차보호법 제4조와 그 시행령 제3조 및 부가가치세법 제5조와 그 시행령 제7조(소득세법 및 법인세법상의 사업자등록에 준용)에 의하면, 건물의 임대차에 이해관계가 있는 자는 건물의 소재지 관할 세무서장에게 임대차와 사업자등록에 관한 사항의 열람 또는 제공을 요청할 수 있고, 사업자가 사업장을 임차한 경우에는 사업자등록신청서에 임대차계약서 사본을 첨부하도록 하여 임대차에 관한 사항의 열람 또는 제공은 첨부한 임대차계약서의 기재에 의하도록 하고 있으므로, 사업자등록신청서에 첨부한 임대차계약서상의 임대차목적물 소재지가 당해 상가건물에 대한 등기부상의 표시와 불일치하는 경우에는 특별한 사정이 없는 한 그 사업자등록은 제3자에 대한 관계에서 유효한 임대차의 공시방법이 될 수 없다. 또한 위 각 법령의 위 각 규정에 의하면, 사업자가 상가건물의 일부분을 임차하는 경우에는 사업자등록신청서에 해당 부분의 도면을 첨부하여야 하고, 이해관계인은 임대차의 목적이 건물의 일부분인 경우 그 부분 도면의 열람 또는 제공을 요청할 수 있도록 하고 있으므로, 건물의 일부분을 임차한 경우 그 사업자등록이 제3자에 대한 관계에서 유효한 임대차의 공시방법이 되기 위해서는 사업자등록신청시 그 임차 부분을 표시한 도면을 첨부하여야 한다. [대법원 2008. 9. 25. 선고 2008다44238 판결]

[판례] [1] 상가건물의 임차인이 임대차보증금 반환채권에 대하여 상가건물임대차보호법 제3조 제1항 소정의 대항력 또는 같은 법 제5조 제2항 소정의 우선변제권을 가지려면 임대차의 목적인 상가건물의 인도 및 부가가치세법 등에 의한 사업자등록을 구비하고, 관할세무서장으로부터

확정일자를 받아야 하며, 그 중 사업자등록은 대항력 또는 우선변제권의 취득요건일 뿐만 아니라 존속요건이기도 하므로, 배당요구의 종기까지 존속하고 있어야 한다. / [2] 부가가치세법 제5조 제4항, 제5항의 규정 취지에 비추어 보면, 상가건물을 임차하고 사업자등록을 마친 사업자가 임차 건물의 전대차 등으로 당해 사업을 개시하지 않거나 사실상 폐업한 경우에는 그 사업자등록은 부가가치세법 및 상가건물임대차보호법이 상가임대차의 공시방법으로 요구하는 적법한 사업자등록이라고 볼 수 없고, 이 경우 임차인이 상가건물임대차보호법상의 대항력 및 우선변제권을 유지하기 위해서는 건물을 직접 점유하면서 사업을 운영하는 전차인이 그 명의로 사업자등록을 하여야 한다. [대법원 2006. 1. 13. 선고 2005다64002 판결]

[판례] 근저당권자가 담보로 제공된 건물에 대한 담보가치를 조사할 당시 대항력을 갖춘 임차인이 임대차 사실을 부인하고 건물에 관하여 임차인으로서의 권리를 주장하지 않겠다는 내용의 무상임대차 확인서를 작성해 주었고, 그 후 개시된 경매절차에 무상임대차 확인서가 제출되어 매수인이 확인서의 내용을 신뢰하여 매수신청금액을 결정하는 경우와 같이, 임차인이 작성한 무상임대차 확인서에서 비롯된 매수인의 신뢰가 매각절차에 반영되었다고 볼 수 있는 사정이 존재하는 경우에는, 비록 매각물건명세서 등에 건물에 대항력 있는 임대차 관계가 존재한다는 취지로 기재되었더라도 임차인이 제3자인 매수인의 건물인도청구에 대하여 대항력 있는 임대차를 주장하여 임차보증금반환과의 동시이행의 항변을 하는 것은 금반언 또는 신의성실의 원칙에 반하여 허용될 수 없다. [대법원 2016. 12. 1. 선고 2016다228215 판결]

3. 우선변제권 및 소액임차인의 우선변제권

임차인이 대항요건을 갖추고 관할 세무서장으로부터 임대차계약서상의 확정일자를 받은 경우에는 그 건물의 경매나 공매시 임차한 대지를 포함한 상가건물의 환가대금에서 후순위권리자 그 밖의 채권자보다 우선하여 변제받을 권리가 있다(제5조). 다만 경매신청등기 전에 대항요건을 갖춘 상가임차인의 보증금액이 시행령 제7조의 범위 내에 있는 경우는 시행령 제6조에서 정한 금액을 그 금액의 합산액이 상가건물(대지 포함) 가액의 1/2을 넘지 않는 범위에서 담보물권자보다 우선하여 변제받을 수 있다. 그리고 주택임대차의 경우와 마찬가지로 임대차가 종료된 후 보증금을 반환받지 못한 임차인은 임차건물의 소재지를 관할하는 지방법원, 지방법원지원 또는 시·군법원에 임차권등기명령을 신청할 수 있다(제6조). 임차권등기명령을 신청한 경우에는 대항력 및 우선변제권을 새로 취득하거나 종전에 가지고 있던 대항력 또는 우선변제권을 유지할 수 있다.

[판례] 임차인이 수 개의 구분점포를 동일한 임대인에게서 임차하여 하나의 사업장으로 사용하면서 단일한 영업을 하는 경우 등과 같이, 임차인과 임대인 사이에 구분점포 각각에 대하여 별도의 임대차관계가 성립한 것이 아니라 일괄하여 단일한 임대차관계가 성립한 것으로 볼 수 있는 때에는, 비록 구분점포 각각에 대하여 별개의 임대차계약서가 작성되어 있더라도 구분점포 전부에 관하여 상가건물 임대차보호법 제2조 제2항의 규정에 따라 환산한 보증금액의 합산액을 기준으로 상가건물 임대차보호법 제14조에 의하여 우선변제를 받을 임차인의 범위를 판단하여야 한다. [대법원 2015. 10. 29. 선고 2013다27152 판결]

[판례] 상가건물에 근저당권설정등기가 마쳐지기 전 최초로 임대차계약을 체결하여 사업자등록을 마치고 확정일자를 받아 계속 갱신해 온 임차인 갑 등이 위 건물에 관한 임의경매절차에서 '근저당권설정등기 후 다시 체결하여 확정일자를 받은 최후 임대차계약서'에 기한 배당요구를 하였다가 배당요구 종기 후에 최초 임대차계약서에 기한 확정일자를 주장한 사안에서, 최후 임대차계약서가 최초 임대차계약서와 비교하여 임대차기간뿐만 아니라 임대차계약의 당사자인 임대인 및 임대차보증금의 액수 등을 모두 달리하는 점 등에 비추어 갑 등의 배당요구는 최초 임대차계약에 의한 임대차보증금에 관하여 우선변제를 주장한 것으로 보기 어렵고, 배당요구의 종기 후 갑 등이 최초 임대차계약서에 기한 확정일자를 주장한 것을 이미 배당요구한 채권에 관한 주장을 단순히 보완한 것으로 볼 수도 없으며, 갑 등의 주장은 배당요구 종기 후 배당순위의 변동을 초래하여 매수인이 인수할 부담에 변동을 가져오는 것으로서 특별한 사정이 없는 한 허용될 수 없다고 한 사례. [대법원 2014. 4. 30. 선고 2013다58057 판결]

4. 임대차 기간

임대차 기간의 정함이 없거나 기간을 1년 미만으로 정한 임대차는 그 기간을 1년으로 본다(제9조). 그렇지만 임차인은 임대차기간이 만료되기 6개월 전부터 1개월 전까지 사이에, 최초의 임대차 기간을 포함한 전체 임대차 기간이 5년을 초과하지 않는 범위 내에서 계약갱신요구권을 행사할 수 있도록 하고 있으며, 이 경우 임대인은 정당한 사유 없이 이를 거절할 수 없다(제10조; 정당한 사유는 법 제10조 제1항에서 규정하고 있다). 다만 임차인의 차임연체액이 3기의 차임액에 달하는 때에는 임대차 기간 중에도 계약을 해지할 수 있다(제10조의8).

[판례] 상가건물임대차보호법 제10조 제2항은 '임차인의 계약갱신요구권은 최초의 임대차 기간을 포함한 전체 임대차 기간이 5년을 초과하지 않는 범위 내에서만 행사할 수 있다'라고 규정하고 있는바, 위 법률규정의 문언 및 임차인의 계약갱신요구권을 전체 임대차 기간 5년의 범위 내에서 인정하게 된 입법 취지에 비추어 볼 때 '최초의 임대차 기간'이라 함은 위 법 시행 이후에 체결된 임대차계약에 있어서나 위 법 시행 이전에 체결되었다가 위 법 시행 이후에 갱신된 임대차계약에 있어서 모두 당해 상가건물에 관하여 최초로 체결된 임대차계약의 기간을 의미한다고 할 것이다. [대법원 2006. 3. 23. 선고 2005다74320 판결]

[판례] 구 상가건물 임대차보호법(2009. 1. 30. 법률 제9361호로 개정되기 전의 것) 제10조 제1항에서 정하는 임차인의 계약갱신요구권은 임차인이 임대차기간이 만료되기 6개월 전부터 1개월 전까지 사이에 계약의 갱신을 요구하면 그 단서에서 정하는 사유가 없는 한 임대인이 그 갱신을 거절할 수 없는 것을 내용으로 하여서 임차인의 주도로 임대차계약의 갱신을 달성하려는 것이다. 이에 비하여 같은 조 제4항은 임대인이 위와 같은 기간 내에 갱신거절의 통지 또는 조건변경의 통지를 하지 아니하면 임대차기간이 만료된 때에 임대차의 갱신을 의제하는 것으로서, 기간의 만료로 인한 임대차관계의 종료에 임대인의 적극적인 조치를 요구한다. 이와 같이 이들 두 법조항상의 각 임대차갱신제도는 그 취지와 내용을 서로 달리하는 것이므로, 임차인의 갱신요구권에 관하여 전체 임대차기간을 5년으로 제한하는 같은 조 제2항의 규정은 같은 조 제4항에서 정하는 법정갱신에 대하여는 적용되지 아니한다. [대법원 2010. 6. 10. 선고 2009다64307 판결]

[판례] 임차인의 계약갱신요구권에 관한 구 상가건물 임대차보호법(2009. 1. 30. 법률 제9361호로 개정되기 전의 것, 이하 '법'이라 한다) 제10조 제1항 내지 제3항과 임대인의 갱신거절의 통지에 관한 법 제10조 제4항의 문언 및 체계와 아울러, 법 제10조 제1항에서 정하는 임차인의 계약갱신요구권은 임차인의 주도로 임대차계약의 갱신을 달성하려는 것인 반면 법 제10조 제4항은 기간의 만료로 인한 임대차관계의 종료에 임대인의 적극적인 조치를 요구하는 것으로서 이들 두 법조항상의 각 임대차갱신제도는 취지와 내용을 서로 달리하는 것인 점 등을 종합하면, 법 제10조 제4항에 따른 임대인의 갱신 거절의 통지에 법 제10조 제1항 제1호 내지 제8호에서 정한 정당한 사유가 없는 한 그와 같은 임대인의 갱신 거절의 통지의 선후와 관계없이 임차인은 법 제10조 제1항에 따른 계약갱신요구권을 행사할 수 있고, 이러한 임차인의 계약갱신요구권의 행사로 인하여 종전 임대차는 법 제10조 제3항에 따라 갱신된다. [대법원 2014. 4. 30. 선고 2013다35115 판결]

[판례] 상가건물임차인의 법적 지위를 보호하는 것도 중요하지만, 임대인의 동의가 없어도 임차인의 갱신요구만으로 임대차가 갱신되도록 하는 것은 사법의 대원칙인 계약자유의 원칙을 제한하는 것이므로 원칙적으로 법령에 명시적으로 규정된 경우에만 가능한 점, 상가건물임대차보호법 제10조 제1항 제7호는 '철거하거나 재건축하기 위해'라고만 규정할 뿐 철거나 재건축의 구체적 사유를 규정하고 있지 아니한 점, 같은 법 제10조 제1항은 본문에서 "임대인은

임차인이 임대차기간 만료 전 6월부터 1월까지 사이에 행하는 계약갱신 요구에 대하여 정당한 사유 없이 이를 거절하지 못한다"고 규정하면서 단서에서 "다만, 다음 각 호의 1의 경우에는 그러하지 아니하다"고 규정하고 있으므로 단서에 규정되지 않은 사유라고 하더라도 정당한 사유가 있다고 판단되는 경우에는 본문의 규정에 의하여 임대인이 임차인의 갱신요구를 거절할 수 있는 것으로 해석되는 점 등에 비추어 보면, 비록 건물이 노후하거나 안전에 문제가 있는 경우가 아니더라도 임대인은 건물을 철거하거나 재건축하기 위하여 임대차계약의 갱신을 거절할 수 있다고 해석함이 상당하다. [대구지법 2008. 7. 22. 선고 2008나8841 판결]

5. 차임 등의 증감

차임 또는 보증금이 임차건물에 관한 조세, 공과금 그 밖에 부담의 증감이나 경제사정의 변동으로 인하여 상당하지 아니하게 된 때에는 당사자는 장래에 대하여 그 증감을 청구할 수 있지만, 증액의 경우에는 대통령령이 정하는 기준에 따른 비율을 초과하지 못하도록 규정하고 있으며(제11조), 이에 따른 대통령령에서는 청구 당시의 차임 또는 보증금의 100분의 9의 금액을 초과하지 못한다고 규정하고 있다. 그리고 보증금을 월차임으로 전환하는 경우에는 대통령령이 정하는 월차임의 범위를 초과할 수 없도록 규정하고 있으며(제12조), 대통령령에서는 연 1할 2푼 또는 한국은행 기준금리의 4.5배 중 낮은 비율을 적용하도록 규정한다.

[판례] 상가건물 임대차보호법 제11조 제1항에서 "차임 또는 보증금이 임차건물에 관한 조세, 공과금, 그 밖의 부담의 증감이나 경제사정의 변동으로 인하여 상당하지 아니하게 된 경우에는 당사자는 장래의 차임 또는 보증금에 대하여 증감을 청구할 수 있다. 그러나 증액의 경우에는 대통령령으로 정하는 기준에 따른 비율을 초과하지 못한다."고 규정하고, 제2항에서 "제1항에 따른 증액 청구는 임대차계약 또는 약정한 차임 등의 증액이 있은 후 1년 이내에는 하지 못한다."고 규정하고 있는바, 위 규정은 임대차계약의 존속 중 당사자 일방이 약정한 차임 등의 증감을 청구한 경우에 한하여 적용되고, 임대차계약이 종료한 후 재계약을 하거나 임대차계약 종료 전이라도 당사자의 합의로 차임 등을 증액하는 경우에는 적용되지 않는다. [대법원 2014. 2. 13. 선고 2013다80481 판결]

6. 권리금의 보호

권리금이란 임대차 목적물인 상가건물에서 영업을 하는 자 또는 영업을 하려는 자가 영업시설·비품, 거래처, 신용, 영업상의 노하우, 상가건물의 위치에 따른 영업상의 이점 등 유형·무형의 재산적 가치의 양도 또는 이용대가로서 임대인, 임차인에게 보증금과 차임 이외에 지급하는 금전 등의 대가를 말한다(제10조의3 제1항). 임차인은 임대차계약이 계속되는 도중 또는 임대차기간이 끝났을 때, 임차목적물을 양도하거나 전대함으로써 신규임차인으로부터 권리금을 받을 수 있는바, 상가건물임대차보호법은 임차인의 권리금 보호에 관한 규정을 신설하였다(다만, 전차인에 대해서는 적용되지 않는다). 신설된 규정에 따르면 임대인은 계약갱신을 거절할 수 있는 사유가 없는 한, 임대차기간이 끝나기 3개월 전부터 임대차 종료 시까지 임차인이 신규임차인으로부터 권리금을 지급받는 것을 방해해서는 안 되며(제10조의4 제1항), 임대인의 방해로 임차인에게 손해가 발생한 때에는 그 손해를 배상해야 하는데(제10조 제3항), 임차인은 3년 내에 손해배상청구권을 행사해야 한다.

7. 기타

계약갱신요구권, 차임 등의 증감청구권, 월차임 전환시 산정율의 제한 규정 및 3기의 차임연체시의 임대인의 해지권은 전대인과 전차인의 전대차관계에도 적용하고, 임대인의 동의를 받고 전대차계약을 체결한 전차인은 임차인의 계약갱신요구권 행사기간 범위 내에서 임차인을 대위하여 임대인에게 계약갱신요구권을 행사할 수 있다(제13조; 예를 들어 임차인이 2년간 건물을 사용한 후 전대한 경우 전차인은 3년간 그 건물을 사용할 수 있다). 그리고 주택임대차의 경우와 마찬가지로 상가건물에 대한 미등기 전세에 대해서도 이 법이 적용되며(제17조), 임차인이 임대인에게 제기하는 보증금반환청구소송에 관하여는 소액사건심판법 제6조, 제7조, 제10조 및 제11조의2를 준용한다.

제6장 금전채권과 담보

I. 금전채권의 보호

금전채권(金錢債權)은 채권자가 채무자로부터 받을 목적물이 금전인 경우를 말한다. 금전채권을 성립시키는 법률행위에는 금전 자체를 거래의 대상으로 하여 이루어지는 금전소비대차와 같은 계약도 있고, 매도인이 매수인에게 재산권을 이전할 의무를 부담하는 것에 대응하여 매수인이 일정한 금전을 지급해야 하는 매매계약이나 임차인이 차임을 지급해야 하는 임대차계약과 같이 계약내용의 일부를 구성하는 금전채권도 있다.

어떠한 원인에 의하여 발생한 것이든 채무를 부담하는 채무자는 그 채무를 자발적으로 이행하여야 하는 것이 원칙이지만, 이행할 수 있으면서도 이행하지 않는 경우도 있고 이행할 수 없는 경우도 있다. 이 가운데 채무자가 그 채무를 이행할 수 있으면서도 이행하지 않는 때에는 법은 채권자를 도와 채권을 만족시킬 수 있도록 하고 있다.

채권의 만족시키기 위한 여러 가지 방법 가운데 민법이 금전채권의 이행을 확보하기 위한 방법으로 마련하고 있는 것은 다음과 같은 것이 있다. 우선 채권자는 채무자가 그의 채무를 이행하지 않는 경우를 대비하여 채무자 이외의 제3자로 하여금 채무를 대신 이행하게 할 수 있는데, 이를 보증(保證)이라고 한다. 하지만 보증제도는 채권자가 보증인의 재산에 대하여 우선적인 권리를 가지는 것이 아니라 다른 채권자들과 같은 지위에서 이행을 청구할 수 있을 뿐이라는 점에서 보증인의 재산이 모든 채무를 변제하기에 부족한 경우에는 그다지 효율적이지 못하다. 이러한 문제를 회피하기 위하여 채권자는 다른 채권자에 우선하여 자신의 채권을 변제받을 수 있는 담보물권(擔保物權)을 채무자 또는 제3자 소유의 재산 위에 설정할 수 있다. 한편 모든 채무는 궁극적으로 채무자의 재산을 통하여 이행되어야 하기 때문에 채무자의 재산을 보전하기 위한 수단인 채권자대위권(債權者代位權)과 채권자취소권(債權者取消權)도 채권을 담보하는 역할을 한다.

이러한 금전채권의 확보방안을 강구하기 위해서는 채권자에게 금전채권이 있다는 사실을 증명하는 것이 매우 중요하다. 따라서 금전거래를 함에 있어서는 반드시 문서에 의하여 증거를 남기는 것이 필요하다. 보통 채권자가 채무자에게 금전을 빌려주면서 작성하는 차용증(借用證), 채권자가 받을 돈이 있는 경우에 채무자가 작성해서 채권자에게 주는 현금보관증(現金保管證) 등의 서류는 채권자가 채무자에게 금전채권을 이행하라고 청구하는 경우에 필요한 서류이며, 이와 반대로 채무자가 채권자에게 채무를 이행하고서 받는 영수증(領收證)은 채권자의 부당한 채권행사에 대하여 채무자가 대항할 수 있는 근거가 된다.

▪ 기간 ▪

기간(期間)이라 함은 어느 시점부터 어느 시점까지의 계속된 시간을 말한다. 민법의 기간에 관한 규정은 모든 법에 대하여 일반법으로서의 성격을 가지며, 따라서 법령에서 달리 정하고 있지 않는 한 모든 법률관계에 적용된다. 기간의 계산방법은 두 가지가 있는데, 시·분·초를 단위로 하는 기간의 계산은 즉시부터 기산하고(자연적 계산방법), 일·주·월·년을 단위로 하는 기간의 계산은 역법(달력)에 의한다(역법적 계산방법). 역법에 의할 경우에는 기간의 초일은 산입하지 않는 것이 원칙이지만, 오전 0시부터 시작한 경우와 연령계산의 경우에는 초일을 산입한다. 기간은 기간말일의 종료(24시)로 만료한다. 기간을 주·월·년으로 정한 경우에는 이를 일(日)로 환산하지 않고 역(曆)에 의하여 계산한다. 이 경우 최후의 주·월·년에서 기산일에 해당하는 날의 전일로 기간은 만료한다(예를 들어 1월 5일을 기산점으로 하는 1개월은 2월 4일이 만료일). 그리고 월 또는 년으로 정한 경우에 최후의 월에 해당하는 날이 없는 때에는 그 월의 말일로 기간은 만료하고(1월 31일부터 1개월은 2월 28일이 만료일이 됨), 기간의 말일이 공휴일인 경우에는 그 익일로 만료한다(따라서 토요일이나 일요일까지 납부할 세금은 월요일에 납부해도 됨). 기간의 역산도 같은 방법에 의하는데, 특정일의 전일을 기산일로 하여 역산하여 그 기간을 계산한다(5월 15일부터 1주일 전은 5월 14일부터 시작하여 일주일을 계산하며, 따라서 5월 15일을 기준으로 일주일 전에 해야 하는 일은 5월 7일 24시 이전에 해야 함).

■ **소멸시효** ■

소멸시효(消滅時效)란 권리자가 어떤 권리를 행사할 수 있음에도 불구하고 일정한 기간동안 그 권리를 행사하지 않는 상태가 계속한 경우에 그 어떤 권리를 소멸시켜 버리는 제도이다(민법 제162조 이하). 소멸시효로 인하여 권리가 소멸하기 위해서는 그 권리가 소멸시효의 목적이 될 수 있는 것이어야 하고, 권리자가 법률상 그 권리를 행사할 수 있음에도 불구하고 행사하지 않아야 하며 또한 권리불행사의 상태가 일정한 기간 계속되어야 한다.

소멸시효의 대상이 되는 권리는 소유권을 제외한 모든 권리이며, 그 기간은 권리의 종류에 따라 차이가 있으나 통상적인 채권의 경우에는 10년이 경과함으로써 시효로 인하여 소멸한다(세금 및 각종 공과금은 5년). 소멸시효는 권리를 행사할 수 있는 때부터 진행하는데, 기한을 정한 권리는 기한이 도래한 때부터, 기한을 정하지 않은 권리는 채권성립시부터 소멸시효가 진행한다. 소멸시효의 완성으로 권리는 소멸하지만, 소송에서 소멸시효가 문제되는 경우에는 시효가 완성되었음을 주장하여야 인정된다. 소멸시효는 그 기산일에 소급하여 효력이 생긴다.

소멸시효기간이 만료하면 권리가 소멸하므로 권리자는 권리의 소멸을 방지하기 위한 조치를 취하여야 하는데, 권리의 소멸을 방지하는 것을 시효의 중단이라고 한다. 시효를 중단시키기 위해서는 채무자에 대하여 이행을 청구하는 소를 제기하거나, 채무자의 재산에 대하여 압류, 가압류, 가처분 등의 조치를 취하는 방법이 있으며, 채무자 스스로가 자신의 채무를 승인한 경우에도 시효가 중단된다. 그 밖에 채무자에게 소송 이외의 방법으로 이행을 청구하면 6개월 이내에서 시효가 연장된다.

II. 보증

1. 보증계약의 당사자

채권자로부터 직접 금전을 차용하거나 어떤 채무를 부담하는 사람을 주채무자(主債務者)라고 하고, 주채무자가 이행하지 않는 경우 대신 채무를 이행하기로 하는 사람을 보증인(保證人)이라 하며, 보증인이 부담하는 채무를 보증채무(保證債務), 보증채무를 발생케 하는 계약을 보증계약(保證契約)이라 한다. 보증계약은 채권자와 보증인이 당사자가 되며, 주채무자는 당사자가 아니다. 보증채무를 부담한다는 의사는 보증인의 기명날인 또는 서명이 있는 서면으로 표시되어야 효력이 발생하므로 반드시 계약서가 작성되어야 하며, 보증인의 채무를 불리하게 변경하는 경우에도 같다(그러나 보증의 의사가 전자적 형태로 표시된 경우에는 효력이 없다). 다만 보증인이 보증채무를 이미 이행한 경우에는 계약서가 작성되지 않았다는 이유로 무효를 주장할 수 없다. 그리고 보증계약을 체결하거나 갱신할 때 보증계약의 체결 여부 또는 그 내용에 영향을 미칠 수 있는 주채무자의 채무 관련 신용정보를 채권자가 보유하고 있거나 알고 있는 경우에는 보증인에게 그 정보를 알려야 한다.

보증채무는 주채무의 존재를 성립요건으로 하므로 주채무가 성립하지 않거나 또는 소멸한 경우 및 주채무가 무효 또는 취소된 때에는 보증채무도 소급하여 무효가 되고, 주채무가 조건부로 효력이 생길 때에는 보증채무도 조건부로 효력이 생긴다. 그렇지만 장래의 채무를 위한 보증이나 장래 증감하는 채무를 결산기에 있어서 일정한 한도액까지 보증하는 근보증(根保證) 또는 계속적 보증의 경우에는 주채무가 소멸하더라도 존속하는 경우가 있다. 다만 근보증의 경우에는 최고액을 서면으로 특정하여야 한다.

2. 보증의 내용

보증의 내용은 보증계약에 의하여 정해지지만, 보증채무의 범위는 주채무의 범위보다 넓어서는 안 되며, 만약 넓을 때에는 주채무의 한도로 감축된다. 그러나 보증채무가 주채무보다 적은 것은 무방하다. 그리고 특약이 없는 한 보증채무는 주채무의 이자, 위약금, 손해배상금 기타 주채무에 종속된 채무를 포함하나, 보증계약 성립 후에 주채무자와 채권자가 계약으로 주채무의 내용을 확장하는 경우 등과 같이 동일성이 없는 경우에는 보증채무가 확장되지 않는다.

한편 보증계약 체결 후 채권자가 보증인의 승낙 없이 채무자에 대하여 변제기를 연장하여 준 경우에는 채권자나 채무자가 그 사실을 보증인에게 통지하여야 한다. 또한 채권자는 주채무자가 원본, 이자 그 밖의 채무를 3개월 이상(채권자가 금융기관인 경우에는 1개월 이상) 이행하지 아니하는 경우나 주채무자가 이행기에 이행할 수 없음을 미리 안 경우 또는 주채무자의 채무 관련 신용정보에 중대한 변화가 생겼음을 알게 된 경우에는 지체 없이 보증인에게 그 사실을 알려야 하고, 보증인의 청구가 있으면 채권자는 주채무의 내용 및 이행 여부를 보증인에게 알려야 한다(민법 제436조의2). 또한 금융기관이 채무자의 금융정보를 제공하지 않은 경우 보증인은 보증계약의 해지를 통고할 수 있다. 그리고 보증계약을 체결하거나 갱신한 경우 기간의 약정이 없는 때에는 보증기간은 3년으로 본다. 보증계약으로 인한 채무는 상속되는 것이 원칙이지만, 근보증 또는 계속적 보증의 경우에는 보증인의 지위가 상속되지 않는다고 하는 것이 판례의 입장이다(따라서 상속개시 이전에 확정된 보증채무만 상속된다). 한편 계속적 보증에 있어서 보증계약 체결 당시 예상할 수 없었던 특별한 사정이 있는 경우에는 보증계약을 해지할 수 있다.

> **[판례]** 보증한도액이 정해진 계속적 보증계약의 경우 보증인이 사망하였다 하더라도 보증계약이 당연히 종료되는 것은 아니고 특별한 사정이 없는 한 상속인들이 보증인의 지위를 승계한다고 보아야 할 것이나, 보증기간과 보증한도액의 정함이 없는 계속적 보증계약의 경우에는 보증인이 사망하면 보증인의 지위가 상속인에게 상속된다고 할 수 없고 다만, 기왕에 발생된 보증채무만이 상속된다. [대법원 2001. 6. 12. 선고 2000다47187 판결]

> **[판례]** 회사의 임원이나 직원의 지위에 있기 때문에 회사의 요구로 부득이 회사와 제3자 사이의 계속적 거래로 인한 회사의 채무에 대하여 보증인이 된 자가 그 후 회사로부터 퇴사하여 임원이나 직원의 지위를 떠난 때에는 보증계약 성립 당시의 사정에 현저한 변경이 생긴 경우에 해당하므로 사정변경을 이유로 보증계약을 해지할 수 있다고 보아야 하며, 위 계속적 보증계약에서 보증기간을 정하였다고 하더라도 그것이 특히 퇴사 후에도 보증채무를 부담키로 특약한 취지라고 인정되지 않는 한 위와 같은 해지권의 발생에 영향이 없다. [대법원 1990. 2. 27. 선고 89다카1381 판결]

3. 보증의 효력

채권자는 주채무자가 채무를 이행하지 않는 때에는 보증인에게 보증채무의 이행을 청구할 수 있다. 그렇지만 채권자가 주채무자에게 먼저 청구하지 않고 보증인에게 청구한 때에는 보증인은 주채무자가 변제능력이 있다는 사실 및 그 집행이 용이하다는 것을 증명하여 먼저 주채무자에게 청구할 것을 요구할 수 있다(이를 보증인의 최고 및 검색의 항변권이라고 한다). 그러나 최고 및 검색의 항변권을 행사하였음에도 불구하고 주채무자에게 재산이 없어 채권자가 변제를 받지 못한 경우에는 보증인에게 다시 청구할 수 있는데, 이 경우에 채권자가 주채무자에게 청구하는 것을 태만히 하여 주채무자로부터 주채무의 전부나 일부를 변제 받지 못하게 된 부분에 대해서는, 채권자가 즉시 청구하였으면 변제받을 수 있었을 한도에서 보증인은 그 채무를 면한다. 또한 보증인은 주채무자가 채권자에 대하여 가지는 항변사유로 채권자에게 대항할 수 있다. 그리고 주채무자에 대하여 생긴 사유는 원칙적으로 모두 보증인에게 효력이 있다. 따라서 주채무가 소멸한 때에는 보증채무도 소멸한다. 그러나 보증인에게 생긴 사유는 주채무를 소멸시키는 행위(변제, 대물변제, 공탁, 상계 등) 이외에는 주채무자에게 영향을 미치지 않는다.

> **[판례]** 보증채무는 주채무와는 별개의 독립한 채무이므로 보증채무와 주채무의 소멸시효기간은 채무의 성질에 따라 각각 별개로 정해진다. 그리고 주채무자에 대한 확정판결에 의하여 민법 제163조 각 호의 단기소멸시효에 해당하는 주채무의 소멸시효기간이 10년으로 연장된 상태에서 주채무를 보증한 경우, 특별한 사정이 없는 한 보증채무에 대하여는 민법 제163조 각 호의 단기소멸시효가 적용될 여지가 없고, 성질에 따라 보증인에 대한 채권이 민사채권인 경우에는 10년, 상사채권인 경우에는 5년의 소멸시효기간이 적용된다. [대법원 2014. 6. 12. 선고 2011다76105 판결]

■ 공탁과 상계 ■

공탁(供託)이란 법령의 규정에 따른 원인에 의하여 금전·유가증권·물품을 공탁소에 임치함으로서 법령에서 정한 일정한 목적을 달성하게 하는 제도로, 반드시 해당법령에 따른 공탁사유가 있어야 한다. 공탁은 공탁이 인정되는 원인에 따라 변제공탁과 담보공탁으로 나눌 수 있는데, 변제공탁은 채무자가 변제를 하려고 하여도 채권자가 변제를 받지 아니하거나 변제를 받을 수 없는 경우 또는 과실 없이 채권자가 누구인지 알 수 없는 경우에 채무이행에 갈음하여 채무의 목적물을 공탁함으로써 그 채무를 면할 수 있도록 한 공탁을 말한다. 변제공탁을 하면 채무자는 채무를 면하게 되고, 채권자는 공탁소에 대하여 공탁물(채무의 목적물)의 지급을 청구할 수 있다. 변제공탁을 하려면 공탁에 필요한 서류를 공탁공무원에게 제출하고 공탁물을 은행이나 창고업자에게 납입하면 된다. 이에 비하여 담보공탁은 특정의 상대방이 받을 수 있는 손해를 담보하기 위한 공탁을 말하며, 가압류나 가처분 또는 가집행을 신청하는 경우와 이들을 면하기 위한 경우에 행하여진다. 담보공탁을 위하여 일정액의 금전을 보관시키는 것이 보통이지만, 가압류보증·가처분보증·소송비용담보 등의 경우에는 법원의 허가를 얻어 금융기관 또는 보험회사와 지급보증계약을 체결한 문서(보증서)를 공탁서에 갈음하여 집행법원에 제출할 수 있다.

상계(相計)란 채권자와 채무자가 서로 상대방에 대하여 동일한 내용의 채권을 가지는 경우에 일방적 의사표시를 통하여 서로 같은 범위에서 채권과 채무를 소멸시키는 것을 말한다. 예를 들어 갑이 을에게 200만원의 매매대금채권을 가지고 있고, 을이 갑에게 100만원의 대여금채권을 가진 경우에 갑 또는 을의 일방적 의사표시에 의하여 100만원의 채권과 채무를 소멸시키고서 을로 하여금 갑에게 남은 금액인 100만원만을 지급하도록 하는 것이다. 이는 동일한 내용의 채무를 실제로 이행하게 함으로써 발생하게 되는 번거로움을 없애려는 제도이다. 이러한 상계는 통상 금전채권의 경우에 행하여지며, 두 채권은 모두 이행기에 있어야 하는 것이 원칙이다.

> **[판례]** 매수인이 매도인을 대리하여 매매대금을 수령할 권한을 가진 자에게 잔대금의 수령을 최고하고 그 자를 공탁물수령자로 지정하여 한 변제공탁은 매도인에 대한 잔대금 지급의 효력이 있다. [대법원 2012. 3. 15. 선고 2011다77849 판결]

4. 보증인의 구상권

보증인은 채권자에 대한 관계에 있어서는 자기의 채무를 변제하는 것이지만, 주채무자에 대한 관계에 있어서는 타인의 채무를 변제하는 것이므로, 보증인의 변제 등으로 주채무자가 채무를 면하게 된 경우 보증인은 주채무자에 대하여 구상권(求償權)을 가진다.

주채무자의 부탁으로 보증인이 된 자가 과실 없이 변제 기타의 출재(出財)로 주채무의 전부 또는 일부를 소멸케 한 때에는 출재한 금액의 한도 내에서 주채무자에게 구상할 수 있다. 그렇지만 보증인이 채무를 이행하기 전이나 이행을 한 후에 주채무자에게 그 사실을 통지하지 아니하면 구상할 수 있는 권리가 제한된다. 예를 들어 보증인이 주채무자에게 미리 통지하지 않고 변제함으로서 주채무를 소멸케 한 경우에 주채무자가 채권자에게 대항할 수 있는 사유가 있었을 때에는 그 사유로 보증인에게 대항할 수 있고 그 범위에서 보증인의 구상권은 제한된다. 반대로 주채무자가 통지를 게을리하여 부탁받은 보증인이 선의로 이중변제를 한 경우에는 보증인은 주채무자에게 구상할 수 있다.

5. 연대보증

연대보증(連帶保證)이라 함은 보증인이 주채무자와 연대하여 채무를 이행하기로 함으로써 주채무의 이행을 담보하는 보증채무를 말한다. 연대보증은 채권의 담보를 목적으로 하는 점에서 보통의 보증과 같으나 보증인에게 최고 및 검색의 항변권이 인정되지 않으므로 채권자의 권리담보가 보다 확실하다. 따라서 채권자는 연대보증인이 수인인 경우 어느 연대보증인에 대해서도 주채무의 전액을 청구할 수 있다. 이러한 연대보증은 보증인이 주채무자와 연대하여 보증할 것을 약정하는 경우에 성립한다. 연대보증인도 주채무자가 채권자에 대하여 가지는 항변권으로 채권자에게 대항할 수 있으며, 연대보증인이 주채무를 이행한 경우에는 주채무자에 대하여 구상권을 가진다.

6. 보증보험제도

보증보험제도(保證保險制度)는 특수한 보증제도로서 보증보험회사와 이용자가 보증보험계약을 체결하고 그 보험증권으로 보증을 대신하는 제도이다. 따라서 채무자인 이용자가 채무를 이행하지 못하게 된 경우 이용자와 보증보험계약을 체결한 보증보험회사가 이용자의 채무를 대신 이행하게 된다. 보증보험제도는 금융기관이 신용대출을 하는 경우에 많이 이용되고 있으며, 입찰에 참가하여 용역계약을 체결하는 경우나 각종 할부구매, 신원보증의 경우는 물론 가압류·가처분 등을 하기 위하여 보증금을 납부하여야 하는 경우 및 형사사건의 보석보증금을 납부함에 있어서도 많이 이용되고 있다.

III. 담보물권

보증은 채권자가 강제집행을 할 수 있는 책임재산을 확장함으로써 채권자의 채권을 담보하려는 것임에 반하여 담보물권(擔保物權)은 채무자 또는 제3자의 재산에 대하여 다른 채권에 우선하는 권리를 취득함으로써 채권을 담보하는 제도이다. 민법이 인정하는 담보제도에는 유치권(留置權), 질권, 저당권이 있으며, 그 밖에 가등기담보와 양도담보가 있다. 이곳에서는 질권과 저당권, 가등기담보에 관하여 설명한다.

1. 질권

질권(質權)은 채권자가 그 채권의 담보로 채무자 또는 제3자가 제공한 동산 또는 재산권을 점유하고 그 동산으로부터 다른 채권자보다 우선하여 변제받는 권리를 가지는 담보물권이다. 질권은 그 목적물에 따라 동산질권과 권리질권으로 구분된다.

동산질권은 질권자와 질권설정자간의 질권설정계약과 목적물인 동산의 인도에 의하여 성립한다. 이 경우 질권자는 채권자이지만 질권설정자는 채무자 이외에도 채무자를 위하여 자신의 동산을 담보로 제공하는 사람인 경우가 있다(이러한 사람을 물상보증인이라고 한다). 질권설정을 위한 동산의 인도는 점유개정의 방법을 제외하고 현실의 인도나 간이인도, 반환청구권의 양도 등의 방법으로 행해진다. 질권이 설정된 후에 담보목적물을 임의로 질권설정자에게 반환하는 등 질물의 점유를 상실하면 질권이 소멸한다.

질권자는 목적물 전체를 피담보채권의 변제가 있을 때까지 유치할 수 있으며, 질물로부터 다른 채권자에 우선하여 변제받을 수 있다. 채무자가 변제하지 않으면 질권자는 목적물을 경매하거나 목적물을 자신의 소유로 하는 간이변제충당의 방법에 의하여 채권을 회수할 수 있다. 그러나 채무변제기 전의 계약으로 변제에 갈음하여 채권자가 질물의 소유권을 취득하기로 하는 유질계약은 원칙적으로 금지된다(전당포의 경우는 원칙적으로 유질계약 체결).

한편 재산권을 목적으로 하는 권리질권은 양도성을 가지는 재산권을 대상으로 하고, 재산권을 양도하는 방법에 의하여 질권을 설정한다. 질권설정의 대상이 되는 것은 금전채권인 경우가 많지만(예: 정기예금, 환급금), 주식 등에 대해서도 질권이 설정될 수 있다. 이 경우 채무자가 채무를 이행하지 않으면 채권자는 목적물을 환가하여 채권의 만족을 꾀하게 되는데, 목적물이 금전채권인 경우에는 추심명령 또는 전부명령의 방법을 취할 수 있다.

[판례] 민법 제347조는 채권을 질권의 목적으로 하는 경우에 채권증서가 있는 때에는 질권의 설정은 그 증서를 질권자에게 교부함으로써 효력이 생긴다고 규정하고 있다. 여기에서 말하는 '채권증서'는 채권의 존재를 증명하기 위하여 채권자에게 제공된 문서로서 특정한 이름이나 형식을 따라야 하는 것은 아니지만, 장차 변제 등으로 채권이 소멸하는 경우에는 민법 제475

조에 따라 채무자가 채권자에게 그 반환을 청구할 수 있는 것이어야 한다. 이에 비추어 임대차계약서와 같이 계약 당사자 쌍방의 권리의무관계의 내용을 정한 서면은 그 계약에 의한 권리의 존속을 표상하기 위한 것이라고 할 수는 없으므로 위 채권증서에 해당하지 않는다. [대법원 2013. 8. 22. 선고 2013다32574 판결]

■ 유치권 ■

유치권(留置權)은 채권자가 채무를 발생시킨 목적물을 점유함으로써 채무의 이행을 강제하는 담보물권이다. 유치권은 법률의 규정에서 정한 요건을 갖추면 당연히 발생하는데, 예를 들어 노트북을 수리한 경우 수리비를 지급할 때까지 노트북을 점유할 수 있다. 유치권자는 목적물을 경매할 수 있지만 우선변제권은 갖지 않는다. 다만 채권의 만족을 얻을 때까지 모든 사람에 대하여 목적물의 반환을 거절함으로써 채무이행을 강제하게 된다.

■ 동산 · 채권담보 ■

동산에 대하여 질권을 설정하면 목적물을 채권자가 점유하게 되므로 채무자는 그 목적물을 사용할 수 없다. 그래서 동산이나 채권을 등기하는 방법으로 담보를 설정할 수 있도록 하였다. 법인과 상호등기를 한 사람만 이용할 수 있는 제도이므로 제한적으로 활용되지만, 담보가 설정되었다는 사실을 담보등기부에 기재하는 방법으로 공시함으로써 목적물을 계속 채무자가 활용할 수 있다는 점에서 유용하다. 이에 관한 자세한 내용은 「동산 · 채권 등의 담보에 관한 법률」에서 규정하고 있다.

2. 저당권

저당권(抵當權)은 채무자 또는 제3자가 점유를 이전하지 아니하고 채무의 담보로 제공한 부동산 기타 목적물에 대하여 우선변제를 받을 수 있는 권리를 가지는 담보물권이다. 목적물이 채무자에게 남아있기 때문에 채무자는 목적물을 사용·수익할 수 있고, 채권자는 목적물이 가지는 재산적 가치만을 파악하기 때문에 목적물이 가지는 가치를 최대한 활용할 수 있게 한다는 장점이 있다. 그리고 저당권은 등기부의 을구에 기재되는데, 저당권을 설정한 후 소유자가 바뀌더라도 채무의 변제가 없다면 저당권의 효력은 그대로 유지되므로, 그 목적물에 대한 경매를 신청하여 채권의 만족을 얻을 수 있다.

저당권은 등기에 의하여 공시될 수 있는 물건(토지, 건물, 자동차)을 대상으로 하며, 저당권설정계약과 등기 또는 등록에 의하여 성립한다(등록은 자동차의 경우). 계약의 당사자는 채권자와 채무자 또는 물상보증인이다. 저당권이 설정된 경우 채무자가 채무를 이행하지 않으면 저당권자는 담보목적물을 경매한 후 매각대금에서 일반채권자에 우선하여 변제 받을 수 있다(이것을 배당(配當)이라고 한다). 저당권은 목적물을 점유하지 않고 등기만에 의하여 성립하기 때문에 수개의 저당권이 동일한 목적물 위에 성립할 수 있는데, 이 경우 저당권 사이에는 설정의 선후에 의하여 우선순위가 정해진다. 따라서 저당목적물을 매각한 대금이 모든 채권자의 채권을 만족시키기에 부족한 경우(즉, 채무액이 목적물의 가액보다 많은 경우)에는 선순위의 저당권자부터 채권의 만족을 얻게 된다.

한편 근저당이란 저당권에 의하여 담보할 채무의 최고액만을 정하고 채무의 확정을 장래에 보류하여 설정하는 것이다. 이 경우에는 채무의 확정기가 도래하기 전에 발생하는 채무액의 변동은 근저당권에 영향을 미치지 않는다(따라서 채무액이 0이 되는 경우에도 근저당권은 소멸하지 않는다). 근저당권도 일반적인 저당권과 마찬가지로 당사자간의 설정계약과 등기에 의하여 이루어지는데 근저당권을 설정함에 있어서는 근저당권에 의하여 담보되는 채권의 최고액을 등기하여야 한다(근저당권의 채권최고액은 통상 채무액의 120% 내지 150%로 정하며, 이자와 연체이자도 채권최고액에 포함된다).

3. 가등기담보

저당권과 같은 담보물권이 가지는 불편함, 즉 담보물권의 실행에 많은 시간과 비용이 소요되는 것을 회피하고자 하는 목적에서 비전형담보(非典型擔保)가 탄생하였다. 비전형담보에 속하는 것은 매우 많지만 가장 대표적인 것이 가등기담보이다. 가등기담보에 대하여는 「가등기담보 등에 관한 법률」이 규정하고 있는데, 이 법률은 차용물을 반환함에 있어 차주가 차용물에 갈음하여 다른 재산권을 이전할 것을 예약한 경우, 그 재산의 예약 당시의 가액이 차용액 및 이에 붙인 이자의 합산액을 초과하는 경우에 적용된다. 채권이 가등기에 의하여 담보되는 것을 가등기담보(假登記擔保)라고 하고, 소유권이전의 방법으로 담보되는 것을 양도담보(讓渡擔保)라고 한다.

　가등기라 함은 임시의 지위를 정하는 등기로서 부동산물권 및 그에 준하는 권리의 설정, 변경, 이전, 소멸의 청구권을 보전하기 위하여 하는 등기이다. 채권자는 채무자가 채무를 이행하지 않을 경우에 대비하여 담보목적물에 가등기를 한 후에 실제로 채무자가 채무를 이행하지 않으면 가등기에 기한 본등기를 경료함으로써 그 부동산을 자신의 것으로 하거나 또는 부동산을 매각하여 채권액에 해당하는 대금을 취득하게 된다. 경매에 의한 채권의 실행은 저당권의 경우와 유사하므로 저당권에 관한 규정이 준용된다.

　한편 채권자가 목적물에 대한 권리를 취득하는 경우에는 담보물의 가치를 낮게 평가하여 폭리를 취할 수도 있으므로 이에 대하여 엄격한 제한을 가한다. 가등기담보법에서는 채권자의 폭리를 방지하기 위하여 채권자가 목적물에 대한 소유권을 취득하기 위해서는 변제기 후에 청산금의 평가액을 채무자 등에게 통지하고, 통지가 채무자에게 도달한 때로부터 2월이 경과하여야 하며, 청산금을 지급하여야 한다고 규정하고 있다. 가등기담보에 관한 설명은 소유권을 이전하는 방법에 의하여 담보를 설정하는 양도담보의 경우에도 마찬가지로 적용된다.

Ⅳ. 책임재산의 보전

　채무자에 대하여 강제이행을 청구하였으나 채권의 만족을 얻지 못한 경우에는 손해배상을 청구할 수밖에 없는데, 이러한 경우에는 채무자의 일반재산을 매각한 후 그 대금으로 손해배상을 받게 된다. 따라서 채권자로서는 채무의 이행을 요구하거나 손해배상을 받기 위하여 채무자의 일반재산을 보전하는 것이 매우 중요하게 된다. 이러한 문제를 해결하기 위한 제도로서 채권자대위권과 채권자취소권이 있다.

1. 채권자대위권

　채권자대위권(債權者代位權)은 채권자가 자기의 채권을 보전하기 위하여 자기의 이름으로 채무자의 권리를 행사할 수 있는 권리를 말한다. 채권자대위권에 관하여 민법 제404조에서 규정하고 있는데, 채권자대위권을 행사하기 위해서는 채무자에 대한 채권자의 채권이 유효하게 존재하여야 하고, 다른 사람에 의해서도 행사될 수 있는 것이어야 하며, 원칙적으로 채무자가 채무를 변제할 수 없는 무자력의 상태에 있어야 한다(판례는 예외적으로 등기청구권이나 임차인의 방해배제청구권을 대위하는 경우에는 채무자의 무자력을 요하지 않는다고 한다). 그리고 채권의 변제기가 도래하여야 하고, 채무자에 의한 권리의 행사가 없어야 한다.

위와 같은 요건이 갖추어진 경우 채권자는 자신의 이름으로 재판상 또는 재판 외에서 채권자대위권을 행사할 수 있다. 채권자가 보존행위 이외의 권리를 행사하는 경우에는 채무자에게 이를 통지하여야 하는데, 이 통지를 받은 후에는 채무자가 그 권리를 처분하여도 이로써 채권자에게 대항하지 못한다.

채권자대위권을 행사함에 따라 제3채무자가 이행한 목적물은 채무자에게 귀속한다. 따라서 채무자가 제3채무자로부터 이행을 받은 후에도 임의로 변제하지 않는 경우에는 강제집행절차를 밟아야 한다. 다만 채권자가 채무자를 위하여 수령한 대위의 목적물이 채무자에 대한 채권과 동종의 것이고 채권자의 채권이 상계적상의 상태에 있는 경우에는 상계함으로써 변제를 받은 것과 동일한 효과를 거둘 수 있다.

> **[판례]** 채권자가 채권자대위권에 기하여 채무자의 권리를 행사하고 있는 경우에, 그 사실을 채무자에게 통지하였거나 채무자가 그 사실을 알고 있었던 때에는, 채무자가 그 권리를 처분하여도 이로써 채권자에게 대항하지 못한다(甲이 乙로부터 매수한 부동산을 다시 甲으로부터 매수한 丙이 채무자인 甲, 乙에 대하여 순차 소유권이전등기절차의 이행을 구하는 소를 제기하여 그 중 乙에 대한 채권자대위소송이 상고심에 계속 중 甲이 乙의 매매잔대금 지급 최고에 응하지 아니하여 乙로 하여금 매매계약을 해제할 수 있도록 한 경우, 이는 채무자가 채권자에 대한 소유권이전등기청구권을 처분하는 것에 해당하여 甲과 乙은 丙에게 그 계약해제로써 대항할 수 없다고 한 사례). [대법원 2003. 1. 10. 선고 2000다27343 판결]

2. 채권자취소권

채권자취소권(債權者取消權)이란 채무자가 채권자를 해함을 알고 제3자와 재산권을 목적으로 하는 법률행위를 한 경우, 채권자가 자기의 이름으로 제3자에 대하여 그 법률행위를 취소하고 일탈된 재산의 원상회복을 소송으로써 구할 수 있는 권리이다. 다시 말하면 채무자가 자신의 재산을 감소시킴으로써 채권자로 하여금 강제집행을 할 수 없도록 하는 경우에 그 재산을 원래대로 돌려놓을 수 있는 권리이다.

채권자취소권을 행사하려면 채권자의 채권이 존재하여야 하고, 채무자가 무자력 상태에 있어야 하며, 채무자가 채권자를 해하기 위하여 재산권을 목적으로 하는 법률행위를 하였을 것과 채무자 및 수익자 또는 전득자가 사해의 사실을 알고 있었을 것이 요구된다. 이 경우에 "채권자를 해한다."라고 함은 채무자의 재산권을 목적으로 하는 행위로 말미암아 그의 일반재산이 감소하여 채권의 담보에 부족이 생기고 채권자에게 완전한 변제를 할 수 없게 되는 경우를 말한다.

판례가 인정하는 채권자취소권의 대상이 되는 채무자의 재산상의 법률행위(이러한 행위를 사해행위(詐害行爲)라고 한다)로는 재산을 다른 사람에게 무상으로 처분하는 경우, 부동산을 처분하여 금전으로 바꾸는 경우, 여러 명의 채권자 가운데 한 사람을 위하여 저당권과 같은 담보권을 설정하는 경우, 타인을 위하여 연대보증인이 되는 경우 등이 있다. 다만 채권자 중 한 사람에게 먼저 채무를 이행함으로서 다른 채권자에게 이행할 재산이 부족하게 되는 경우는 사해행위에 해당하지 않는다.

채권자취소권은 사해행위의 취소와 일탈재산의 원상회복을 법원에 청구하는 방법으로 한다. 취소소송에 있어서 원고는 채권자이고 피고는 현재 그 재산을 보유한 수익자 또는 전득자이다. 그리고 취소는 원인을 안 날로부터 1년 내, 행위가 있는 날로부터 5년 내에 행사하여야 한다.

채권자취소권 행사의 효과로서 채권자를 해할 목적으로 행하여진 사해행위가 취소되면 일탈재산이 담보목적 범위 내에서 채무자에게 이전된다. 따라서 강제집행을 하고 잔존재산이 있는 경우 수익자나 전득자에게 반환하여야 하고, 수익자나 전득자는 채무자에 대하여 부당이득의 반환을 청구할 수 있다.

[판례] 채권자가 채무의 변제를 구하는 것은 그의 당연한 권리행사로서 다른 채권자가 존재한다는 이유로 이것이 방해받아서는 아니 되고, 채무자도 채무의 본지에 따라 채무를 이행할 의무를 부담하고 있어 다른 채권자가 있다는 이유로 그 채무이행을 거절하지는 못하므로, 채무자가 채무초과의 상태에서 특정채권자에게 채무의 본지에 따른 변제를 함으로써 다른 채권자의 공동담보가 감소하는 결과가 되는 경우에도 그 변제는 채무자가 특히 일부의 채권자와 통

모하여 다른 채권자를 해할 의사를 가지고 변제를 한 경우가 아닌 한 원칙적으로 사해행위가 되는 것은 아니며, 이는 기존 금전채무의 변제에 갈음하여 다른 금전채권을 양도하는 경우에도 마찬가지이다. [대법원 2004. 5. 28. 선고 2003다60822 판결]

[판례] 채무자가 자기의 유일한 재산인 부동산을 매각하여 소비하기 쉬운 금전으로 바꾸거나 타인에게 무상으로 이전하여 주는 행위는 특별한 사정이 없는 한 채권자에 대하여 사해행위가 된다고 볼 것이므로 채무자의 사해의 의사는 추정되는 것이고, 이를 매수하거나 이전 받은 자가 악의가 없었다는 입증책임은 수익자에게 있다. [대법원 2001. 4. 24. 선고 2000다 41875 판결]

[판례] 채무초과 상태에 있는 채무자가 그 소유의 부동산을 채권자 중의 어느 한 사람에게 채권담보로 제공하는 행위는 특별한 사정이 없는 한 다른 채권자들에 대한 관계에서 사해행위에 해당한다고 할 것이나, 자금난으로 사업을 계속 추진하기 어려운 상황에 처한 채무자가 자금을 융통하여 사업을 계속 추진하는 것이 채무 변제력을 갖게 되는 최선의 방법이라고 생각하고 자금을 융통하기 위하여 부득이 부동산을 특정 채권자에게 담보로 제공하고 그로부터 신규자금을 추가로 융통받았다면 특별한 사정이 없는 한 채무자의 담보권 설정행위는 사해행위에 해당하지 않으며, 다만 사업의 계속 추진과는 아무런 관계가 없는 기존 채무를 아울러 피담보채무 범위에 포함시켰다면, 그 부분에 한하여 사해행위에 해당할 여지는 있다. [대법원 2002. 3. 29. 선고 2000다25842 판결]

[판례] 이혼에 따른 재산분할은 혼인 중 쌍방의 협력으로 형성된 공동재산의 청산이라는 성격에 상대방에 대한 부양적 성격이 가미된 제도임에 비추어, 이미 채무초과 상태에 있는 채무자가 이혼을 하면서 배우자에게 재산분할로 일정한 재산을 양도함으로써 결과적으로 일반 채권자에 대한 공동담보를 감소시키는 결과로 되어도, 그 재산분할이 민법 제839조의2 제2항의 규정 취지에 따른 상당한 정도를 벗어나는 과대한 것이라고 인정할 만한 특별한 사정이 없는 한, 사해행위로서 취소되어야 할 것은 아니라고 할 것이고, 다만 상당한 정도를 벗어나는 초과부분에 대하여는 적법한 재산분할이라고 할 수 없기 때문에 이는 사해행위에 해당하여 취소의 대상으로 될 수 있을 것이고, 위와 같이 상당한 정도를 벗어나는 과대한 재산분할이라고 볼 만한 특별한 사정이 있다는 점에 관한 입증책임은 채권자에게 있다고 보아야 할 것이다. [대법원 2001. 2. 9. 선고 2000다63516 판결]

[판례] 상속재산의 분할협의는 상속이 개시되어 공동상속인 사이에 잠정적 공유가 된 상속재산에 대하여 그 전부 또는 일부를 각 상속인의 단독소유로 하거나 새로운 공유관계로 이행시킴으로써 상속재산의 귀속을 확정시키는 것으로 그 성질상 재산권을 목적으로 하는 법률행위이므로 사해행위취소권 행사의 대상이 될 수 있다. [대법원 2007. 7. 26. 선고 2007다29119 판결]

제7장 법률의 규정에 의한 법률관계

　　민법이 규정하는 법률의 규정에 의한 법률관계에는 법률상의 의무 없이 타인을 위하여 그의 사무를 처리하는 사무관리(事務管理)와 법률상 원인 없이 부당하게 재산적 이득을 얻고 이로 말미암아 타인에게 손해를 준 경우에 그 이득의 반환을 명하는 부당이득(不當利得), 그리고 고의 또는 과실로 인한 위법행위로 타인에게 손해를 가한 경우에 그 손해를 배상하게 하는 불법행위(不法行爲)가 있다. 또한 당사자간의 법률관계에 의하여 발생하는 계약상의 의무를 이행하지 않은 채무불이행의 경우에도 법률의 규정에 의하여 당사자간에 일정한 법률효과가 발생하는 것으로 규정하고 있으므로 채무불이행도 법률의 규정에 의한 법률관계에 해당한다. 이하에서는 채무불이행을 살펴본 후에 불법행위에 대하여 간단하게 살펴본다.

Ⅰ. 채무불이행

　　채무자는 이행기에 이르기까지 자신이 부담하고 있는 채무를 이행하여야 한다. 그럼에도 불구하고 채무자가 채무를 이행하지 않거나, 이행할 수 없게 된 경우를 넓은 의미의 채무불이행이라고 하며, 그 가운데 채무자가 채무를 이행할 수 있음에도 불구하고 채무를 이행하지 않는 경우에는 강제이행을 허용하며, 채무의 불이행이 채무자의 과실에 기한 경우에는 손해배상책임도 진다(좁은 의미의 채무불이행). 채무자의 과실에는 채무자를 위하여 채무를 이행하는 자의 과실도 포함되는데, 이러한 자에는 채무자를 위하여 채무를 이행하는 이행보조자(예: 종업원) 및 법정대리인과 채무자의 지시에 따라 채무를 이행하는 자(이행대행자라고 한다)가 있다.

1. 채무불이행의 유형

(1) 이행지체

이행지체(履行遲滯)는 채무가 이행기에 있고 또한 이행이 가능함에도 불구하고 채무자가 그에게 책임 있는 사유로 말미암아 채무의 내용에 따른 이행을 하지 않는 것을 말한다.

이행지체가 성립하려면 채무의 이행기가 도래하여야 한다. 이행기가 어느 때 도래하느냐는 채무의 종류에 따라 다르다. 확정기한부 채무의 경우에는 정해진 날자가 지난 때, 불확정기한부 채무의 경우에는 채무자가 기한의 도래를 안 때, 기한을 정하지 않은 채무의 경우에는 채권자가 이행을 청구한 때 기한이 도래한다. 다만 동시이행의 항변권이 있는 채무의 경우는 이행기가 도래해도 상대방이 이행할 때까지는 이행지체가 성립하지 않는다. 한편 채무자를 위하여 기한이 주어져 있기는 하지만 채무자가 그 기한의 이익을 상실한 경우에는 그 사유의 발생으로 바로 이행기가 도래한 것으로 보거나 채권자의 이행청구에 의하여 이행기가 도래한 것으로 본다.

또한 이행기에 채무의 이행이 가능함에도 불구하고 이를 이행하지 않음으로써 이행지체가 성립하며, 채무자가 이행기에 이행을 하지 아니함이 그의 책임 있는 사유, 즉 귀책사유에 의하여야 한다. 이행지체에 빠진 채무자가 이행지체로 인한 책임을 벗어나기 위해서는 적극적으로 자기에게 귀책사유가 없음을 입증해야 한다.

이행지체의 경우는 본래의 급부의 이행이 가능하므로, 채권자는 채무의 이행을 청구할 수 있고, 채권자의 청구에도 불구하고 채무자가 이행하지 않으면 채권의 강제력(소구력, 집행력)을 행사하여 현실적 이행을 강제할 수 있으며, 손해배상도 청구할 수 있을 뿐만 아니라, 경우에 따라서는 계약을 해제할 수도 있다.

■ **기한의 이익** ■

기한이 도래하기 전에는 채무자가 채무를 변제하지 않아도 되는 것과 같이 기한이 부여된 것이 이익으로 되는 것을 기한(期限)의 이익(利益)이라고 한다. 민법은 기한의 이익이 채무자에게 있는 것으로 추정하고 있지만, 채권자에게 기한의 이익이 있는 경우도 있다. 예를 들어 3개월 동안 2부의 이자를 받기로 하고 돈을 빌려준 채권자는 원금과 함께 3개월 동안 이자를 받을 수 있는 이익을 가지는 것이다. 다만 기한의 이익을 가진 채무자가 신용을 잃은 경우, 예를 들어 담보를 손상, 감소 또는 멸실하게 한 경우나 담보제공의무를 이행하지 않은 경우에는 기한의 이익을 상실하게 되며, 채권자는 곧바로 채무의 이행을 청구할 수 있다. 최근 금융기관들이 대출금을 조기상환하는 경우에 부담시키는 중도상환수수료도 금융기관이 가지는 기한의 이익을 보호하기 위한 것이다.

(2) 이행불능

이행불능(履行不能)은 채권이 성립한 후에 채무자의 책임 있는 사유로 급부가 불가능하게 된 경우를 말한다. 채권의 성립 후 급부가 불가능하게 된 것이 채무자의 귀책사유로 인한 경우는 이행불능이 되지만, 채무자에게 귀책사유가 없는 경우에는 위험부담의 법리에 따라 처리된다.

채무자에 의한 이행의 가능 여부는 이행기를 표준으로 하는 것이 일반적이지만, 이행기 도래 전에 불능으로 되고 이행기에도 불능일 것이 확실한 때는 이행기를 기다리지 않고 곧 이행불능이 성립한다. 그리고 이행지체가 성립한 후에 이행이 불가능하게 된 경우에도 이행불능으로 다룬다.

이행불능은 채무자의 책임 있는 사유에 의한 것이어야 하며, 이행불능이 성립하면 채권자는 손해배상을 청구하거나 계약을 해제할 수 있고, 경우에 따라서는 채무자가 이행불능을 발생케 한 것과 동일한 원인에 의해 수취한 물건의 인도 또는 채무자가 취득한 청구권을 양도할 것을 청구할 수 있다(대상청구권).

[판례] 우리 민법은 이행불능의 효과로서 채권자의 전보배상청구권과 계약해제권 외에 별도로 대상청구권을 규정하고 있지 않으나 해석상 대상청구권을 부정할 이유가 없다고 할 것인데, 매매의 일종인 경매의 목적물인 토지가 경락허가결정 이후 하천구역에 편입되게 됨으로써 소유자의 경락자에 대한 소유권이전등기의무가 이행불능이 되었다면 경락자는 소유자가 하천구역 편입으로 인하여 지급받게 되는 손실보상금에 대한 대상청구권을 행사할 수 있다. [대법원 2002. 2. 8. 선고 99다23901 판결]

[판례] [1] 매매의 목적물이 화재로 소실됨으로써 채무자인 매도인의 매매목적물에 대한 인도의무가 이행불능이 되었다면, 채권자인 매수인은 화재사고로 매도인이 지급받게 되는 화재보험금, 화재공제금에 대하여 대상청구권을 행사할 수 있다. / [2] 손해보험은 본래 보험사고로 인하여 생길 피보험자의 재산상 손해의 보상을 목적으로 하는 것으로(상법 제665조), 보험자가 보상할 손해액은 당사자 간에 다른 약정이 없는 이상 손해가 발생한 때와 곳의 가액에 의하여 산정하고(상법 제676조 제1항), 이 점은 손해공제의 경우도 마찬가지이므로, 매매의 목적물이 화재로 소실됨으로써 매도인이 지급받게 되는 화재보험금, 화재공제금에 대하여 매수인의 대상청구권이 인정되는 이상, 매수인은 특별한 사정이 없는 한 목적물에 대하여 지급되는 화재보험금, 화재공제금 전부에 대하여 대상청구권을 행사할 수 있고, 인도의무의 이행불능 당시 매수인이 지급하였거나 지급하기로 약정한 매매대금 상당액의 한도 내로 범위가 제한된다고 할 수 없다. [대법원 2016. 10. 27. 선고 2013다7769 판결]

(3) 불완전이행

불완전이행이란 채무자가 채무의 이행으로 일정한 급부를 하였으나 그것이 채무의 내용에 따른 완전한 급부가 아니라 흠 있는 급부여서 그로 말미암아 채권자에게 손해를 발생케 한 경우를 말한다. 불완전이행이 있는 경우, 채권자는 불완전이행으로 인한 손해배상청구권 이외에도 채무의 완전한 이행이 가능한 경우에는 완전한 이행을 다시 할 것을 청구할 수 있다. 또한 불완전이행으로 인하여 계약의 목적을 달성할 수 없는 경우에는 계약을 해제할 수 있다. 한편 부수의무나 보호의무를 위반한 경우에도 불완전이행의 문제가 발생하는데, 부수의무를 위반한 경우 채권자는 손해배상과 함께 설명의무나 정보제공의무 등의 부수의무의 이행을 청구할 수 있고, 보호의무위반의 경우는 안전을 위한 조치를 해 줄 것을 청구할 수 있다.

[판례] 공중접객업인 숙박업을 경영하는 자가 투숙객과 체결하는 숙박계약은 숙박업자가 고객에게 숙박을 할 수 있는 객실을 제공하여 고객으로 하여금 이를 사용할 수 있도록 하고 고객으로부터 그 대가를 받는 일종의 일시 사용을 위한 임대차계약으로서 객실 및 관련 시설은 오로지 숙박업자의 지배 아래 놓여 있는 것이므로 숙박업자는 통상의 임대차와 같이 단순히 여관 등의 객실 및 관련 시설을 제공하여 고객으로 하여금 이를 사용·수익하게 할 의무를 부담하는 것에서 한 걸음 더 나아가 고객에게 위험이 없는 안전하고 편안한 객실 및 관련 시설을 제공함으로써 고객의 안전을 배려하여야 할 보호의무를 부담하며 이러한 의무는 숙박계약의 특수성을 고려하여 신의칙상 인정되는 부수적인 의무로서 숙박업자가 이를 위반하여 고객의 생명, 신체를 침해하여 투숙객에게 손해를 입힌 경우 불완전이행으로 인한 채무불이행책임을

부담하고, 이 경우 피해자로서는 구체적 보호의무의 존재와 그 위반 사실을 주장·입증하여야 하며 숙박업자로서는 통상의 채무불이행에 있어서와 마찬가지로 그 채무불이행에 관하여 자기에게 과실이 없음을 주장·입증하지 못하는 한 그 책임을 면할 수는 없다고 할 것이고, 이와 같은 법리는 장기투숙의 경우에도 마찬가지이다. [대법원 1997. 10. 10. 선고 96다47302 판결]

2. 채무불이행에 대한 구제

채무자가 채무의 내용에 따른 이행을 하지 아니한 때는,

첫째, 이행기에 이행이 가능하고, 이행기 이후의 이행에 의하여도 채권의 목적을 달성할 수 있는 경우에는 채무의 이행을 강제할 수 있으며,

둘째, 강제이행이 불가능하거나, 본래의 채무의 이행이 가능해도 이행기 이후의 이행으로 채권의 목적을 달성할 수 없거나 채권자에게 이익이 되지 아니하면 금전에 의한 손해배상을 하게 된다.

(1) 강제이행

채무의 이행이 가능함에도 불구하고 채무자가 임의로(자발적으로) 채무를 이행하지 않는 때에는, 채권자는 국가권력(법원)을 통하여 강제적으로 급부의 내용을 실현할 수 있는데 이를 강제이행(强制履行) 또는 현실적 이행의 강제라고 한다.

채무의 강제이행은 채권자가 채무자에 대해 청구하는 것이 아니라 법원에 대해 청구하는 것이며, 채무의 강제이행을 청구하려면 먼저 집행권원을 얻어야 한다. 강제이행의 종류에는 직접강제, 대체집행, 간접강제 및 의사표시를 목적으로 하는 채무의 강제이행 등이 있다. 채무불이행의 경우 채권자는 법원에 강제이행을 청구함과 아울러 채무자에 대해 손해배상을 청구할 수 있다.

▪ 집행권원 ▪

개인은 타인이 소유하는 재산에 대하여 직접 권리를 행사할 수 없으며, 반드시 국가권력(법원)의 힘을 빌려서 자신의 권리를 강제하여야 한다. 이러한 과정에서 권리자에게 권리가 있음을 확인하여 그 권리의 진정성이 보장된 경우에 집행권원(執行權原)이 있다고 말한다. 집행

권원의 가장 대표적인 것은 확정판결이지만 그 밖에도 가집행의 선고가 내려진 재판, 확정된 지급명령, 공증인이 일정한 금액의 지급이나 대체물 또는 유가증권의 일정한 수량의 급여를 목적으로 하는 청구에 관하여 작성한 공정증서로서 채무자가 강제집행을 승낙한 취지가 적혀 있는 것, 소송상 화해, 청구의 인낙(認諾) 등 확정판결과 같은 효력을 가지는 것이 이에 해당한다.

(2) 손해배상

채무자의 채무불이행이 있으면 채권자에게 손해배상청구권이 생기는데, 이때의 손해(損害)는 손해발생의 원인이 없었더라면 있었어야 할 이익상태와 손해가 이미 발생한 현재의 이익상태의 차액이라고 정의한다. 그리고 손해배상(損害賠償)은 채무불이행 또는 불법행위에 의해 발생한 손해를 전보(塡補)하는 것을 말하며, 우리 민법은 금전에 의한 손해배상을 원칙으로 하고 있다(민법 제394조).

한편 손해배상의 범위를 어디까지로 할 것인가에 관하여는 민법 제393조가 규정하고 있는데, 이에 따르면 손해를, 채무불이행이 있으면 일반적으로 발생하는 것으로 인정되는 통상손해와 채무불이행으로 인하여 일반적으로 발생하는 손해가 아닌 것, 즉 채권자에게만 존재하는 특별한 사정으로 말미암아 발생하는 특별손해로 나누고 있다. 통상손해에 관하여는 그 전부에 대하여 배상할 책임을 지지만, 특별손해의 경우에는 채무자가 손해발생에 관한 사정을 알았거나 알 수 있었을 경우에만 배상할 책임을 진다. 예를 들어 임차인이 임차목적물을 멸실한 경우에는 그 임차목적물의 가격, 이중매매로 인한 이행불능의 경우에는 물건의 시가에서 매매대금을 공제한 금액, 금전채무의 경우에는 지연된 기간의 이자에 상당한 금액이 통상손해이며, 물건의 매수인이 전매하여 얻을 수 있었던 이익, 이행불능 후에 상승한 목적물의 가격, 채무불이행으로 인한 정신적 고통 등은 특별손해에 해당한다. 그리고 채무불이행에서의 손해배상에 관한 규정은 불법행위로 인한 손해배상에도 준용된다.

[판례] 아파트 건설회사와 광고모델계약을 체결하면서 자신의 사회적, 도덕적 명예를 훼손하지 않기로 하는 품위유지약정을 한 유명 연예인이, 별거중인 남편과의 물리적인 충돌 사실이 언론에 노출되어 그 경위에 관한 관심이 늘어나자 사실과 다른 보도가 이루어지지 않도록 해명할 필요가 있다는 이유로, 기자들에게 그 충돌 경위를 상세히 진술하고 자신의 멍들고 부은 얼굴과 충돌이 일어난 현장을 촬영하도록 허락하여 그 진술 내용과 사진이 언론을 통하여 일반인들에게 널리 공개되도록 한 행위는, 광고모델계약에서 정한 품위유지약정을 위반한 것으

로서 광고주인 아파트 건설회사에게 채무불이행으로 인한 손해배상책임을 진다고 한 사례.
[대법원 2009. 5. 28. 선고 2006다32354 판결]

[판례] 불법행위로 인하여 노동능력을 상실한 급여소득자의 일실이득은 원칙적으로 노동능력
상실 당시의 임금수익을 기준으로 산정할 것이지만, 장차 그 임금수익이 증가될 것을 상당
한 정도로 확실하게 예측할 수 있는 객관적인 자료가 있을 때에는 장차 증가될 임금수익도
일실이득을 산정함에 고려되어야 할 것이고, 이와 같이 장차 증가될 임금수익을 기준으로
산정된 일실이득 상당의 손해는 당해 불법행위에 의하여 사회관념상 통상 생기는 것으로 인
정되는 통상손해에 해당하는 것이라고 볼 것이므로 당연히 배상 범위에 포함시켜야 하는 것
이고, 피해자의 임금수익이 장차 증가될 것이라는 사정을 가해자가 알았거나 알 수 있었는
지의 여부에 따라 그 배상범위가 달라지는 것은 아니다. [대법원 2004. 2. 27. 선고 2003
다6873 판결]

[판례] [1] 사고로 인하여 차량이 파손되었을 때 그 수리에 소요되는 비용이 차량의 교환가격
을 현저하게 넘는 경우에는 일반적으로 경제적인 면에서 수리불능이라고 보아 사고 당시의
교환가격으로부터 고철대금을 뺀 나머지만을 손해배상으로 청구할 수 있다고 함이 공평의 관
념에 합치되지만, 교환가격보다 높은 수리비를 지출하고도 차량을 수리하는 것이 사회통념에
비추어 시인될 수 있을 만한 특별한 사정이 있는 경우라면 그 수리비 전액을 손해배상액으로
인정할 수 있다. / [2] 영업용 택시는 그 특성상 시중에서 매매가 이루어지지 않고 있고 액화
석유가스를 연료로 사용하므로 휘발유를 사용하는 일반의 중고차량으로 대차할 수 없으며 '자
동차운수사업인·면허사무처리요령'(건설교통부훈령)의 규정상 대차 가능 차량은 원칙적으로
차령 6월 이내의 자동차이어야 한다는 점 등에 비추어 볼 때, 영업용 택시의 수리비가 교환가
격을 초과한다 하더라도 신차를 구입하지 않는 이상 그 수리비를 지불하고 택시를 수리하여
운행할 수밖에 없는 특별한 사정이 인정되므로, 그 수리비 전액을 배상해야 한다. / [3] 영업
용 택시에 대한 수리가 가능하고 그 필요성이 인정되는 이상 그 수리에 소요되는 기간 동안의
수익상실의 손해도 통상손해로서 이를 배상하여야 한다. [대법원 1998. 5. 29. 선고 98다
7735 판결]

[판례] [1] 불법행위의 직접적 대상에 대한 손해가 아닌 간접적 손해는 특별한 사정으로 인한
손해로서 가해자가 그 사정을 알았거나 알 수 있었을 것이라고 인정되는 경우에만 배상책임
이 있다. / [2] 가해자가 공장지대에 위치한 전신주를 충격하여 전선이 절단된 경우, 그 전선
을 통하여 전기를 공급받아 공장을 가동하던 피해자가 전력공급의 중단으로 공장의 가동이
상당한 기간 중지되어 영업상의 손실을 입게 될지는 불확실하며 또 이러한 손실은 가해행위
와 너무 먼 손해라고 할 것이므로, 전주 충격사고 당시 가해자가 이와 같은 소극적 영업상
손실이 발생할 것이라는 것을 알거나 알 수 있었다고 보기 어렵지만, 이 경우 그 전신주를 통
하여 전력을 공급받고 있는 인근 피해자의 공장에서 예고 없는 불시의 전력공급의 중단으로
인하여 갑자기 공장의 가동이 중단되는 바람에 당시 공장 내 가동 중이던 기계에 고장이 발생

한다든지, 작업 중인 자료가 못쓰게 되는 것과 같은 등의 적극적인 손해가 발생할 수 있을 것이라는 사정은 가해자가 이를 알거나 알 수 있었을 것이라고 봄이 상당하다. [대법원 1996. 1. 26. 선고 94다5472 판결]

II. 불법행위

1. 불법행위의 의의

불법행위(不法行爲)라 함은 고의 또는 과실로 인한 위법행위로 타인에게 손해를 가하는 행위를 말한다(민법 제750조). 불법행위를 한 자는 피해자에게 그 손해를 배상하여야 한다. 불법행위책임은 고의나 과실이 있는 경우에만 인정되는 것이 원칙이지만, 오늘날에는 고의·과실이 없는 경우에도 책임을 지우는 경우가 있다.

2. 불법행위의 성립요건

일반적으로 불법행위가 성립하기 위해서는 불법행위자에게 책임능력이 있어야 하고, 고의 또는 과실로 가해행위를 하였어야 하며, 그 행위가 위법한 것이어야 한다. 또한 그 위법행위로 인하여 손해가 발생하여야 하고, 손해발생과 가해행위 사이에 인과관계가 있어야 한다.

(1) 책임능력(불법행위능력)

책임능력(責任能力)이라고 함은 자기행위의 결과를 판단할 수 있는 정신적 능력을 의미하며, 불법행위능력이라고도 한다. 판례는 구체적인 상황에 따라서 12세 내지 14세 이하인 경우에 책임능력이 없다고 한다. 다만 고의 또는 과실로 인하여 스스로 판단능력을 상실한 경우에는 불법행위 당시에 책임능력이 없는 경우에도 그 행위로 인한 손해배상책임을 진다(자세한 것은 제2장 II. 3. (3) 참고).

(2) 고의와 과실

고의(故意)라고 함은 일정한 결과가 발생하리라는 것을 알면서 이를 행하는 심리상태를 말하고, 과실(過失)이라고 함은 일정한 결과가 발생한다는 것을 예견하였어야 함에도 불구하고 부주의로 이를 알지 못하고 어떤 행위를 하는 것을 의미한다. 불법행위로 인한 책임을 묻기 위해서는 원칙적으로 가해자에게 고의 또는 과실이 있었다는 것을 피해자가 입증하여야 한다. 다만 가해자에게 고의 또는 과실이 없다는 것에 대한 입증책임이 있는 경우나 과실이 없는 경우에도 책임을 진다는 규정이 있는 경우에는 그렇지 않다.

■ 과실책임, 무과실책임 및 입증책임의 전환 ■

근대법은 개인의 자유로운 활동을 보장하면서 개인의 활동으로 말미암아 타인이 입은 손해에 대하여는 가해자에게 고의나 과실이 있는 경우에만 손해배상책임을 지우고 있는데, 이러한 원칙을 과실책임주의라고 한다. 그렇지만 기술의 발전으로 가해자에게 과실로 인한 행위에 대해서만 책임을 지우게 되면 피해자가 입은 손해를 충분히 배상할 수 없는 경우가 생겨나게 되었으며, 이러한 문제를 해결하기 위하여 가해자에게 과실이 없는 경우에도 손해배상책임을 지우거나 또는 과실에 대한 입증책임을 전환하여 가해자로 하여금 스스로 과실이 없었음을 증명하지 못하면 손해배상책임을 지도록 하게 되었다. 민법이 규정하는 무과실책임의 예로는 공작물 소유자의 책임이 있으며, 입증책임을 전환한 경우로는 감독자책임과 사용자책임을 들 수 있다(이 경우에는 감독자나 사용자가 스스로 과실이 없음을 증명하지 못하면 손해배상책임을 진다). 특별법에 의하여 입증책임이 전환된 경우로는 제조물책임과 자동차손해배상보장법 등이 있고, 판례가 입증책임의 전환을 인정하고 있는 경우로는 공해로 인한 손해와 의료사고의 경우가 있다.

[판례] 의료행위에 관하여 주의의무 위반으로 인한 불법행위 또는 채무불이행으로 인한 책임이 있다고 하기 위하여는 의료행위상 주의의무의 위반, 손해의 발생 및 주의의무 위반과 손해 발생 사이의 인과관계의 존재가 전제되어야 함은 물론이나, 의료행위가 고도의 전문적 지식을 필요로 하는 분야이고 그 의료의 과정은 대개의 경우 환자 본인이 그 일부를 알 수 있는 외에 의사만이 알 수 있을 뿐이며, 치료의 결과를 달성하기 위한 의료기법은 의사의 재량에 달려 있기 때문에, 손해 발생의 직접적인 원인이 의료상의 과실로 말미암은 것인지 여부는 전문가인 의사가 아닌 보통인으로서는 도저히 밝혀낼 수 없는 특수성이 있어서 환자측이 의사의 의료행위상 주의의무 위반과 손해 발생 사이의 인과관계를 의학적으로 완벽하게 입증한다는 것은 극히 어려운 일이므로, 의료사고가 발생한 경우 피해자측에서 일련의 의료행위 과정에서

저질러진 일반인의 상식에 바탕을 둔 의료상의 과실이 있는 행위를 입증하고 그 결과와 사이에 일련의 의료행위 외에 다른 원인이 개재될 수 없다는 점, 이를테면 환자에게 의료행위 이전에 그러한 결과의 원인이 될 만한 건강상의 결함이 없었다는 사정을 증명한 경우에는, 의료행위를 한 측이 그 결과가 의료상의 과실로 말미암은 것이 아니라 전혀 다른 원인으로 말미암은 것이라는 입증을 하지 아니하는 이상, 의료상 과실과 결과 사이의 인과관계를 추정하여 손해배상책임을 지울 수 있도록 입증책임을 완화하는 것이 손해의 공평·타당한 부담을 그 지도원리로 하는 손해배상제도의 이상에 맞는다. [대법원 2003. 1. 24. 선고 2002다3822 판결]

(3) 위법성

"가해행위가 위법하다"라고 함은 법률이 보호할 가치 있는 이익을 정당한 근거없이 침해하는 것을 말한다. 일반적으로 법률이 보호하는 이익을 침해하는 경우에는 위법성이 있다고 말하지만, 일정한 경우에는 위법성이 조각된다. 위법성조각사유에는 타인의 불법행위에 대하여 자기 또는 제3자의 이익을 방위하기 위하여 부득이한 행위로 손해를 가한 경우(정당방위), 급박한 위난을 피하기 위하여 부득이 타인에게 손해를 가한 경우(긴급피난), 피해자의 승낙을 얻은 경우 등이 있다.

[판례] [1] 정당방위가 성립하려면 침해행위에 의하여 침해되는 법익의 종류, 정도, 침해의 방법, 침해행위의 완급과 방위행위에 의하여 침해될 법익의 종류, 정도 등 일체의 구체적 사정들을 참작하여 방위행위가 사회적으로 상당한 것이어야 하고, 정당방위의 성립요건으로서의 방어행위에는 순수한 수비적 방어뿐 아니라 적극적 반격을 포함하는 반격방어의 형태도 포함되나, 그 방어행위는 자기 또는 타인의 법익침해를 방위하기 위한 행위로서 상당한 이유가 있어야 한다. / [2] 의붓아버지의 강간행위에 의하여 정조를 유린당한 후 계속적으로 성관계를 강요받아 온 피고인이 상피고인과 사전에 공모하여 범행을 준비하고 의붓아버지가 제대로 반항할 수 없는 상태에서 식칼로 심장을 찔러 살해한 행위는 사회통념상 상당성을 결여하여 정당방위가 성립하지 아니한다고 본 사례. [대법원 1992. 12. 22. 선고 92도2540 판결]

[판례] 경찰관들이 체포영장을 소지하고 메트암페타민(일명 필로폰) 투약 등 혐의로 피고인을 체포하려고 하자, 피고인이 이에 거세게 저항하는 과정에서 경찰관들에게 상해를 가하였다고 하여 공무집행방해 및 상해의 공소사실로 기소된 사안에서, 피고인이 경찰관들과 마주하자마자 도망가려는 태도를 보이거나 먼저 폭력을 행사하며 대항한 바 없는 등 경찰관들이 체포를 위한 실력행사에 나아가기 전에 체포영장을 제시하고 미란다 원칙을 고지할 여유가 있었음에도 애초부터 미란다 원칙을 체포 후에 고지할 생각으로 먼저 체포행위에 나선 행위는 적법한 공무집행이라고 보기 어렵다는 등의 이유로 공소사실에 대하여 무죄를 선고한 원심판단이 정당하다고 한 사례. [대법원 2017. 9. 21. 선고 2017도10866 판결]

[판례] 가해자의 행위가 피해자의 부당한 공격을 방위하기 위한 것이라기보다는 서로 공격할 의사로 싸우다가 먼저 공격을 받고 이에 대항하여 가해하게 된 것이라고 봄이 상당한 경우, 그 가해행위는 방어행위인 동시에 공격행위의 성격을 가지므로 정당방위 또는 과잉방위행위라고 볼 수 없다. [대법원 2000. 3. 28. 선고 2000도228 판결]

(4) 손해의 발생

피해자가 가해자에게 손해배상책임을 묻기 위해서는 피해자에게 손해가 현실적으로 발생해야 한다. 손해의 발생사실과 손해액은 피해자가 입증해야 한다.

[판례] 불법행위로 인하여 손해가 발생한 사실이 인정되는 경우에는 법원은 손해액에 관한 당사자의 주장과 입증이 미흡하더라도 적극적으로 석명권을 행사하여 입증을 촉구하여야 하고, 경우에 따라서는 직권으로라도 손해액을 심리·판단하여야 한다. [대법원 2011. 7. 14. 선고 2010다103451 판결]

(5) 인과관계

가해자의 행위와 피해자의 손해와의 사이에 인과관계가 존재해야 한다. 인과관계가 존재한다고 하기 위해서는 어떤 가해행위가 있는 경우에는 일정한 손해가 일반적으로 발생한다고 하는 관계가 인정되어야 한다. 가해행위와 손해발생 사이의 인과관계도 피해자가 입증하여야 한다.

[판례] [1] 민법 제760조 제2항은 여러 사람의 행위가 경합하여 손해가 생긴 경우 중 같은 조 제1항에서 말하는 공동의 불법행위로 보기에 부족할 때, 입증책임을 덜어줌으로써 피해자를 보호하려는 입법정책상의 고려에 따라 각각의 행위와 손해 발생 사이의 인과관계를 법률상 추정한 것이므로, 이러한 경우 개별 행위자가 자기의 행위와 손해 발생 사이에 인과관계가 존재하지 아니함을 증명하면 면책되고, 손해의 일부가 자신의 행위에서 비롯된 것이 아님을 증명하면 배상책임이 그 범위로 감축된다. / [2] 차량 등의 3중 충돌사고로 사망한 피해자가 그 중 어느 충돌사고로 사망하였는지 정확히 알 수 없는 경우, 피해자가 입은 손해는 민법 제760조 제2항에서 말하는 가해자 불명의 공동불법행위로 인한 손해에 해당하여 위 충돌사고 관련자들의 각각의 행위와 위 손해 발생 사이의 상당인과관계가 법률상 추정되므로, 그 중 1인이 위 법조항에 따른 공동불법행위자로서의 책임을 면하려면 자기의 행위와 위 손해 발생 사이에 상당인과관계가 존재하지 아니함을 적극적으로 주장·입증하여야 한다고 한 사례. [대법원 2008. 4. 10. 선고 2007다76306 판결]

▪ 개연성이론 ▪

불법행위를 이유로 손해배상을 청구하기 위해서는 피해자가 가해행위와 손해발생 사이의 인과관계를 입증하여야 하는데, 이러한 입증이 어려운 경우가 많이 있다. 이러한 경우에 피해자의 입증책임을 가볍게 하기 위하여 가해행위와 손해발생 사이에 인과관계가 존재한다는 사실을 개연성(蓋然性)이 있는 정도로 증명하면 된다고 하며, 피해자가 개연성을 증명하면 가해자가 가해행위와 손해발생 사이에 인과관계가 없음을 증명하지 못하는 한 손해배상책임을 지도록 하는 것이 개연성이론이다. 이 이론은 공해소송이나 의료과오소송에서 주로 사용된다.

[판례] 수질오탁으로 인한 공해소송인 이 사건에서 (1) 피고공장에서 김의 생육에 악영향을 줄 수 있는 폐수가 배출되고 (2) 그 폐수 중 일부가 유류를 통하여 이 사건 김양식장에 도달하였으며 (3) 그 후 김에 피해가 있었다는 사실이 각 모순없이 증명된 이상 피고공장의 폐수배출과 양식 김에 병해가 발생함으로 말미암은 손해간의 인과관계가 일응 증명되었다고 할 것이므로, 피고가 (1) 피고 공장폐수 중에는 김의 생육에 악영향을 끼칠 수 있는 원인물질이 들어 있지 않으며 (2) 원인물질이 들어 있다 하더라도 그 해수혼합율이 안전농도 범위내에 속한다는 사실을 반증을 들어 인과관계를 부정하지 못하는 한 그 불이익은 피고에게 돌려야 마땅할 것이다. [대법원 1984. 6. 12. 선고 81다558 판결]

[판례] [4] 김포시 및 강화군 부근 해역에서 조업하던 어민 갑 등이 수도권매립지관리공사를 상대로 수질오염으로 인한 손해배상을 구한 사안에서, 감정인의 감정 결과 등에 의하면 공사가 운영하는 수도권매립지로부터 해양생물에 악영향을 미칠 수 있는 유해한 오염물질이 포함된 침출처리수가 배출되었고, 오염물질 중 일정 비율이 갑 등이 조업하는 어장 중 일부 해역에 도달하였으며, 그 후 어장 수질이 악화되고 해양생태계가 파괴되어 어획량이 감소하는 등의 피해가 발생한 사실이 증명되었다고 보이므로, 갑 등이 조업하는 어장에 발생한 피해는 공사가 배출한 침출처리수에 포함된 오염물질이 해양생물에 작용함으로써 발생하였다는 상당한 개연성이 있다고 할 것이어서 공사의 오염물질 배출과 어장에 발생한 해양생태계 악화 및 어획량 감소의 피해 사이에 인과관계가 일응 증명되었고, 공사가 인과관계를 부정하기 위해서는 반증으로 공사가 배출한 침출처리수에 어장 피해를 발생시킨 원인물질이 들어있지 않거나 원인물질이 들어있더라도 안전농도 범위 내에 속한다는 사실을 증명하거나 간접반증으로 어장에 발생한 피해는 공사가 배출한 침출처리수가 아닌 다른 원인이 전적으로 작용하여 발생한 것을 증명하여야 할 것인데 원심이 인정한 사정만으로는 인과관계를 부정할 수 없고, 나아가 공사가 배출한 오염물질로 인하여 갑 등이 입은 손해는 수인한도를 넘는 것이어서 위법성이 인정된다고 한 사례. [대법원 2012. 1. 12. 선고 2009다84608, 84615, 84622, 84639 판결]

3. 불법행위의 효과

(1) 손해배상책임

불법행위로 인하여 타인에게 손해를 가한 자는 그 손해를 배상하여야 한다. 이러한 손해는 금전으로 배상하는 것이 원칙이다. 손해배상의 범위는 그 불법행위와 상당인과관계에 있는 모든 손해이며, 재산적 손해뿐만 아니라 정신적 손해(위자료)도 포함된다. 손해범위를 산정하는 기준이 되는 시기는 불법행위가 있은 때이며, 그 다음 날부터는 손해배상액에 지연이자도 가산된다.

불법행위로 인한 재산적 손해는 물건에 대한 손해와 생명이나 신체에 대한 손해로 나눌 수 있다. 물건에 대한 손해는 그 물건을 수리하거나 다시 구입하기 위하여 필요한 비용이며, 신체에 대한 손해는 치료비와 치료기간 중에 얻지 못한 수입(일실이익) 등이다. 그리고 생명침해로 인한 손해는 사망 당시의 수입을 기초로 하여 산정되는데, 사망 당시의 수입을 가동연한 동안 얻을 수 있다는 가정 하에 그 수입을 얻기 위한 비용과 장래의 수입을 현재가치로 환산하기 위한 이자를 공제하는 방법으로 산정된다(다만, 사망 당시에 수입이 없는 경우에는 일용근로자의 임금을 수입으로 인정하여 일실이익을 산정한다).

한편 정신적 손해배상은 보통 위자료(慰藉料)라고도 하는데, 위법한 행위로 인하여 생긴 정신적 고통 기타 무형의 손해에 대한 배상을 말한다. 다만 위자료를 산정하기 위한 기준이 없기 때문에 위자료청구권자가 상당하다고 생각하는 금액을 청구하면, 법원은 가해자의 고의·과실 정도, 피해자의 정신적 타격이나 고통의 정도, 피해자의 인격 및 사회적 지위, 양당사자의 자산상태, 가해 전후의 모든 사정을 고려해서 그 청구범위 내에서 자유재량으로 결정한다. 위자료를 청구할 수 있는 자는 피해자 및 피해자의 상속인, 제752조에 규정된 친족(직계존속, 직계비속, 배우자) 등이다.

손해배상청구권은 손해 및 가해자를 안 날로부터 기산(起算)하여 3년, 불법행위시부터 기산하여 10년 이내에 행사하여야 한다.

> **[판례]** 가해행위와 이로 인한 현실적인 손해의 발생 사이에 시간적 간격이 있는 불법행위에 기한 손해배상채권에 있어서 소멸시효의 기산점이 되는 불법행위를 안 날이라 함은 단지 관념적이고 부동적인 상태에서 잠재하고 있던 손해에 대한 인식이 있었다는 정도만으로는 부족하고 그러한 손해가 그 후 현실화된 것을 안 날을 의미한다(사고 당시 피해자는 만 2세 남짓

한 유아로서 좌족부의 성장판을 다쳐 의학적으로 뼈가 성장을 멈추는 만 18세가 될 때까지는 위 좌족부가 어떻게 변형될지 모르는 상태였던 경우, 피해자가 고등학교 1학년 재학 중에 담당의사에게 진찰을 받은 결과 비로소 피해자의 좌족부 변형에 따른 후유장해의 잔존 및 그 정도 등을 가늠할 수 있게 되었다면 피해자의 법정대리인도 그때서야 현실화된 손해를 구체적으로 알았다고 보아 그 무렵을 기준으로 소멸시효의 기산점을 산정한 원심의 판단을 수긍한 사례). [대법원 2001. 1. 19. 선고 2000다11836 판결]

[판례] [5] 불법행위에 기한 손해배상채권에서 민법 제766조 제2항에 의한 소멸시효의 기산점이 되는 '불법행위를 한 날'이란 가해행위가 있었던 날이 아니라 현실적으로 손해의 결과가 발생한 날을 의미한다. 그런데 감염의 잠복기가 길거나, 감염 당시에는 장차 병이 어느 단계까지 진행될 것인지 예측하기 어려운 경우, 손해가 현실화된 시점을 일률적으로 감염일로 보게 되면, 피해자는 감염일 당시에는 장래의 손해 발생 여부가 불확실하여 청구하지 못하고, 장래 손해가 발생한 시점에서는 소멸시효가 완성되어 청구하지 못하게 되는 부당한 결과가 초래될 수 있다. 따라서 위와 같은 경우에는 감염 자체로 인한 손해 외에 증상의 발현 또는 병의 진행으로 인한 손해가 있을 수 있고, 그러한 손해는 증상이 발현되거나, 병이 진행된 시점에 현실적으로 발생한다고 볼 수 있다. [대법원 2017. 11. 9. 선고 2013다26708, 26715, 26722, 26739 판결]

(2) 손해배상액의 조정

손해의 발생이나 확대와 관련하여 피해자에게 과실이 있는 경우에는 손해배상액을 줄이게 된다. 이와 같이 피해자의 과실에 따라 손해배상액을 줄이는 것을 과실상계(過失相計)라고 한다. 가해자가 과실상계를 요구하기 위해서는 피해자에게 과실이 있다는 것을 증명해야 하며, 과실이 인정되는 경우에는 법원의 재량으로 과실의 비율을 정하여 손해배상액을 감액한다.

[판례] 불법행위에 있어서 피해자의 과실을 따지는 과실상계에서의 과실은 가해자의 과실과 달리 사회통념이나 신의성실의 원칙에 따라 공동생활에 있어 요구되는 약한 의미의 부주의를 가리키는 것으로 보아야 한다(사고 장소가 횡단보도이기는 하지만 교통신호등이 설치되어 있지 아니한 곳으로 노폭 21m인 편도 3차선의 비교적 넓은 도로이고 사고 당시는 밤이 깊은 21:50경이며 부근에 가로등도 없어 횡단보도 상의 물체를 식별할 수 있을 정도였던 경우, 피해자에게도 횡단보도를 횡단함에 있어 차량이 오는 쪽의 안전을 소홀히 한 채 횡단보도를 건너간 부주의가 있었다고 볼 수 있으므로 그 손해배상액을 정함에 있어 이러한 피해자의 과실을 참작해야 한다고 본 사례). [대법원 1997. 12. 9. 선고 97다43086 판결]

[판례] 불법행위로 인한 손해배상의 책임 및 그 범위를 정함에 있어 피해자의 과실을 참작하는 이유는 불법행위로 인하여 발생한 손해를 가해자와 피해자 사이에 공평하게 분담시키고자 함에 있으므로, 피해자의 과실에는 피해자 본인의 과실뿐 아니라 그와 신분상 내지 사회생활상 일체(一體)를 이루는 관계에 있는 자의 과실도 피해자측의 과실로서 참작되어야 하고, 어느 경우에 신분상 내지 사회생활상 일체를 이루는 관계라고 할 것인지는 구체적인 사정을 검토하여 피해자측의 과실로 참작하는 것이 공평의 관념에서 타당한지에 따라 판단하여야 한다 (교통사고의 피해자인 미성년자가 부모의 이혼으로 인하여 친권자로 지정된 모(母)와 함께 살고 있었으나, 사고 당시 부(父)가 재결합하려고 모(母)와 만나고 있던 중이었으며 부(父)가 그 미성년자와 모(母)를 비롯한 처가식구들을 차에 태우고 장인, 장모의 묘소에 성묘를 하기 위해 가던 중 사고가 발생한 경우, 사고 당시 부녀간이나 부부간에 완전한 별거상태가 아니라 왕래가 있었던 것으로 추정되고, 그 미성년자는 사고로 사망한 부(父)의 상속인으로서 가해자가 구상권을 행사할 경우 결국 그 구상채무를 부담하게 된다는 점에 비추어, 이들을 신분상 내지 사회생활상 일체를 이루는 관계로 보아 그 미성년자에 대한 개인용자동차종합보험 보통약관 중 무보험자동차에 의한 상해조항에 따른 보험금 산정시 부(父)의 운전상 과실을 피해자측 과실로 참작하는 것이 공평의 관념에서 상당하다고 본 사례). [대법원 1999. 7. 23. 선고 98다31868 판결]

4. 특수한 불법행위

(1) 책임무능력자의 감독자의 책임

책임무능력자의 불법행위로 말미암아 타인이 손해를 입은 경우에도 책임무능력자는 자신의 행위에 대한 책임을 지지 않는다. 그렇지만 책임무능력자를 감독할 의무를 지는 자 또는 이에 갈음하여 감독하는 자는 책임무능력자에 대한 감독의무를 게을리하였다는 이유로 피해자에 대한 손해배상책임을 진다(민법 제755조). 다만 감독의무를 게을리하지 아니하였음을 증명한 경우에는 책임을 지지 않는다. 한편 책임능력이 있는 미성년자가 불법행위로 인하여 타인에게 손해를 가한 경우에는 스스로 손해배상책임을 부담하므로 감독의무자가 민법 제755조에 따른 손해배상책임을 부담하지 않는다(다만, 미성년자에게 자력이 없다면 피해자가 현실적으로 손해배상을 받을 수 없게 된다). 다만 미성년자에게 책임능력이 있는 경우에도 감독자가 미성년자를 감독함에 잘못이 있는 경우에는 민법 제750조에 따라 손해배상책임을 부담하는 것으로 한다(제750조에 따른 책임을 묻기 위해서는 피해자가 감독자의 주의의무위반 사실을 증명하여야 한다).

[판례] 중학교 1학년생이 휴식시간에 먹고 있던 도시락에 급우가 오물을 떨어지게 했다는 이유로 그 급우를 구타하여 상해를 입힌 사안에서, 사고가 일어난 3교시 수업 직후의 휴식시간은 다음 수업을 위하여 잠시 쉬거나 수업의 정리, 준비 등을 하는 시간으로서 교육활동과 질적, 시간적으로 밀접 불가분의 관계에 있어, 그 시간 중의 교실 내에서의 학생의 행위에 대하여는 교사의 일반적 보호·감독의무가 미친다고 할 수 있으나, 가해자가 성격이 거칠어서 평소 자기보다 약한 급우를 괴롭히다가 담임교사로부터 꾸중을 듣기도 하였다고 하더라도 가해자는 중학교 1학년 학급의 반장으로서 학업성적이 우수하고 매사에 적극적이었으며 피해자와는 같은 반 친구로서 지내던 사이였으므로, 이러한 가해자의 성행, 피해자와의 관계, 사고발생의 때와 장소 등을 고려할 때 사고가 담임교사가 이를 예측하였거나 예측할 수 있었다고 보기 어려운 돌발적이거나 우연한 사고로서 담임교사에게 보호·감독의무 위반의 책임을 물을 수 없다고 한 사례. [대법원 1997. 6. 13. 선고 96다44433 판결]

[판례] 미성년자가 책임능력이 있어 그 스스로 불법행위책임을 지는 경우에도 그 손해가 당해 미성년자의 감독의무자의 의무위반과 상당인과관계가 있으면 감독의무자는 일반불법행위자로서 손해배상책임이 있다 할 것이지만, 이 경우에 그러한 감독의무위반사실 및 손해발생과의 상당인과관계의 존재는 이를 주장하는 자가 입증하여야 한다(재수생으로서 학원에 다니며 수학능력평가시험을 준비하던 책임능력 있는 미성년자가 타인을 폭행한 사안에서 감독의무자인 부에게 당해 미성년자에 대한 감독의무를 게을리한 과실을 인정할 수 없다고 한 사례). [대법원 2003. 3. 28. 선고 2003다5061 판결]

[판례] 경제적인 면에서 전적으로 부모에게 의존하며 부모의 보호·감독을 받고 있었고 이미 두 차례에 걸친 범죄로 집행유예기간 중에 있던 만 19세 10개월 된 전문대학 1학년 재학중의 아들이 폭력행위로 타인에게 손해를 가한 경우, 부모로서는 아들이 다시 범죄를 저지르지 않고 정상적으로 사회에 적응할 수 있도록 일상적인 지도 및 조언을 계속하여야 할 보호·감독의무가 있음에도 불구하고 이를 게을리한 과실이 있다는 이유로, 부모의 손해배상책임을 인정한 사례. [대법원 1998. 6. 9. 선고 97다49404 판결]

[판례] 집단따돌림으로 인하여 피해 학생이 자살한 경우, 자살의 결과에 대하여 학교의 교장이나 교사의 보호감독의무 위반의 책임을 묻기 위하여는 피해 학생이 자살에 이른 상황을 객관적으로 보아 교사 등이 예견하였거나 예견할 수 있었음이 인정되어야 한다. 다만, 사회통념상 허용될 수 없는 악질, 중대한 집단따돌림이 계속되고 그 결과 피해 학생이 육체적 또는 정신적으로 궁지에 몰린 상황에 있었음을 예견하였거나 예견할 수 있었던 경우에는 피해 학생이 자살에 이른 상황에 대한 예견가능성도 있는 것으로 볼 수 있을 것이나, 집단따돌림의 내용이 이와 같은 정도에까지 이르지 않은 경우에는 교사 등이 집단따돌림을 예견하였거나 예견할 수 있었다고 하더라도 이것만으로 피해 학생의 자살에 대한 예견이 가능하였던 것으로 볼 수는 없으므로, 교사 등이 집단따돌림 자체에 대한 보호감독의무 위반의 책임을 부담하는 것은 별론으로 하고 자살의 결과에 대한 보호감독의무 위반의 책임을 부담한다고 할 수는 없

다(중학교 3학년 여학생이 급우들 사이의 집단따돌림으로 인하여 자살한 사안에서, 따돌림의 정도와 행위의 태양, 피해 학생의 평소 행동 등에 비추어 담임교사에게 피해 학생의 자살에 대한 예견가능성이 있었다고 인정하지 아니하여 자살의 결과에 대한 손해배상책임은 부정하면서, 다만 학생들 사이의 갈등에 대한 대처를 소홀히 한 과실을 인정하여 교사의 직무상 불법행위로 발생한 집단따돌림의 피해에 대하여 지방자치단체의 손해배상책임을 긍정한 사례). [대법원 2007. 11. 15. 선고 2005다16034 판결]

(2) 사용자책임

타인을 사용하여 어느 사무에 종사하게 한 자는 피용자가 그 사무집행에 관하여 제3자에게 가한 손해를 배상할 책임이 있다. 다시 말하면 사용자는 피용자가 그의 사무를 집행하는 과정에서 다른 사람에게 입힌 손해를 피용자와 함께 배상할 책임을 진다. 이때 사무를 집행한다는 것은 행위의 외형상 객관적으로 사무의 범위 내라고 인정되는 것이면 충분하다. 다만 이 경우 사용자가 피용자의 선임 및 그 사무감독에 상당한 주의를 하였다거나 상당한 주의를 하였더라도 손해가 있었을 경우에는 책임을 지지 않는다. 사용자책임이 인정되는 경우 피용자의 불법행위에 대하여 사용자와 대리감독자 및 피용자 자신이 배상할 책임을 진다. 이 경우 이들의 책임은 부진정연대관계에 있고, 손해를 배상한 사용자는 피용자에게 구상할 수 있다.

[판례] [1] 민법 제756조에 규정된 사용자책임의 요건인 '사무집행에 관하여'라는 뜻은 피용자의 불법행위가 외형상 객관적으로 사용자의 사업활동 내지 사무집행 행위 또는 그와 관련된 것으로 보일 때에는 행위자의 주관적 사정을 고려함이 없이 이를 사무집행에 관하여 한 행위로 본다는 것이고, 외형상 객관적으로 사용자의 사무집행에 관련된 것인지의 여부는 피용자의 본래 직무와 불법행위와의 관련 정도 및 사용자에게 손해발생에 대한 위험 창출과 방지조치 결여의 책임이 어느 정도 있는지를 고려하여 판단하여야 한다. / [2] 피용자의 불법행위가 외관상 사무집행의 범위 내에 속하는 것으로 보이는 경우에도 피용자의 행위가 사용자나 사용자에 갈음하여 그 사무를 감독하는 자의 사무집행 행위에 해당하지 않음을 피해자 자신이 알았거나 또는 중대한 과실로 알지 못한 경우에는 사용자 또는 사용자에 갈음하여 그 사무를 감독하는 자에 대하여 사용자책임을 물을 수 없다. [대법원 2000. 3. 10. 선고 98다29735 판결]

[판례] 호텔 종업원인 甲이 호텔 프론트에서 근무하던 중, 호텔에 목욕을 하기 위하여 찾아온 손님으로부터 사우나의 영업시간에 관한 질문을 받고 05:00부터 시작하니 조금 기다리라는

대답을 하였으나, 손님이 심하고 상스러운 욕을 하면서 때리려고 하자 이를 피하였다가 다음 근무자를 불러 근무교대를 하였는데, 그 후에도 종업원 숙소까지 따라오면서 계속 상스러운 욕을 하기도 하고, 프론트에서 근무하던 근무자에게 甲을 불러오라면서 소란을 피우자, 숙소에서 등산용 칼을 꺼내어 이를 소지한 채 손님을 따라 현관 앞 주차장으로 가서 손님이 甲을 때리려고 하자 갖고 있던 칼로 손님의 얼굴과 등 부위를 찔러 상해를 가한 행위가 민법 제756조 소정의 사무집행에 관한 것이라고 보아 사용자책임을 인정한 사례. [대법원 2000. 2. 11. 선고 99다47297 판결]

■ 국가배상책임 ■

국가배상법 제2조는 공무원의 직무상의 불법행위로 말미암아 손해를 입은 자에 대하여 국가가 손해배상책임을 지는 것으로 규정하고 있다. 이러한 국가배상책임은 사용자책임과 같은 구조를 가지고 있다. 다만 공무원의 불법행위가 공무원의 경과실에 의한 경우에는 국가에 대하여 손해배상책임을 물을 수 있을 뿐이고, 공무원에 대하여는 손해배상책임을 묻지 못하며, 국가가 피해자에게 손해배상을 한 경우에도 경과실이 있는 공무원에게 구상권을 행사할 수 없다.

[판례] (군산 윤락업소 화재사건) 윤락녀들이 윤락업소에 감금된 채로 윤락을 강요받으면서 생활하고 있음을 쉽게 알 수 있는 상황이었음에도, 경찰관이 이러한 감금 및 윤락강요행위를 제지하거나 윤락업주들을 체포·수사하는 등 필요한 조치를 취하지 아니하고 오히려 업주들로부터 뇌물을 수수하며 그와 같은 행위를 방치한 것은 경찰관의 직무상 의무에 위반하여 위법하므로 국가는 이로 인한 정신적 고통에 대하여 위자료를 지급할 의무가 있다고 한 사례. [대법원 2004. 9. 23. 선고 2003다49009 판결]

(3) 공작물 등의 점유자 또는 소유자의 책임

공작물 또는 수목에 설치 보존상의 하자가 있고 이로 인해서 제3자에게 손해를 가한 경우에는 제1차적으로 점유자가 배상책임을 지고(단 손해의 방지에 필요한 주의를 해태하지 아니한 때에는 면책된다), 제2차적으로는 소유자가 책임을 진다. 소유자는 공작물의 하자로 인한 손해에 대하여 과실이 없는 경우에도 배상책임을 진다.

[판례] 민법 제758조 제1항에서 말하는 '공작물 설치·보존상의 하자'라 함은 공작물이 그 용도에 따라 통상 갖추어야 할 안전성을 갖추지 못한 상태에 있음을 말하는 것으로서, 이와 같은 안전성의 구비 여부를 판단함에 있어서는 당해 공작물의 설치·보존자가 그 공작물의 위험성에 비례하여 사회통념상 일반적으로 요구되는 정도의 방호조치 의무를 다하였는지의 여부

를 기준으로 판단하여야 하고, 그 시설이 관계 법령이 정한 시설기준 등에 부적합한 것이라면 특별한 사정이 없는 한 이러한 사유는 공작물의 설치·보존상의 하자에 해당한다고 볼 수 있다(계단의 위쪽에 서 있던 피해자가 지상으로 추락하여 사망한 사안에서, 건물 벽면 바깥으로 돌출되어 난간으로 둘러싸인 곳은 추락사고를 방지하기 위하여 높이 1.1m 이상의 난간을 설치하여야 함에도, 이에 현저히 미달한 76㎝~99㎝의 난간을 설치하여 평균적 체격의 성인 남자가 추락하지 않도록 방호할 수 있는 통상의 안전성을 갖추지 못한 설치·보존상의 하자와 피해자가 추락한 것 사이에는 상당한 인과관계가 있다고 볼 여지가 있다고 한 사례). [대법원 2010. 2. 11. 선고 2008다61615 판결]

[판례] 건물 일부의 임차인이 건물 외벽에 설치한 간판이 추락하여 행인이 부상한 경우 건물 소유자는 건물 외벽의 직접점유자로서 민법 제758조 제1항 소정의 손해배상책임을 부담한다고 판단한 사례. [대법원 2003. 2. 28. 선고 2002다65516 판결]

[판례] 민법 제758조 제1항에 규정된 공작물의 설치·보존상의 하자라 함은 공작물이 그 용도에 따라 통상 갖추어야 할 안전성을 갖추지 못한 상태에 있음을 말하는 것으로서, 이와 같은 안전성의 구비 여부를 판단함에 있어서는 당해 공작물의 설치·보존자가 그 공작물의 위험성에 비례하여 사회통념상 일반적으로 요구되는 정도의 방호조치 의무를 다하였는지의 여부를 기준으로 삼아야 할 것이고, 따라서 공작물에서 발생한 사고라도 그것이 공작물의 통상의 용법에 따르지 아니한 이례적인 행동의 결과 발생한 사고라면, 특별한 사정이 없는 한 공작물의 설치·보존자에게 그러한 사고에까지 대비하여야 할 방호조치 의무가 있다고 할 수는 없다(배수관이 설치된 여관 앞 골목길은 평소에 여관 내부를 엿보려고 하는 행인들이 있었고 그러한 사람들이 배수관을 잡고 올라가는 경우가 있어 배수관이 자주 훼손되므로 여관 주인이 이를 방지하기 위하여 보호벽을 설치하게 되었으며, 보호벽을 설치하면서 보호벽의 맨 윗부분에 여러 개의 못까지 박아 두었는데, 행인이 음주를 한 상태에서 여관의 내부를 들여다보기 위하여 그 보호벽을 타고 올라가다가 보호벽이 무너지는 바람에 사고를 당하게 된 경우, 그 보호벽의 본래의 용도는 어디까지나 배수관이 훼손되는 것을 방지하기 위한 것이므로, 보호벽이 스스로 넘어지지 않을 만큼의 견고성을 갖도록 설치하였다면 이로써 보호벽은 일단 본래의 용도에 따른 통상적인 안전성을 갖추었다고 할 것이고, 그와 같이 보호벽 윗부분에 못을 박아 사람들이 보호벽 위로 올라가서 여관방을 들여다보는 것을 방지하는 조치까지 취하였음에도 불구하고 행인들이 윗부분에 꽂혀 있는 못에 찔려 다칠 위험을 무릅쓰고 보호벽에 올라가 여관 내부를 들여다보는 부정한 행위를 저지를 것까지 예상하여 보호벽을 설치·관리하는 여관 주인에게 이러한 경우까지 대비한 방호조치를 취할 의무는 없다는 이유로 그 보호벽의 설치·보존상의 하자를 부인한 사례). [대법원 1998. 1. 23. 선고 97다25118 판결]

■ 영조물책임 ■

민법상의 공작물책임에 해당하는 국가배상책임으로는 영조물책임이 있다. 국가배상법 제5조에 따르면 국가는 영조물의 설치 또는 관리에 하자가 있어 타인에게 손해가 발생한 경우에는 그 손해를 배상할 책임을 진다.

[판례] 영조물의 설치·보존의 하자라 함은 영조물이 그 용도에 따라 통상 갖추어야 할 안전성을 갖추지 못한 상태에 있음을 말하는 것이고, 영조물의 설치 및 보존에 있어서 항상 완전무결한 상태를 유지할 정도의 고도의 안전성을 갖추지 아니하였다고 하여 영조물의 설치 또는 관리에 하자가 있는 것으로는 할 수 없는 것이므로, 따라서 영조물의 설치자 또는 관리자에게 부과되는 방호조치의무의 정도는 영조물의 위험성에 비례하여 사회통념상 일반적으로 요구되는 정도의 것을 말한다(고등학교 3학년 학생이 교사의 단속을 피해 담배를 피우기 위하여 3층 건물 화장실 밖의 난간을 지나다가 실족하여 사망한 사안에서 학교 관리자에게 그와 같은 이례적인 사고가 있을 것을 예상하여 복도나 화장실 창문에 난간으로의 출입을 막기 위하여 출입금지장치나 추락위험을 알리는 경고표지판을 설치할 의무가 있다고 볼 수는 없다는 이유로 학교시설의 설치·관리상의 하자가 없다고 본 사례). [대법원 1997. 5. 16. 선고 96다54102 판결]

[판례] 가변차로에 설치된 신호등의 용도와 오작동시에 발생하는 사고의 위험성과 심각성을 감안할 때, 만일 가변차로에 설치된 두 개의 신호기에서 서로 모순되는 신호가 들어오는 고장을 예방할 방법이 없음에도 그와 같은 신호기를 설치하여 그와 같은 고장을 발생하게 한 것이라면, 그 고장이 자연재해 등 외부요인에 의한 불가항력에 기인한 것이 아닌 한 그 자체로 설치·관리자의 방호조치의무를 다하지 못한 것으로서 신호등이 그 용도에 따라 통상 갖추어야 할 안전성을 갖추지 못한 상태에 있었다고 할 것이고, 따라서 설령 적정전압보다 낮은 저전압이 원인이 되어 위와 같은 오작동이 발생하였고 그 고장은 현재의 기술수준상 부득이한 것이라고 가정하더라도 그와 같은 사정만으로 손해발생의 예견가능성이나 회피가능성이 없어 영조물의 하자를 인정할 수 없는 경우라고 단정할 수 없다고 한 사례. [대법원 2001. 7. 27. 선고 2000다56822 판결]

[판례] 편도 4차선의 간선도로를 따라 오다가 편도 1차선의 지선도로가 좌측에서 합류하는 삼거리 교차로를 지나 우측으로 굽은 간선도로를 따라 계속 진행하는 차량에 대하여 신호기가 우측 화살표 신호가 아닌 직진 신호를 표시한 경우, 그 신호기의 신호가 도로의 실제 상황과 일치하지 않는 잘못된 신호로서 신호기의 설치·관리에 하자가 있다고 할 수 없다고 한 사례. [대법원 2000. 1. 14. 선고 99다24201 판결]

[판례] 도로의 설치 후 제3자의 행위에 의하여 그 본래의 목적인 통행상의 안전에 결함이 발생한 경우에는 도로에 그와 같은 결함이 있다는 것만 가지고 도로의 보존상의 하자를 인정할

수는 없고, 당해 도로의 구조, 장소적 환경과 이용상황 등 제반 사정을 종합하여 그와 같은 결함을 제거하여 원상으로 복구할 수 있는데도 이를 방치한 것인지의 여부를 개별적·구체적으로 살펴서 하자의 유무를 판단하여야 할 것이고, 객관적으로 보아 도로의 안전상의 결함이 시간적, 장소적으로 그 점유·관리자의 관리행위가 미칠 수 없는 상황 아래에 있는 경우에는 관리상의 하자를 인정할 수 없다(고속도로 1차선 상에 크기 36㎝×27㎝×1㎝, 무게 5㎏의 철판이 떨어져 있었고, 위 철판이 앞서가던 차량의 바퀴에 튕겨 뒤에 오던 차량의 조수석에 탑승한 피해자를 충격함으로써 사고가 발생한 사안). [대법원 1999. 7. 9. 선고 99다12796 판결]

(4) 공동불법행위

여러 사람이 공동으로 불법행위를 함으로써 타인에게 손해를 가한 경우이거나 또는 공동이 아니지만 여러 사람의 행위 중 어느 자의 행위가 그 손해를 가한 것인지를 알 수 없는 때 및 불법행위를 교사하거나 방조한 경우에 그 불법행위에 관여한 자는 피해자가 입은 손해에 대하여 배상할 책임을 지는데, 이때 공동불법행위자 상호간의 관계는 부진정연대채무관계이다. 따라서 피해자는 공동불법행위자 전원에 대하여 각각 손해액의 전부에 대한 배상을 청구할 수 있다. 다만 피해자에게 손해를 배상한 사람은 다른 공동불법행위자에 대하여 구상권을 행사할 수 있다.

[판례] 수인이 공동하여 타인에게 손해를 가하는 민법 제760조의 공동불법행위에 있어서는 행위자 상호간의 공모는 물론 공동의 인식을 필요로 하지 아니하고, 다만 객관적으로 그 공동행위가 관련 공동되어 있으면 족하며 그 관련 공동성 있는 행위에 의하여 손해가 발생함으로써 이의 배상책임을 지는 공동불법행위가 성립한다(동시에 또는 거의 같은 시기에 건축된 가해 건물들이 피해 건물에 대하여 전체적으로 수인한도를 초과하는 일조 침해의 결과를 야기한 경우, 각 가해 건물들이 함께 피해 건물의 소유자 등이 종래 향유하던 일조를 침해하게 된다는 점을 예견할 수 있었다면 특별한 사정이 없는 한 각 가해 건물의 건축자 등은 일조 침해로 피해 건물의 소유자 등이 입은 손해 전부에 대하여 공동불법행위자로서의 책임을 부담한다고 한 사례). [대법원 2006. 1. 26. 선고 2005다47014, 47021, 47038 판결]

[판례] 방송법 제72조 제1항 및 같은 법 시행령 제58조 제1항에 의하여 방송위원회가 고시하는 일정 비율 이상의 외주제작 방송프로그램 편성이 방송사업자에게 강제되고 이에 따라 방송사업자가 외주제작사에 방송프로그램의 제작을 의뢰한 경우라고 하더라도 외주제작사와 체결한 제작계약에서 방송프로그램의 방송권이 방송사업자에게 귀속하고 납품된 방송프로그램의 최종적인 편집권한이 방송사업자에게 유보된 사정 아래에서, 방송사업자가 제작과정에서

외주제작사에 의하여 무단촬영된 장면에 관하여 피촬영자로부터 그 방송의 승낙 여부를 확인하지 아니하고 나아가 피촬영자의 식별을 곤란하게 하는 별도의 화면조작(이른바 모자이크 처리 등) 없이 그대로 방송하게 되면 외주제작사와 공동하여 피촬영자의 초상권을 침해한 불법행위의 책임을 면할 수 없다. [대법원 2008. 1. 17. 선고 2007다59912 판결]

▪ 부진정연대채무 ▪

연대채무는 2인 이상의 채무자가 각자 채무 전부에 대하여 이행할 책임을 지는 것을 말한다. 이러한 연대채무에 있어서는, 채무자 중의 한 사람이 채무를 이행한 경우뿐만 아니라 채무이행과 동일한 효과가 발생하는 일정한 경우에는 그 채무소멸의 효과가 다른 채무자에게도 미친다. 그렇지만 채무이행 이외의 사유로 채무가 소멸하는 효과를 인정하는 것이 불법행위로 인하여 손해를 입은 자에게 불리하기 때문에, 불법행위로 인한 손해배상책임을 지는 사람이 여러 명인 경우에는 어느 한 사람이 채무를 변제하는 것만 다른 채무자에게 효력이 미치며, 채무소멸의 효과만 발생하는 사유는 다른 채무자에게 효력이 미치지 않도록 한다. 예를 들어 연대채무에 있어서는 채권자가 한 사람의 채무를 면제하면 다른 사람도 면제받은 사람이 부담해야 할 부분에 대한 채무를 이행할 필요가 없지만, 부진정연대채무의 경우에는 피해자가 한 사람의 채무를 면제한 경우에도 다른 채무자는 채무 전부를 변제할 책임을 지게 되므로 피해자의 보호에 더 유리하다.

[판례] [1] 공동불법행위자는 채권자에 대한 관계에서는 연대책임(부진정연대채무)을 지되, 공동불법행위자들 내부관계에서는 일정한 부담 부분이 있고, 이 부담 부분은 공동불법행위자의 과실의 정도에 따라 정하여지는 것으로서 공동불법행위자 중 1인이 자기의 부담 부분 이상을 변제하여 공동의 면책을 얻게 하였을 때에는 다른 공동불법행위자에게 그 부담 부분의 비율에 따라 구상권을 행사할 수 있다. / [2] 공동불법행위자 중 1인이 다른 공동불법행위자에 대하여 구상권을 행사하기 위하여는 자기의 부담 부분 이상을 변제하여 공동의 면책을 얻었음을 주장·입증하여야 하며, 위와 같은 법리는 피해자의 다른 공동불법행위자에 대한 손해배상청구권이 시효소멸한 후에 구상권을 행사하는 경우라고 하여 달리 볼 것이 아니다. / [3] 피해자가 부진정연대채무자 중 1인에 대하여 손해배상에 관한 권리를 포기하거나 채무를 면제하는 의사표시를 하였다 하더라도 다른 채무자에 대하여 그 효력이 미친다고 볼 수는 없다. [대법원 1997. 12. 12. 선고 96다50896 판결]

▪ 제조물책임 ▪

제조물책임에 관하여 규정하고 있는 법은 제조물책임법(2000. 1. 12. 제정)이며, 이에 따르면 제조물의 제조상의 결함, 설계상의 결함 또는 표시상의 결함으로 인하여 생명, 신체 또는 재산에 손해를 입은 자는 제조업자 또는 판매업자에게 손해의 배상을 청구할 수 있다. 다만 제조업자가 자신의 면책사유를 입증하는 경우에는 손해배상책임을 면하도록 하고 있다. 이러한 제조물책임은 소비자가 계약관계가 없는 제조업자를 상대로 쉽게 손해배상을 청구할 수 있도록 하기 위한 것이다(입증책임의 전환). 특히 제조물의 결함으로 인하여 생명 또는 신체에 중대한 손해를 입은 경우에는 발생한 손해의 3배까지 그 책임을 물을 수 있다(징벌적 손해배상).

[판례] [1] 무릇 물품을 제조·판매하는 제조업자 등은 그 제품의 구조, 품질, 성능 등에 있어서 그 유통 당시의 기술 수준과 경제성에 비추어 기대 가능한 범위 내의 안전성과 내구성을 갖춘 제품을 제조·판매하여야 할 책임이 있고, 이러한 안전성과 내구성을 갖추지 못한 결함으로 인하여 소비자에게 손해가 발생한 경우에는 불법행위로 인한 손해배상의무를 부담한다. / [2] 물품을 제조·판매한 자에게 손해배상책임을 지우기 위하여서는 결함의 존재, 손해의 발생 및 결함과 손해의 발생과의 사이에 인과관계의 존재가 전제되어야 하는 것은 당연하지만, 고도의 기술이 집약되어 대량으로 생산되는 제품의 경우, 그 생산과정은 대개의 경우 소비자가 알 수 있는 부분이 거의 없고, 전문가인 제조업자만이 알 수 있을 뿐이며, 그 수리 또한 제조업자나 그의 위임을 받은 수리업자에 맡겨져 있기 때문에, 이러한 제품에 어떠한 결함이 존재하였는지, 나아가 그 결함으로 인하여 손해가 발생한 것인지 여부는 전문가인 제조업자가 아닌 보통인으로서는 도저히 밝혀 낼 수 없는 특수성이 있어서 소비자 측이 제품의 결함 및 그 결함과 손해의 발생과의 사이의 인과관계를 과학적·기술적으로 완벽하게 입증한다는 것은 지극히 어려우므로, 텔레비전이 정상적으로 수신하는 상태에서 발화·폭발한 경우에 있어서는, 소비자 측에서 그 사고가 제조업자의 배타적 지배하에 있는 영역에서 발생한 것임을 입증하고, 그러한 사고가 어떤 자의 과실 없이는 통상 발생하지 않는다고 하는 사정을 증명하면, 제조업자 측에서 그 사고가 제품의 결함이 아닌 다른 원인으로 말미암아 발생한 것임을 입증하지 못하는 이상, 위와 같은 제품은 이를 유통에 둔 단계에서 이미 그 이용시의 제품의 성상이 사회통념상 당연히 구비하리라고 기대되는 합리적 안전성을 갖추지 못한 결함이 있었고, 이러한 결함으로 말미암아 사고가 발생하였다고 추정하여 손해배상책임을 지울 수 있도록 입증책임을 완화하는 것이 손해의 공평·타당한 부담을 그 지도원리로 하는 손해배상제도의 이상에 맞는다. / [3] 텔레비전이 내구연한을 1년 정도 초과한 상태에서 그 정상적인 이용상황하에서 폭발한 경우, 내구연한은 텔레비전의 결함으로 인한 손해배상청구권의 권리행사기간 내지 제조업자의 손해배상채무의 존속기간이 아니고 제조업자는 내구연한이 다소 경과된 이후에도 제품의 안전성을 확보할 주의의무가 있다는 이유로 제조상의 결함을 인정한 사례. [대법원 2000. 2. 25. 선고 98다15934 판결]

[판례] (담배소송 사건) 일반적으로 제조물을 만들어 판매하는 사람은 제조물의 구조, 품질, 성능 등에서 현재의 기술 수준과 경제성 등에 비추어 기대가능한 범위 내의 안전성을 갖춘 제품을 제조하여야 하고, 이러한 안전성을 갖추지 못한 결함으로 인하여 사용자에게 손해가 발생한 경우에는 불법행위로 인한 배상책임을 부담하게 되는데, 그와 같은 결함 중 주로 제조자

가 합리적인 대체설계를 채용하였더라면 피해나 위험을 줄이거나 피할 수 있었음에도 대체설계를 채용하지 아니하여 제조물이 안전하지 못하게 된 경우를 말하는 이른바 설계상의 결함이 있는지는 제품의 특성 및 용도, 제조물에 대한 사용자의 기대의 내용, 예상되는 위험의 내용, 위험에 대한 사용자의 인식, 사용자에 의한 위험회피의 가능성, 대체설계의 가능성 및 경제적 비용, 채택된 설계와 대체설계의 상대적 장단점 등 여러 사정을 종합적으로 고려하여 사회통념에 비추어 판단하여야 한다(국가 등이 제조·판매한 담배에 설계상의 결함과 표시상의 결함이 있는지가 다투어진 사건으로 법원은 설계상의 결함과 표시상의 결함이 있다고 보기 어렵다고 판단하였음). [대법원 2014. 4. 10. 선고 2011다22092 판결]

5. 교통사고

교통사고란 항공기, 선박, 자동차 등 모든 교통수단에 의하여 발생하는 사고를 말한다. 여기서는 도로상에서 발생하는 자동차 사고에 관하여 규정하고 있는 도로교통법, 교통사고처리특례법, 자동차손해배상보장법에 관하여 간단하게 살펴보기로 한다.

(1) 도로교통법

도로교통법은 차량의 원활한 운행과 함께 차량 및 보행자의 안전을 도모하기 위하여 제정된 법이다. 차량의 운행방법과 제한사항에 관한 내용이 자세하게 규정되어 있다. 예를 들어 차량의 운행과 관련하여서는 차량의 통행순위, 차량의 속도, 안전거리확보, 차선변경방법, 앞지르기 방법 내지 금지, 교차로의 통행방법, 보행자의 보호, 주차 및 정차, 차의 등화와 신호 등의 규정이 있고, 그 밖에 무면허운전, 음주운전 등에 관하여서도 규정하고 있다. 그리고 보행자와 자전거의 통행방법에 대해서도 규정한다.

[판례] 버스전용차로가 실선구간과 점선구간으로 구분되어 있다 하더라도 어느 경우이든 버스전용차로인 점은 마찬가지이므로, 점선구간이라 하더라도 구 도로교통법시행령(1997. 12. 6. 대통령령 제15531호로 개정되기 전의 것) 제6조의3에서 정하는 경우 외에는 노선버스 등이 아닌 일반 차량의 통행은 허용되지 아니한다고 할 것이며, 버스전용차로를 표시하는 차선은 일반차선으로서의 성격을 동시에 가진다고 할 것이므로, 같은법시행규칙 제3조 제2항 [별표 1]의 일련번호 602, 604에 의하여 실선의 경우는 진로 변경이 금지되는 차선, 점선의 경우는 진로 변경이 허용되는 차선임을 표시하는 것이라고 봄이 상당하고, 일반 차량이 우측 세가로

나 교차로에서 우회전하기 위하여 버스전용차로로 진입하는 것은 같은법시행령 제6조의3 제3
호 소정의 '그 밖의 부득이한 장애로 인하여 전용차로가 아니면 통행할 수 없는 경우'에 해당
한다고 볼 수 있으나, 이러한 경우에도 다른 부득이한 사정이 없는 한 진로변경이 가능한 차
선인 점선구간으로 진입하여야 하고, 버스전용차로의 점선구간과 실선구간이 반복되고 있는
경우에는 우회전하려는 도로와 가장 가까운 지점에 설치된 점선구간을 통하여 진입하여야 한
다. [대법원 2000. 2. 25. 선고 98다38708 판결]

[판례] 야간에 고속도로에서 운전부주의로 제1차 사고를 야기한 운전자가 사고 직후 차량을
안전한 장소로 이동시키거나 구 도로교통법(2005. 5. 31. 법률 제7545호로 전부 개정되기
전의 것) 제61조 및 구 도로교통법 시행규칙(2006. 5. 30. 행정자치부령 제329호로 전부 개
정되기 전의 것) 제23조에 규정된 '고장 등 경우의 표시'를 설치하는 등의 안전조치의무를 해
태한 채 고속도로 1, 2차로에 걸쳐 정차해 둠으로써 후행차량과 재차 충돌하는 사고가 발생
한 사안에서, 위 정차는 불법 정차에 해당하고, 따라서 제1차 사고를 야기한 운전자는 고속도
로를 운행하는 후행차량들이 고속도로 1, 2차로에 정차한 위 차량을 충돌하고 나아가 그 주
변의 다른 차량이나 사람들을 충돌할 수도 있다는 것을 충분히 예상할 수 있었으므로, 위 불
법 정차와 제2차 사고 사이에는 상당인과관계가 있고, 설사 제1차 사고를 야기한 운전자가
실제로 위와 같은 안전조치를 취할 여유가 없었다고 하더라도 위 차량이 야간에 고속도로 1,
2차로를 막고 정차하고 있었던 이상 이를 달리 볼 것은 아니라고 한 사례. [대법원 2009.
12. 10. 선고 2009다64925 판결]

[판례] 도로교통법 제22조 제4항 및 제6항을 종합하면, 차가 폭이 좁은 도로에서 교통정리가
행하여지고 있지 아니하는 교차로에 들어가려는 경우는 먼저 서행하면서 폭이 넓은 도로에서
그 교차로에 들어가려고 하는 차가 있는지 여부를 잘 살펴 만약 그러한 차가 있는 경우에는
그 차에게 진로를 양보해야 하고, 시간적으로 교차로에 먼저 도착하여 교차로에 먼저 진입할
수 있다고 하더라도 폭이 넓은 도로에서 교차로에 들어가려고 하는 차보다 우선하여 통행할
수는 없으나, 교차하는 도로의 폭이 같은 경우에는 먼저 교차로에 진입한 차량이 우선하여 통
행할 수 있다. [대법원 1998. 4. 10. 선고 97다39537 판결]

(2) 교통사고처리특례법

교통사고처리특례법은 교통사고가 발생한 경우에 교통사고로 인한 피해를
신속하게 회복할 수 있도록 하기 위한 법이다. 교통사고처리특례법에서는 피해
자가 사망한 경우가 아니면 가해자가 피해자와 합의한 경우에는 형사상의 처벌
을 면할 수 있게 하고 있으며, 종합보험이나 공제에 가입한 경우에도 합의한 경
우와 마찬가지로 취급한다. 다만 피해자와 합의를 하거나 종합보험 등에 가입한
경우에도 가해자가 피해자를 구호할 의무를 다하지 아니하였거나 피해자가 신

체의 상해로 인하여 생명에 대한 위험이 발생하거나 불구(不具) 또는 불치(不治)나 난치(難治)의 질병에 이르게 된 경우 및 다음과 같은 경우에는 처벌을 면하지 못한다.

① 교통신호를 위반하여 운전한 경우, ② 중앙선을 침범한 경우, ③ 제한 속도를 20Km 이상 초과하여 운전한 경우, ④ 앞지르기의 방법 또는 금지에 위반한 경우, ⑤ 철길건널목 통과 방법을 위반한 경우, ⑥ 횡단보도에서 보행자 보호의무를 위반한 경우, ⑦ 무면허 운전의 경우, ⑧ 음주 또는 약물을 복용한 경우, ⑨ 보도를 침범하여 운전한 경우, ⑩ 승객의 추락방지의무를 위반하여 운전한 경우, ⑪ 어린이 보호구역에서 어린이를 상해한 경우, ⑫ 적재불량.

[판례] 횡단보도에 보행자를 위한 보행등이 설치되어 있지 않다고 하더라도 횡단보도표시가 되어 있는 이상 그 횡단보도는 도로교통법에서 말하는 횡단보도에 해당하므로, 이러한 횡단보도를 진행하는 차량의 운전자가 도로교통법 제24조 제1항의 규정에 의한 횡단보도에서의 보행자보호의무를 위반하여 교통사고를 낸 경우에는 교통사고처리특례법 제3조 제2항 단서 제6호 소정의 횡단보도에서의 보행자보호의무 위반의 책임을 지게 되는 것이며, 비록 그 횡단보도가 교차로에 인접하여 설치되어 있고 그 교차로의 차량신호등이 차량진행신호였다고 하더라도 이러한 경우 그 차량신호등은 교차로를 진행할 수 있다는 것에 불과하지, 보행등이 설치되어 있지 아니한 횡단보도를 통행하는 보행자에 대한 보행자보호의무를 다하지 아니하여도 된다는 것을 의미하는 것은 아니므로 달리 볼 것은 아니다. [대법원 2003. 10. 23. 선고 2003도3529 판결]

[판례] 건설회사가 고속도로 건설공사와 관련하여 지방도의 확장공사를 위하여 우회도로를 개설하면서 기존의 도로와 우회도로가 연결되는 부분에 설치한 황색 점선이 도로교통법상 설치 권한이 있는 자나 그 위임을 받은 자가 설치한 것이 아니라면 이것을 가리켜 교통사고처리특례법 제3조 제2항 단서 제2호에서 규정하는 중앙선이라고 할 수 없을 뿐만 아니라, 건설회사가 임의로 설치한 것에 불과할 뿐 도로교통법 제64조의 규정에 따라 관할경찰서장의 지시에 따라 설치된 것도 아니고 황색 점선의 설치 후 관할경찰서장의 승인을 얻었다고 인정할 자료도 없다면, 결국 위 황색 점선은 교통사고처리특례법 제3조 제2항 단서 제1호 소정의 안전표지라고 할 수 없다.[대법원 2003. 6. 27. 선고 2003도1895 판결]

[판례] 특정범죄가중처벌등에관한법률 제5조의3 제1항 소정의 '피해자를 구호하는 등 도로교통법 제50조 제1항의 규정에 의한 조치를 취하지 아니하고 도주한 때'라 함은 사고 운전자가 사고로 인하여 피해자가 사상을 당한 사실을 인식하였음에도 불구하고 피해자를 구호하는 등 도로교통법 제50조 제1항에 규정된 의무를 이행하기 이전에 사고현장을 이탈하여 사고를 낸

자가 누구인지 확정될 수 없는 상태를 초래하는 경우를 말하는 것이므로, 사고 운전자가 사고로 인하여 피해자가 사상을 당한 사실을 인식하였음에도 불구하고 피해자를 구호하는 등 도로교통법 제50조 제1항에 규정된 의무를 이행하기 이전에 사고현장을 이탈하였다면, 사고 운전자가 사고현장을 이탈하기 전에 피해자에 대하여 자신의 신원을 확인할 수 있는 자료를 제공하여 주었다고 하더라도, 여전히 '피해자를 구호하는 등 도로교통법 제50조 제1항의 규정에 의한 조치를 취하지 아니하고 도주한 때'에 해당한다. [대법원 2002. 1. 11. 선고 2001도5369 판결]

[판례] 구 도로교통법 시행규칙(2010. 8. 24. 행정안전부령 제156호로 개정되기 전의 것, 이하 '구 시행규칙'이라고 한다) 제6조 제2항 [별표 2]의 조문 체계, [별표 2]는 녹색등화에 우회전 또는 비보호좌회전표시가 있는 곳에서 좌회전을 하는 경우에도 다른 교통에 방해가 되지 아니하도록 진행하여야 하나 다만 좌회전을 하는 경우에만 다른 교통에 방해가 된 때에 신호위반책임을 진다고 명시적으로 규정하고 있는 점, 비보호좌회전표시가 있는 곳에서 녹색등화에 좌회전을 하다 다른 교통에 방해가 된 경우 신호위반의 책임을 지우는 대신 안전운전의무위반의 책임만 지우도록 하기 위하여 2010. 8. 24. 행정안전부령 제156호로 구 시행규칙 [별표 2] 중 녹색등화에 관한 규정을 개정하였으나 비보호좌회전표지·표시가 있는 곳에서 녹색등화에 좌회전을 하더라도 여전히 반대방면에서 오는 차량 또는 교통에 방해가 되지 아니하도록 하여야 하는 점에다가 우리나라의 교통신호체계에 관한 기본태도나 그 변화 등에 비추어 보면, 적색등화에 신호에 따라 진행하는 다른 차마의 교통을 방해하지 아니하고 우회전할 수 있다는 구 시행규칙 [별표 2]의 취지는 차마는 적색등화에도 원활한 교통소통을 위하여 우회전을 할 수 있되, 신호에 따라 진행하는 다른 차마의 신뢰 및 안전을 보호하기 위하여 다른 차마의 교통을 잘 살펴 방해하지 아니하여야 할 안전운전의무를 부과한 것이고, 다른 차마의 교통을 방해하게 된 경우에 신호위반의 책임까지 지우려는 것은 아니다. [대법원 2011. 7. 28. 선고 2011도3970 판결]

(3) 자동차손해배상보장법

자동차손해배상법은 자동차의 운행으로 인하여 타인이 손해를 입은 경우에 자동차보유자로 하여금 그 손해를 배상하도록 하기 위하여 만들어진 법이다. 여기에서의 자동차보유자라 함은 '자동차의 소유자 또는 자동차를 사용할 권리가 있는 자로서 자기를 위하여 자동차를 운행하는 자'를 말한다. 자동차보유자는 타인의 자동차 운행으로 말미암아 발생한 손해에 대해서도 배상책임을 지는데, 이에 대비하기 위하여 반드시 책임보험에 가입하여야 한다(제5조). 한편 피해자는 가해자를 알 수 없는 경우에도 책임보험금의 범위 내에서 보험금의 지급을 청구할 수 있다(제30조).

[판례] 자동차손해배상보장법 제3조 소정의 '자기를 위하여 자동차를 운행하는 자'라 함은 자동차에 대한 운행을 지배하여 그 이익을 향수하는 책임주체로서의 지위에 있는 자를 의미하므로, 자동차 보유자와 아무런 인적 관계도 없는 사람이 자동차를 보유자에게 되돌려 줄 생각 없이 자동차를 절취하여 운전하는 이른바 절취운전의 경우에는 자동차 보유자는 원칙적으로 자동차를 절취당하였을 때에 운행지배와 운행이익을 잃어버렸다고 보아야 할 것이고, 다만 예외적으로 자동차 보유자의 차량이나 시동열쇠 관리상의 과실이 중대하여 객관적으로 볼 때에 자동차 보유자가 절취운전을 용인하였다고 평가할 수 있을 정도가 되고, 또한 절취운전 중 사고가 일어난 시간과 장소 등에 비추어 볼 때에 자동차 보유자의 운행지배와 운행이익이 잔존한다고 평가할 수 있는 경우에 한하여 자동차를 절취당한 자동차 보유자에게 운행자성을 인정할 수 있다고 할 것이다. [대법원 2001. 4. 24. 선고 2001다3788 판결]

[판례] 통상의 경우 자동차의 수리를 의뢰하는 것은 자동차수리업자에게 자동차의 수리와 관계되는 일체의 작업을 맡기는 것으로서, 여기에는 수리나 시운전에 필요한 범위 안에서의 운전행위도 포함되고, 자동차의 소유자는 수리를 의뢰하여 자동차를 수리업자에게 인도한 이상 수리완료 후 다시 인도받을 때까지는 자동차에 대하여 관리지배권을 갖지 않으므로, 그 운행지배권은 수리업자에게만 있는 것이지만, 자동차를 수리하거나 시운전하는 동안에 발생한 사고 당시 그 소유자가 자동차의 운행에 대한 운행지배와 운행이익을 완전히 상실하지 아니하였다고 볼 만한 특별한 사정이 있는 경우에는 달리 보아야 한다(자동차의 수리업자가 수리완료 여부를 확인하고자 시운전을 하면서 동시에 수리의뢰자의 요청에 따라 수리의뢰자 등이 거주할 방을 알아보고자 운행한 경우 자동차 소유자와 수리업자의 공동 운행지배와 운행이익을 인정한 사례). [대법원 2002. 12. 10. 선고 2002다53193 판결]

[판례] 매도인이 자동차를 매도하여 인도하고 잔대금까지 완제되었다 하더라도, 매수인이 그 자동차를 타인에게 전매할 때까지 자동차등록원부상의 소유명의를 매도인이 그대로 보유하기로 특약하였을 뿐 아니라 그 자동차에 대한 할부계약상 채무자의 명의도 매도인이 그대로 보유하며, 자동차보험까지도 매도인의 명의로 가입하도록 한 채 매수인으로 하여금 자동차를 사용하도록 하여 왔다면, 매도인은 매수인이 그 자동차를 전매하여 명의변경등록을 마치기까지 매도인의 명의로 자동차를 운행할 것을 허용한 것으로서 위 자동차의 운행에 대한 책무를 벗어났다고 보기는 어려우므로 자동차손해배상보장법 제3조 소정의 자기를 위하여 자동차를 운행하는 자에 해당한다고 봄이 상당하다. [대법원 1995. 1. 12. 선고 94다38212 판결]

제8장 가족법

가족법은 가족간의 법률관계를 규율하는 법을 통칭하는 말이다. 이에는 친족관계에 관한 규정뿐만 아니라 혼인과 이혼, 친자관계, 입양, 친권과 후견, 친족간의 부양 등에 관한 규정이 포함되며, 상속에 관한 내용도 가족법의 범위에 포함시키는 것이 일반적이다. 따라서 이하에서는 일상생활에서 가장 많은 법률문제를 야기하는 혼인과 이혼 및 상속에 관하여 차례로 살펴보기로 한다.

I. 혼인

1. 혼인의 의의

혼인(婚姻)이라 함은 일정한 연령에 달한 남녀가 장래에 부부관계를 맺고자 행하는 당사자의 자유의사에 기한 계약을 말한다. 혼인계약은 일정한 방식에 따라 신고함으로써 성립하는 요식행위이다.

2. 혼인의 성립요건

혼인이 성립하기 위해서는 당사자간에 혼인을 할 의사의 합치가 있어야 한다. 혼인의사가 없는 혼인은 무효이다(민법 제815조). 또한 혼인의사는 자유로이 행해져야 하며, 상대방의 사기에 의한 경우에는 사기를 안 날로부터 3월 내에 그 혼인을 취소할 수 있다.

만 18세가 된 사람은 혼인할 수 있다(민법 제807조). 이를 혼인적령(婚姻適齡)이라고 하는데, 이에 위반한 경우에는 당사자 또는 법정대리인이 취소할 수 있다. 그렇지만 미성년자가 혼인을 하는 경우에는 부모의 동의를 받아야 하며, 부모가 동의할 수 없는 경우에는 후견인의 동의를 받아야 한다. 만약 부모나 후견인의 동의 없이 혼인한 경우에는 그 혼인을 취소할 수 있지만(민법 제808조), 당사자가 성년에 달하거나 혼인 중 포태(胞胎)한 때에는 취소할 수 없다.

또한 8촌 이내의 혈족 사이에서는 혼인하지 못하며, 6촌 이내의 혈족의 배우자, 배우자의 6촌 이내의 혈족, 배우자의 4촌 이내의 혈족의 배우자인 인척이거나 이러한 인척이었던 자 사이에서는 혼인하지 못한다. 그리고 6촌 이내의 양부모계의 혈족이었던 자와 4촌 이내의 양부모계의 인척이었던 자 사이에서도 혼인하지 못한다. 이 가운데 8촌 이내의 혈족 사이의 혼인과 당사자간에 직계인척관계가 있거나 있었던 때 및 양부모계의 직계혈족관계가 있었던 때에는 무효이며, 그 밖의 경우에는 취소할 수 있지만 포태한 경우에는 취소할 수 없다. 그리고 배우자 있는 자는 혼인하지 못하는데, 이를 중혼(重婚)이라고 하며 중혼의 경우 후혼은 취소할 수 있으며, 전혼에는 이혼사유가 있는 것이 된다.

끝으로 혼인은 가족관계의 등록 등에 관한 법률이 정한 일정한 신고가 있어야 성립한다(따라서 결혼식만으로는 혼인이 성립하지 않는다). 혼인신고는 당사자 쌍방과 성년자인 증인 2인이 연서한 서면으로 당사자의 등록기준지 또는 신고인의 주소지에서 하여야 한다. 담당공무원은 형식적 심사만 할 뿐 실질적 심사권이 없으며, 신고가 수리되면 효력이 발생한다. 외국에 있는 대한민국 국민 사이의 혼인은 그 외국에 주재하는 대사, 공사 또는 영사에게 신고할 수 있다.

[판례] 민법 제815조 제1호가 혼인무효의 사유로 규정하는 '당사자 간에 혼인의 합의가 없는 때'란 당사자 사이에 사회관념상 부부라고 인정되는 정신적·육체적 결합을 생기게 할 의사의 합치가 없는 경우를 의미하므로, 당사자 일방에게만 그와 같은 참다운 부부관계의 설정을 바라는 효과의사가 있고 상대방에게는 그러한 의사가 결여되었다면 비록 당사자 사이에 혼인신고 자체에 관하여 의사의 합치가 있어 일응 법률상의 부부라는 신분관계를 설정할 의사는 있었다고 하더라도 그 혼인은 당사자 간에 혼인의 합의가 없는 것이어서 무효라고 보아야 한다(외국인 을이 갑과의 사이에 참다운 부부관계를 설정하려는 의사 없이 단지 한국에 입국하여 취업하기 위한 방편으로 혼인신고에 이르렀다고 봄이 상당한 사안에서, 설령 을이 한국에 입국

한 후 한 달 동안 갑과 계속 혼인생활을 해왔다고 하더라도 이는 을이 진정한 혼인의사 없이 위와 같은 다른 목적의 달성을 위해 일시적으로 혼인생활의 외관을 만들어 낸 것이라고 보일 뿐이므로, 갑과 을 사이에는 혼인의사의 합치가 없어 그 혼인은 민법 제815조 제1호에 따라 무효라고 판단한 사례). [대법원 2010. 6. 10. 선고 2010므574 판결]

[판례] 갑남이 법률상 부부였던 을녀를 상대로 이혼심판을 청구하여 승소심판을 선고받고 그 심판이 확정되자 곧 병녀와 혼인하여 혼인신고를 마쳤으나 그 후 을녀의 재심청구에 의하여 그 이혼심판의 취소 및 이혼청구기각의 심판이 확정되었다면 갑남과 병녀 사이의 혼인은 중혼에 해당하므로 취소되어야 한다. [대법원 1994. 10. 11. 선고 94므932 판결]

▪ 형부와 처제의 결혼 ▪

금혼범위와 관련하여 형부와 처제가 결혼할 수 있는지가 관심의 대상이 되어왔다. 과거에는 형부와 처제의 혼인이 가능했지만 현행민법은 배우자의 6촌 이내의 혈족인 인척이거나 인척이었던 경우를 금혼범위에 포함시키고 있어 형부와 처제의 혼인은 금지된다. 다만 무효사유가 아니라 취소사유이기 때문에 취소하지 않는 동안은 유효하며, 당사자가 혼인 중 포태한 때에는 취소청구권이 소멸하게 되어 확정적으로 유효하게 된다.

혼인의 성립요건을 갖추지 못한 경우, 그 혼인은 무효이거나 취소할 수 있는데, 무효는 처음부터 효력이 없지만, 취소된 경우에는 그 효력은 소급하지 않으며, 장래에 대하여 효력을 상실한 뿐이다. 따라서 혼인이 취소된 경우에도 혼인이 취소되기 전에 출생한 자는 친생자로서의 지위를 가지고, 혼인이 취소되기 전에 혼인생활 중 쌍방의 노력으로 취득한 재산에 대해서는 분할을 청구할 수 있으며, 취소 전에 일방 배우자가 사망한 경우에는 생존배우자가 상속을 받는다.

▪ 약혼 ▪

약혼(約婚)이라 함은 장래에 혼인을 하려는 당사자 사이의 혼인의 예약을 말한다. 따라서 실질적인 혼인생활을 하면서도 혼인신고만을 하지 않은 사실혼과 다르다.

약혼이 성립하기 위해서는 당사자 사이의 약혼에 관한 합의가 있어야 한다(양가의 부모가 자녀들을 혼인시키기로 하는 정혼(定婚)은 약혼이 아니다). 또한 민법상 만 18세에 달해야 약혼할 수 있으며, 미성년자는 부모의 동의를 얻어야 한다. 그리고 배우자 있는 자의 약혼, 이중약혼, 근친간의 약혼 등은 원칙적으로 무효이다. 약혼을 한 당사자는 장래 혼인을 성립시킬 의무를 지지만 강제이행을 청구하지는 못한다. 다만 제3자가 약혼관계를 부당하게 침해한 경우에는 불법행위가 성립한다.

약혼이 성립한 후 민법 제804조에서 정하고 있는 사유가 있거나 또는 당사자의 합의로 약혼을 해제할 수 있다. 약혼의 해제는 상대방에 대한 의사표시로 하고 상대방에 대하여 의사 표시를 할 수 없는 때에는 그 해제의 원인이 있음을 안 때에 해제된 것으로 본다. 당사자 일방 의 책임 있는 사유로 약혼이 해제된 경우에는 상대방은 이로 인한 손해배상을 청구할 수 있다. 또한 약혼이 해제되면 약혼예물을 반환하여야 하는데, 법원은 약혼의 해제에 관하여 책임이 있는 사람은 자신이 제공한 약혼예물의 반환을 청구할 권리가 없다고 한다.

> **[판례]** 약혼예물의 수수는 약혼의 성립을 증명하고 혼인이 성립한 경우 당사자 내지 양가의 정리를 두텁게 할 목적으로 수수되는 것으로 혼인의 불성립을 해제조건으로 하는 증여와 유 사한 성질을 가지므로, 예물의 수령자측이 혼인 당초부터 성실히 혼인을 계속할 의사가 없고 그로 인하여 혼인의 파국을 초래하였다고 인정되는 등 특별한 사정이 있는 경우에는 신의칙 내지 형평의 원칙에 비추어 혼인 불성립의 경우에 준하여 예물반환의무를 인정함이 상당하나, 그러한 특별한 사정이 없는 한 일단 부부관계가 성립하고 그 혼인이 상당 기간 지속된 이상 후일 혼인이 해소되어도 그 반환을 구할 수는 없으므로, 비록 혼인 파탄의 원인이 며느리에게 있더라도 혼인이 상당 기간 계속된 이상 약혼예물의 소유권은 며느리에게 있다. [대법원 1996. 5. 14. 선고 96다5506 판결]

■ 사실혼 ■

사실혼(事實婚)이라 함은 혼인의 실질적인 성립요건을 모두 갖추고 있으나, 형식적인 절차 인 혼인신고를 하지 않은 경우를 말한다. 따라서 혼인의사가 없는 동거생활은 사실혼에 해당 하지 않으며, 결혼식을 한 후에 혼인신고를 하지 않는 경우는 사실혼에 해당한다. 사실혼에 대 해서도 혼인에 준하는 효과를 인정하여 이를 보호하고자 하는 것이 판례의 입장이며, 사실혼 배우자에게 유족연금에 대한 권리를 인정하는 법률도 있다(예: 공무원연금법 등).

사실혼이 성립하기 위해서는 당사자간에 혼인의사의 합치가 있어야 하고, 또한 혼인에 준 하는 공동생활의 실체가 존재해야 하며, 혼인을 무효로 하거나 취소할 수 있는 사유가 없어야 한다. 사실혼이 인정되는 경우에는 혼인의 효과 가운데 생활공동체를 전제로 하는 것, 즉 동거·부 양·협조의무, 정조의무, 혼인생활비용의 부담, 일상가사대리권, 일상가사채무의 연대책임, 법 정재산제, 이혼시의 재산분할 등은 인정되지만, 혼인신고를 전제로 하는 것, 즉 친족관계의 성 립·상속권·혼인중의 출생자 등의 규정은 적용되지 않는다.

사실혼관계는 배우자 일방의 사망으로 해소되며, 당사자 일방이 상대방에 대한 의사표시 를 함으로써 임의로 이를 해소할 수 있다. 다만 사실혼의 부당한 파기에 대해서는 손해배상(위 자료)의 청구가 가능하다. 그리고 사실혼관계가 성립하고 있는데도 당사자의 일방이 혼인신고에 협력하지 아니하는 때에는 타방은 가정법원에 사실상혼인관계존재확인심판을 청구할 수 있으며, 심판이 확정되면 법률상의 혼인관계가 성립하므로 청구인은 이에 기해서 혼자서 혼인신고를 할 수 있다.

[판례] 사실혼이란 당사자 사이에 주관적으로 혼인의 의사가 있고, 객관적으로도 사회관념상 가족질서적인 면에서 부부공동생활을 인정할 만한 혼인생활의 실체가 있는 경우라야 하고, 법률상 혼인을 한 부부가 별거하고 있는 상태에서 그 다른 한쪽이 제3자와 혼인의 의사로 실질적인 부부생활을 하고 있다고 하더라도, 특별한 사정이 없는 한, 이를 사실혼으로 인정하여 법률혼에 준하는 보호를 할 수는 없다. [대법원 2001. 4. 13. 선고 2000다52943 판결]

[판례] 우리 법제가 일부일처주의를 채택하여 중혼을 금지하는 규정을 두고 있다 하더라도 이를 위반한 때를 혼인 무효의 사유로 규정하지 않고 단지 혼인 취소의 사유로만 규정하고 있는 까닭에(민법 제816조) 중혼에 해당하는 혼인이라도 취소되기 전까지는 유효하게 존속하는 것이고, 이는 중혼적 사실혼이라 하여 달리 볼 것이 아니다. 따라서 비록 중혼적 사실혼일지라도 군인 또는 군인이었던 자의 퇴직 후 61세 전에 법률혼인 전 혼인의 배우자가 사망함으로써 전 혼인이 해소됨과 동시에 통상적인 사실혼이 된 경우 등과 같은 특별한 사정이 있다면, 전 혼인의 배우자 사망 후에는 사실상 혼인관계에 있던 자를 군인연금법 제3조 제1항 제4호에 규정된 배우자로 보아야 한다. [대법원 2010. 9. 30. 선고 2010두9631 판결]

[판례] 사실혼관계는 사실상의 관계를 기초로 하여 존재하는 것으로서 당사자 일방의 의사에 의하여 해소될 수 있고 당사자 일방의 파기로 인하여 공동생활의 사실이 없게 되면 사실상의 혼인관계는 해소되는 것이며, 다만 정당한 사유 없이 해소된 때에는 유책자가 상대방에 대하여 손해배상의 책임을 지는 데 지나지 않는다(사실혼관계의 당사자 중 일방이 의식불명이 된 상태에서 상대방이 사실혼관계의 해소를 주장하면서 재산분할심판청구를 한 사안에서, 위 사실혼관계는 상대방의 의사에 의하여 해소되었고 그에 따라 재산분할청구권이 인정된다고 본 사례). [대법원 2009. 2. 9. 자 2008스105 결정]

3. 혼인의 효과

(1) 일반적 효과

혼인으로 인하여 일방 배우자와 상대방 배우자의 가족 사이에 친족관계가 발생하게 된다. 그렇지만 부부의 성은 변하지 않는다.

■ 호주제의 폐지 ■

2005년에 개정된 민법에서는 호주제를 폐지함으로서 종래의 호적 대신에 가족관계등록부라고 불리는 새로운 등록제도가 시행되고 있다. 가족관계등록부는 종전의 호적에 기재되었던 사항을 개인별로 정리한 것이다. 가족관계등록부를 기초로 하여 발급되는 증명서에는 가족관계증명서, 기본증명서, 혼인관계증명서, 입양관계증명서, 친양자입양관계증명서가 있다. 이 가운데 가족관계증명서는 본인을 기준으로 부모(양부모)·배우자·자녀를 기록함으로써 기본적인 가족관계를 증명할 수 있도록 한 것이며, 기본증명서는 본인의 출생·사망·국적취득과 상실 및 회복에 관한 사항을 증명하기 위한 것이다.

■ 가족의 범위 ■

개정 전 민법은 호주를 중심으로 호주의 배우자, 혈족과 그 배우자 기타 민법의 규정에 의하여 그 가에 입적한 자를 가족의 범위에 포함시키고 있었다. 그렇지만 2005년 개정민법에서는 본인을 중심으로 배우자, 직계혈족 및 형제자매를 원칙적인 가족으로 하고 직계혈족의 배우자(사위, 며느리), 배우자의 직계혈족(시부모, 장인·장모, 전혼의 자녀), 배우자의 형제자매(시누이·시동생, 처남·처제)는 생계를 같이하는 경우에만 가족의 범위에 포함시키고 있다.

(2) 부부간의 의무

부부는 동거하며 서로 부양하고 협조하여야 한다(민법 제826조). 정당한 이유 없이 동거하지 않는 경우에도 이를 강제할 수는 없지만 손해배상을 청구할 수 있고, 부양하지 않은 경우에는 부양료를 청구할 수 있다. 한편 부부간에는 정조의무도 있는데, 민법에는 이를 강제하는 규정이 없지만 위반한 경우에는 이혼사유가 된다.

[판례] 부부의 일방이 상대방에 대하여 동거에 관한 심판을 청구한 결과로 그 심판절차에서 동거의무의 이행을 위한 구체적인 조치에 관하여 조정이 성립한 경우에 그 조치의 실현을 위하여 서로 협력할 법적 의무의 본질적 부분을 상대방이 유책하게 위반하였다면, 부부의 일방은 바로 그 의무의 불이행을 들어 그로 인하여 통상 발생하는 비재산적 손해의 배상을 청구할 수 있고, 그에 반드시 이혼의 청구가 전제되어야 할 필요는 없다. 비록 부부의 동거의무는 인격존중의 귀중한 이념이나 부부관계의 본질 등에 비추어 일반적으로 그 실현에 관하여 간접강제를 포함하여 강제집행을 행하여서는 안 된다고 하더라도, 또 위와 같은 손해배상이 현실적으로 동거의 강제로 이끄는 측면이 있다고 하더라도, 동거의무 또는 그를 위한 협력의무의 불이행으로 말미암아 상대방에게 발생한 손해에 대하여 그 배상을 행하는 것은 동거 자체를

강제하는 것과는 목적 및 내용을 달리하는 것으로서, 후자가 허용되지 않는다고 하여 전자도 금지된다고는 할 수 없다. 오히려 부부의 동거의무도 엄연히 법적인 의무이고 보면, 그 위반에 대하여는 법적인 제재가 따라야 할 것인데, 그 제재의 내용을 혼인관계의 소멸이라는 과격한 효과를 가지는 이혼에 한정하는 것이 부부관계의 양상이 훨씬 다양하고 복잡하게 된 오늘날의 사정에 언제나 적절하다고 단정할 수 없고, 특히 제반 사정 아래서는 1회적인 위자료의 지급을 명하는 것이 인격을 해친다거나 부부관계의 본질상 허용되지 않는다고 말할 수 없다. [대법원 2009. 7. 23. 선고 2009다32454 판결]

[판례] 민법 제826조 제1항에 규정된 부부간 상호부양의무는 혼인관계의 본질적 의무로서 부양을 받을 자의 생활을 부양의무자의 생활과 같은 정도로 보장하여 부부공동생활의 유지를 가능하게 하는 것을 내용으로 하는 제1차 부양의무이고, 반면 부모가 성년의 자녀에 대하여 직계혈족으로서 민법 제974조 제1호, 제975조에 따라 부담하는 부양의무는 부양의무자가 자기의 사회적 지위에 상응하는 생활을 하면서 생활에 여유가 있음을 전제로 하여 부양을 받을 자가 자력 또는 근로에 의하여 생활을 유지할 수 없는 경우에 한하여 그의 생활을 지원하는 것을 내용으로 하는 제2차 부양의무이다. 이러한 제1차 부양의무와 제2차 부양의무는 의무이행의 정도뿐만 아니라 의무이행의 순위도 의미하는 것이므로, 제2차 부양의무자는 제1차 부양의무자보다 후순위로 부양의무를 부담한다. 따라서 제1차 부양의무자와 제2차 부양의무자가 동시에 존재하는 경우에 제1차 부양의무자는 특별한 사정이 없는 한 제2차 부양의무자에 우선하여 부양의무를 부담하므로, 제2차 부양의무자가 부양받을 자를 부양한 경우에는 소요된 비용을 제1차 부양의무자에 대하여 상환청구할 수 있다. [대법원 2012. 12. 27. 선고 2011다96932 판결]

(3) 부부간의 재산적 효과(부부재산제)

부부는 혼인 중의 재산관계 및 이혼 후의 재산분배에 관하여 계약을 체결할 수 있다. 이러한 계약을 부부재산약정이라고 하며, 혼인신고 전에 약정을 체결하고 등기하여야 제3자에게 대항할 수 있다. 부부재산약정이 체결된 경우, 부부의 재산관계에 관하여 민법이 규정하는 법정재산제에 우선하여 부부재산약정이 적용된다.

▪ 최초의 부부재산약정 ▪

아래의 부부재산약정은 민법 시행 후 2001년 5월에 처음 체결된 것으로 언론에 보도된 내용이다(실제로는 매우 자세한 내용까지 정해져 있다).

"혼인 성립시까지 확인된 재산은 각자의 고유재산으로 하지만, 확인되지 않은 재산은 공유로 하며, 채무는 각자가 책임을 진다. 그리고 혼인 중 취득한 재산은 모두 처의 명의로 등기하며, 부부의 수입(퇴직금 포함)과 공유재산은 처가 관리한다. 혼인 중 자녀양육비와 생활비는 남편이 부담한다. 이혼시에는 혼인 중 취득한 재산을 처와 남편이 7 : 3의 비율로 나누어 가지며, 남편 수입의 60%를 양육비로 지급한다. 그 밖에 남편의 외도, 업무상 이유 없는 3일 이상의 늦은 귀가나 외박·폭음, 남편의 이틀 이상 지속되는 도박이나 놀음, 처의 사전동의 없는 채무발생의 경우에는 이혼을 요구할 수 있으며, 이 경우 남편은 혼인 전 특유재산, 혼인 중 취득한 재산 및 이혼 이후 발생할 재산의 80%를 지급한다."

위와 같은 부부재산약정이 혼인성립 전에 체결되어 등기되지 않은 경우에는 민법이 규정하는 법정재산제인 별산제(別産制)가 적용된다. 따라서 부부의 일방이 혼인 전부터 가진 고유재산과 혼인 중 자기의 명의로 취득한 재산은 그의 특유재산이 된다. 다만 부부의 누구에게 속한 것인지 분명하지 아니한 재산은 부부의 공유로 추정된다. 그리고 부부는 공동생활에 필요한 비용을 공동으로 부담하며, 부부의 일방이 일상의 가사에 관하여 제3자와 법률행위를 함으로써 부담하게 된 채무에 관하여는 원칙적으로 다른 일방도 연대하여 배상할 책임이 있다. 또한 부부는 일상의 가사에 관하여 상대방을 대리할 권한을 가진다.

[판례] 부부의 일방이 혼인중에 자기 명의로 취득한 재산은 명의자의 특유재산으로 추정되고, 다만 실질적으로 다른 일방 또는 쌍방이 그 재산의 대가를 부담하여 취득한 것이 증명된 때에는 특유재산의 추정은 번복되어 다른 일방의 소유이거나 쌍방의 공유라고 보아야 할 것이지만 재산을 취득함에 있어 상대방의 협력이 있었다거나 혼인생활에 있어 내조의 공이 있었다는 것만으로 위 추정을 번복할 사유가 된다고 할 수 없다. [대법원 1992. 12. 11. 선고 92다21982 판결]

[판례] 민법 제827조 제1항의 부부간의 일상가사대리권은 부부가 공동체로서 가정생활상 항시 행하여지는 행위에 한하는 것이므로, 처가 별거하여 외국에 체류중인 부의 재산을 처분한 행위를 부부간의 일상가사에 속하는 것이라 할 수는 없다. [대법원 1993. 9. 28. 선고 93다16369 판결]

■ 친생부인 ■

혼인 성립의 날부터 200일 후 또는 혼인관계 종료의 날로부터 300일 이내에 출생한 자는 혼인 중에 포태한 것으로 추정하며, 처가 혼인 중에 포태한 자는 부(夫)의 자로 추정한다. 다만 혼인관계 종료의 날부터 300일 이내에 출생한 자에 대해서는 친생부인의 허가를 통하여 추정을 깨뜨릴 수 있으며, 인지청구의 허가를 받아 생부의 자로 출생신고를 할 수 있다. 한편 혼인 중 포태한 것이 의심되는 경우에는 친생자임을 부인하는 소를 제기할 수 있다. 친생부인의 소는 夫 또는 妻가 제기할 수 있으며, 그 사유가 있음을 안 날로부터 2년 이내에 제기하여야 한다. 그리고 혼인 외의 출생자의 경우, 생부가 자를 인지하거나 자가 생부를 상대로 인지청구를 할 수 있다(인지 후 생부와 생모가 혼인한 경우에는 혼인 중의 출생자가 된다). 생부가 사망한 경우에는 사망한 날로부터 2년 이내에 검사를 상대로 인지청구의 소를 제기할 수 있다. 인지는 가족관계등록법에 정한 바에 따라 신고하여야 효력이 생기며, 인지를 한 경우에는 자의 출생시에 소급하여 친자관계가 성립한다.

> **[판례]** 민법 제844조의 친생추정을 받는 자는 친생부인의 소에 의하여 그 친생추정을 깨뜨리지 않고서는 다른 사람을 상대로 인지청구를 할 수 없으나, 호적상의 부모의 혼인중의 자로 등재되어 있는 자라 하더라도 그의 생부모가 호적상의 부모와 다른 사실이 객관적으로 명백한 경우에는 그 친생추정이 미치지 아니하므로, 그와 같은 경우에는 곧바로 생부모를 상대로 인지청구를 할 수 있다. [대법원 2000. 1. 28. 선고 99므1817 판결]

> **[판례]** 인지청구권은 본인의 일신전속적인 신분관계상의 권리로서 포기할 수도 없으며 포기하였더라도 그 효력이 발생할 수 없는 것이고, 이와 같이 인지청구권의 포기가 허용되지 않는 이상 거기에 실효의 법리가 적용될 여지도 없다(인지청구권의 행사가 상속재산에 대한 이해관계에서 비롯되었다 하더라도 정당한 신분관계를 확정하기 위해서라면 신의칙에 반하는 것이라 하여 막을 수 없다고 한 사례). [대법원 2001. 11. 27. 선고 2001므1353 판결]

■ 입양 ■

법이 정한 요건에 따라 타인의 친생자를 양자로 삼을 수 있는데, 이것이 입양이다. 입양을 하기 위해서는 양부모는 성인이어야 하며, 양자는 양부모보다 연장자이어서는 안 된다. 미성년자를 입양하는 경우에는 가정법원의 허가를 받아야 한다. 가정법원은 양자가 될 미성년자의 복리를 위하여 그 양육상황, 입양의 동기, 양부모의 양육능력, 그 밖의 사정을 고려하여 입양의 허가 여부를 결정한다. 양자가 될 사람이 13세 이상인 경우에는 법정대리인의 동의를 받아 입양을 승낙하여야 하고, 13세 미만인 경우에는 법정대리인이 대신 승낙을 한다. 또한 양자가 될 사람은 부모의 동의를 얻어야 한다. 그리고 배우자 있는 자는 배우자와 공동으로 양자를 입양하여야 한다. 입양은 가족관계등록법에 정한 바에 따라 신고함으로써 효력이 생긴다.

위와 같은 양자제도 외에 친생부모와의 친족관계를 단절시키고 양부모와의 친족관계만을 인정하는 친양자제도가 새로 도입되었다. 친양자는 혼인 중 출생자로 의제되는데, 친양자를 입양하기 위해서는 3년 이상 혼인 중인 부부이어야 하며(일방 배우자의 친생자를 친양자로 하는 경우에는 1년 이상), 부부가 공동으로 입양하여야 하고, 양자가 될 사람은 미성년자이어야

야 하며, 양자가 될 사람(13세 미만인 경우는 법정대리인)의 승낙과 친생부모의 동의가 있어야한다. 절차적인 요건으로는 가정법원의 허가가 있어야 하는데, 가정법원은 친양자가 될 자의 복리를 고려하여 입양청구를 기각할 수 있다. 친양자로 입양이 되면 양부(또는 양모)의 성(姓)을 따른다.

그 밖에 보호시설에 있는 아동에 대해서는 입양특례법에서 정한 바에 따라 입양을 할 수 있다. 이 법은 민법이 규정하는 입양절차의 특례를 규정한 것으로 부모 대신 보호시설의 장이 입양동의를 하며, 입양시 양자녀의 성을 양부모의 성(姓)으로 변경할 수 있다.

[판례] 당사자가 양친자관계를 창설할 의사로 친생자 출생신고를 하고 거기에 입양의 실질적 요건이 모두 구비되어 있다면 그 형식에 다소 잘못이 있더라도 입양의 효력이 발생하고, 양친자관계는 파양에 의하여 해소될 수 있는 점을 제외하고는 법률적으로 친생자관계와 똑같은 내용을 갖게 되므로 이 경우의 허위의 친생자 출생신고는 법률상의 친자관계인 양친자관계를 공시하는 입양신고의 기능을 발휘하게 되는 것이지만, 여기서 입양의 실질적 요건이 구비되어 있다고 하기 위하여는 입양의 합의가 있을 것, 15세 미만자는 법정대리인의 대낙이 있을 것, 양자는 양부모의 존속 또는 연장자가 아닐 것 등 민법 제883조 각 호 소정의 입양의 무효사유가 없어야 함은 물론 감호·양육 등 양친자로서의 신분적 생활사실이 반드시 수반되어야 하는 것으로서, 입양의 의사로 친생자 출생신고를 하였다 하더라도 위와 같은 요건을 갖추지 못한 경우에는 입양신고로서의 효력이 생기지 아니한다. [대법원 2004. 11. 11. 선고 2004므1484 판결]

[판례] 조부모인 갑 등이 손녀인 을을 친양자로 입양하는 심판을 구한 사안에서, 갑 등이 을을 친양자로 입양하면 조부모는 부모가 되고 을의 친부는 을과 남매지간이 되는 등 가족내부 질서와 친족관계에 중대한 혼란이 초래될 것이 분명하고, 친양자 입양이 이루어진다고 하더라도 을이 성장함에 따라 자신의 가족관계를 둘러싼 진실을 어떠한 경위에서라도 알게 되면 심각한 혼란에 빠져 정체성의 위기를 겪게 될 우려가 높고, 당장은 을이 갑 등을 부모로 알고 있다고 하더라도 조부모인 갑 등이 을을 친양자로 입양하는 것은 일시적인 미봉책에 불과할 뿐 장기적인 관점에서 볼 때 을의 진정한 복리에 부합한다고 단정하기도 어려우며, 을의 친부가 친권자로 지정되어 있고, 갑 등이 을을 친양자로 입양하지 않더라도 을을 양육하는 데 특별한 장애나 어려움도 없어 보인다는 이유로 갑 등의 청구를 기각한 사례. [부산가정법원 2017. 4. 24. 자 2017느단1124 심판]

▪ 자의 성과 본 변경 및 개명 ▪

자의 성과 본은 父의 성과 본을 따른다. 그렇지만 부모가 혼인신고시 母의 성과 본을 따르기로 협의한 경우에는 모의 성과 본을 따를 수 있다. 그리고 혼인 외의 출생자가 인지된 경우 자는 부모의 성을 따르는 것이 원칙이지만, 부모의 협의에 의하여 종전의 성과 본을 계속 사용할 수 있다. 한편 자의 복리를 위하여 자의 성과 본을 변경할 필요가 있을 때에는 부, 모 또는 자의 청구에 의하여 법원의 허가를 받아 변경할 수 있다.

한편 성과 본 외에 이름도 바꿀 수 있는데, 이를 개명(改名)이라고 한다. 개명하고자 하는 사람은 주소지(재외국민의 경우 등록기준지)를 관할하는 가정법원의 허가를 받고 그 허가서의 등본을 받은 날부터 1개월 이내에 신고를 하면 된다(가족관계등록법 제99조).

[판례] 민법 제781조 제6항에 정한 '자의 복리를 위하여 자의 성과 본을 변경할 필요가 있을 때'에 해당하는지 여부는 자의 나이와 성숙도를 감안하여 자 또는 친권자·양육자의 의사를 고려하되, 먼저 자의 성·본 변경이 이루어지지 아니할 경우에 내부적으로 가족 사이의 정서적 통합에 방해가 되고 대외적으로 가족 구성원에 관련된 편견이나 오해 등으로 학교생활이나 사회생활에서 겪게 되는 불이익의 정도를 심리하고, 다음으로 성·본 변경이 이루어질 경우에 초래되는 정체성의 혼란이나 자와 성·본을 함께 하고 있는 친부나 형제자매 등과의 유대 관계의 단절 및 부양의 중단 등으로 인하여 겪게 되는 불이익의 정도를 심리한 다음, 자의 입장에서 위 두 가지 불이익의 정도를 비교형량하여 자의 행복과 이익에 도움이 되는 쪽으로 판단하여야 한다. 이와 같이 자의 주관적·개인적인 선호의 정도를 넘어 자의 복리를 위하여 성·본의 변경이 필요하다고 판단되고, 범죄를 기도 또는 은폐하거나 법령에 따른 각종 제한을 회피하려는 불순한 의도나 목적이 개입되어 있는 등 성·본 변경권의 남용으로 볼 수 있는 경우가 아니라면, 원칙적으로 성·본 변경을 허가함이 상당하다. [대법원 2009. 12. 11. 자 2009스23 결정]

[판례] 이름은 통상 부모에 의해서 일방적으로 결정되어지고 그 과정에서 이름의 주체인 본인의 의사가 개입될 여지가 없어 본인이 그 이름에 대하여 불만을 가지거나 그 이름으로 인하여 심각한 고통을 받은 경우도 있을 수 있는데 그런 경우에도 평생 그 이름을 가지고 살아갈 것을 강요하는 것은 정당화될 수도 없고 합리적이지도 아니한 점, 이름이 바뀐다고 하더라도 주민등록번호는 변경되지 않고 종전 그대로 존속하게 되므로 개인에 대한 혼동으로 인하여 초래되는 법률관계의 불안정은 그리 크지 않으리라고 예상되는 점, 개인보다는 사회적·경제적 이해관계가 훨씬 더 크고 복잡하게 얽혀질 수 있는 법인, 그 중에서도 특히, 대규모 기업 등과 같은 상사법인에 있어서도 상호의 변경에 관하여는 관계 법령에서 특별한 제한을 두고 있지 아니할 뿐만 아니라, 실제로도 자유롭게 상호를 변경하는 경우가 적지 아니한 점, 개명으로 인하여 사회적 폐단이나 부작용이 발생할 수 있다는 점을 지나치게 강조하여 개명을 엄격하게 제한할 경우 헌법상의 개인의 인격권과 행복추구권을 침해하는 결과를 초래할 우려가 있는 점 등을 종합하여 보면, 개명을 허가할 만한 상당한 이유가 있다고 인정되고, 범죄를 기도 또는 은폐하거나 법령에 따른 각종 제한을 회피하려는 불순한 의도나 목적이 개입되어 있는 등 개명신청권의 남용으로 볼 수 있는 경우가 아니라면, 원칙적으로 개명을 허가함이 상당하다고 할 것이다. [대법원 2005. 11. 16. 자 2005스26 결정]

II. 이혼

이혼(離婚)이라 함은 부부가 생전에 그들의 법률상 부부관계를 해소하는 것을 말하며, 이혼의 방법에는 "협의이혼"과 "재판상 이혼" 두 가지가 있다.

1. 이혼의 방법

(1) 협의이혼

부부가 서로 협의하여 이혼하기로 합의하고 판사의 확인을 받은 다음 등록기준지나 주소지에 이혼신고서를 제출함으로써 부부관계를 해소하는 이혼을 협의이혼이라고 한다.

협의이혼을 하고자 하는 부부는 두 사람이 함께 등록기준지 또는 주소지를 관할하는 지방법원에 출석하여 부부 양쪽의 가족관계증명서와 혼인관계증명서를 첨부한 협의이혼의사확인신청서를 제출하고 이혼에 관한 안내를 받아야 한다. 이때 양육할 자녀가 있는 경우에는 민법 제837조에 따른 자녀의 양육과 민법 제909조 제4항에 따른 친권자의 결정에 관한 협의서를 제출하여야 한다. 이혼에 관한 안내를 받을 때로부터 양육하여야 할 자녀가 있는 경우에는 3개월, 그렇지 않은 경우에는 1개월이 지난 때에 가정법원에 출석하여 이혼의사에 관한 확인과 자녀의 양육 및 친권의 행사에 관한 확인을 받아야 한다. 이혼의사가 확인되면 가정법원은 확인서와 양육비부담조서를 작성하여 이혼당사자에게 교부하거나 송달하며, 부부 일방이 확인서를 3개월 이내에 남편의 등록기준지 또는 주소지의 시·구·읍·면에 제출하면 이혼이 성립된다. 이혼의사 확인을 받은 후 3개월 이내에 신고하지 않으면 법원의 확인은 무효가 된다.

(2) 재판상 이혼

법이 정해 놓은 이혼원인이 생겨 부부 중 일방이 이혼하려고 하는 데 반하여 다른 일방이 이혼에 동의하지 않는 경우에 법원의 조정을 거쳐 판결로서 이혼이 성립되는 것을 재판상 이혼이라고 한다. 협의이혼은 부부가 이혼하기로 합의만 하면 그 사유를 묻지 않고 이혼확인신청이 가능하나, 재판상 이혼은 다음 각 호의 사유가 있는 경우에 한하여 법원에 이혼을 청구할 수 있다(민법 제840조). ① 배우자에 부정한 행위가 있었을 때, ② 배우자가 악의로 다른 일방을 유기한 때, ③ 배우자 또는 그 직계존속으로부터 심히 부당한 대우를 받았을 때, ④ 자기의 직계 존속이 배우자로부터 심히 부당한 대우를 받았을 때, ⑤ 배우자의 생사가 3년 이상 분명하지 아니한 때, ⑥ 기타 혼인을 계속하기 어려운 중대한 사유가 있을 때.

[판례] 민법 제840조 제1호 소정의 "부정한 행위"라 함은 배우자로서의 정조의무에 충실치 못한 일체의 행위를 포함하며 이른바 간통보다는 넓은 개념으로서 부정한 행위인지의 여부는 각 구체적 사안에 따라 그 정도와 상황을 참작하여 평가하여야 할 것이다(고령이고 중풍으로 정교능력이 없어 실제로 정교를 갖지는 못하였다 하더라도 배우자 아닌 자와 동거한 행위는 배우자로서의 정조의무에 충실치 못한 것으로서 "부정한 행위"에 해당한다고 한 사례). [대법원 1992. 11. 10. 선고 92므68 판결]

[판례] 가정은 단순히 부부만의 공동체에 지나지 않는 것이 아니고 그 자녀 등 모든 구성원의 공동생활을 보호하는 기능을 가진 것으로서 부부 중 일방이 불치의 정신병에 이환되었고, 그 질환이 단순히 애정과 정성으로 간호되거나 예후가 예측될 수 있는 것이 아니고 그 가정의 구성원 전체에게 끊임없는 정신적·육체적 희생을 요구하는 것이며, 경제적 형편에 비추어 많은 재정적 지출을 요하고 그로 인한 다른 가족들의 고통이 언제 끝날지 모르는 상태에 이르렀다면, 온 가족이 헤어날 수 없는 고통을 받더라도 타방 배우자는 배우자간의 애정에 터잡은 의무에 따라 한정 없이 참고 살아가라고 강요할 수는 없는 것이므로, 이러한 경우는 민법 제840조 제6호 소정의 재판상 이혼사유에 해당한다. [대법원 2004. 9. 13. 선고 2004므740 판결]

[판례] 민법 제840조 제6호 소정의 이혼사유인 '혼인을 계속하기 어려운 중대한 사유가 있을 때'라 함은 부부간의 애정과 신뢰가 바탕이 되어야 할 혼인의 본질에 상응하는 부부공동생활관계가 회복할 수 없을 정도로 파탄되고 그 혼인생활의 계속을 강제하는 것이 일방 배우자에게 참을 수 없는 고통이 되는 경우를 말한다(78세의 처가 92세의 남편을 상대로 제기한 이혼청구에 대하여 민법 제840조 제6호 소정의 이혼사유인 '혼인을 계속하기 어려운 중대한 사유'가 있음을 이유로 이혼청구를 인용한 원심의 판단을 수긍한 사례). [대법원 2000. 9. 5. 선고 99므1886 판결]

그렇지만 판례는 부부관계가 회복될 수 없는 정도로 파탄되었더라도 그 파

탄에 대하여 전적으로 또는 주로 책임 있는 배우자(유책배우자)에 의한 이혼청구
는 원칙적으로 허락하지 않는다. 다만 상대방 배우자가 오기나 보복적 감정으로
이혼을 거부하는 경우에만 이혼을 인정하고 있다.

[판례] [다수의견] (가) 이혼에 관하여 파탄주의를 채택하고 있는 여러 나라의 이혼법제는 우
리나라와 달리 재판상 이혼만을 인정하고 있을 뿐 협의상 이혼을 인정하지 아니하고 있다. 우
리나라에서는 유책배우자라 하더라도 상대방 배우자와 협의를 통하여 이혼을 할 수 있는 길
이 열려 있다. 이는 유책배우자라도 진솔한 마음과 충분한 보상으로 상대방을 설득함으로써
이혼할 수 있는 방도가 있음을 뜻하므로, 유책배우자의 행복추구권을 위하여 재판상 이혼원인
에 있어서까지 파탄주의를 도입하여야 할 필연적인 이유가 있는 것은 아니다. 우리나라에는
파탄주의의 한계나 기준, 그리고 이혼 후 상대방에 대한 부양적 책임 등에 관해 아무런 법률
조항을 두고 있지 아니하다. 따라서 유책배우자의 상대방을 보호할 입법적인 조치가 마련되어
있지 아니한 현 단계에서 파탄주의를 취하여 유책배우자의 이혼청구를 널리 인정하는 경우
유책배우자의 행복을 위해 상대방이 일방적으로 희생되는 결과가 될 위험이 크다. 유책배우자
의 이혼청구를 허용하지 아니하고 있는 데에는 중혼관계에 처하게 된 법률상 배우자의 축출
이혼을 방지하려는 의도도 있는데, 여러 나라에서 간통죄를 폐지하는 대신 중혼에 대한 처벌
규정을 두고 있는 것에 비추어 보면 이에 대한 아무런 대책 없이 파탄주의를 도입한다면 법률
이 금지하는 중혼을 결과적으로 인정하게 될 위험이 있다. 가족과 혼인생활에 관한 우리 사회
의 가치관이 크게 변화하였고 여성의 사회 진출이 대폭 증가하였더라도 우리 사회가 취업, 임
금, 자녀양육 등 사회경제의 모든 영역에서 양성평등이 실현되었다고 보기에는 아직 미흡한
것이 현실이다. 그리고 우리나라에서 이혼율이 급증하고 이혼에 대한 국민의 인식이 크게 변
화한 것이 사실이더라도 이는 역설적으로 혼인과 가정생활에 대한 보호의 필요성이 그만큼
커졌다는 방증이고, 유책배우자의 이혼청구로 인하여 극심한 정신적 고통을 받거나 생계유지
가 곤란한 경우가 엄연히 존재하는 현실을 외면해서도 아니 될 것이다.
(나) 이상의 논의를 종합하여 볼 때, 민법 제840조 제6호 이혼사유에 관하여 유책배우자의 이
혼청구를 원칙적으로 허용하지 아니하는 종래의 대법원판례를 변경하는 것이 옳다는 주장은
아직은 받아들이기 어렵다. 유책배우자의 이혼청구를 허용하지 아니하는 것은 혼인제도가 요
구하는 도덕성에 배치되고 신의성실의 원칙에 반하는 결과를 방지하려는 데 있으므로, 혼인제
도가 추구하는 이상과 신의성실의 원칙에 비추어 보더라도 책임이 반드시 이혼청구를 배척해
야 할 정도로 남아 있지 아니한 경우에는 그러한 배우자의 이혼청구는 혼인과 가족제도를 형
해화할 우려가 없고 사회의 도덕관·윤리관에도 반하지 아니하므로 허용될 수 있다. 그리하여
상대방 배우자도 혼인을 계속할 의사가 없어 일방의 의사에 따른 이혼 내지 축출이혼의 염려
가 없는 경우는 물론, 나아가 이혼을 청구하는 배우자의 유책성을 상쇄할 정도로 상대방 배우
자 및 자녀에 대한 보호와 배려가 이루어진 경우, 세월의 경과에 따라 혼인파탄 당시 현저하
였던 유책배우자의 유책성과 상대방 배우자가 받은 정신적 고통이 점차 약화되어 쌍방의 책
임의 경중을 엄밀히 따지는 것이 더 이상 무의미할 정도가 된 경우 등과 같이 혼인생활의 파

탄에 대한 유책성이 이혼청구를 배척해야 할 정도로 남아 있지 아니한 특별한 사정이 있는 경우에는 예외적으로 유책배우자의 이혼청구를 허용할 수 있다. 유책배우자의 이혼청구를 예외적으로 허용할 수 있는지 판단할 때에는, 유책배우자 책임의 태양·정도, 상대방 배우자의 혼인계속의사 및 유책배우자에 대한 감정, 당사자의 연령, 혼인생활의 기간과 혼인 후의 구체적인 생활관계, 별거기간, 부부간의 별거 후에 형성된 생활관계, 혼인생활의 파탄 후 여러 사정의 변경 여부, 이혼이 인정될 경우의 상대방 배우자의 정신적·사회적·경제적 상태와 생활보장의 정도, 미성년 자녀의 양육·교육·복지의 상황, 그 밖의 혼인관계의 여러 사정을 두루 고려하여야 한다. [대법원 2015. 9. 15. 선고 2013므568 전원합의체 판결]

[판례] 법률상 부부인 갑과 을이 별거하면서 갑이 병과 사실혼관계를 형성하였고, 그 후 갑과 을의 별거상태가 약 46년간 지속되어 혼인의 실체가 완전히 해소되고 각자 독립적인 생활관계가 고착화되기에 이르자 갑이 을을 상대로 이혼을 청구한 사안에서, 갑과 을의 혼인은 혼인의 본질에 상응하는 부부공동생활 관계가 회복할 수 없을 정도로 파탄되었고, 그 혼인생활의 계속을 강제하는 것이 일방 배우자에게 참을 수 없는 고통이 될 것이며, 혼인제도가 추구하는 목적과 민법의 지도이념인 신의성실의 원칙에 비추어 보더라도 혼인관계의 파탄에 대한 갑의 유책성이 반드시 갑의 이혼청구를 배척하지 않으면 아니 될 정도로 여전히 남아 있다고 단정할 수 없으므로, 갑과 을의 혼인에는 민법 제840조 제6호에 정한 '혼인을 계속하기 어려운 중대한 사유가 있을 때'라는 이혼원인이 존재한다고 한 사례. [대법원 2010. 6. 24. 선고 2010므1256 판결]

　　그리고 재판상 이혼을 하려는 사람은 먼저 관할법원에 조정을 신청하여야 한다. 조정을 신청하지 아니하고 바로 이혼소송을 제기하면 법원이 직권으로 조정에 회부한다. 이것을 조정전치주의(調停前置主義)라고 하는데 가정문제는 가능하다면 당사자들의 합의로 해결하는 것이 바람직하기 때문에 당사자들의 합의를 유도하기 위한 절차를 거치도록 하고 있는 것이다(최근에는 자녀가 있는 경우 상담을 받도록 하는 경우도 있다). 재판상 이혼을 명하는 판결이 선고된 경우에는 이혼의 소를 제기한 사람이 재판의 확정일로부터 1개월 이내에 재판의 등본 및 확정증명서를 첨부하여 등록기준지 또는 주소지의 시·구·읍·면에 이혼신고를 하여야 한다. 1개월이 지나도록 이혼신고를 하지 않으면 과태료를 물어야 한다.

2. 이혼의 효과

(1) 위자료청구권

재판상 이혼을 할 경우 일방 배우자는 이혼에 대한 책임이 있는 상대방 배우자에게 정신적 고통에 대한 손해배상 즉 위자료를 청구할 수 있다. 뿐만 아니라 제3자가 이혼에 대한 책임이 있는 경우에는 그 제3자를 상대로 한 위자료의 청구도 가능하다. 이러한 위자료 청구는 재판상 이혼의 경우에만 인정되며 협의이혼의 경우에는 인정되지 않는다. 유책배우자에 대한 위자료를 산정함에 있어서는 유책행위에 이르게 된 경위와 정도, 혼인관계파탄의 원인과 책임, 배우자의 연령과 재산상태 등 변론에 나타나는 모든 사정을 참작하여 법원이 직권으로 정한다.

[판례] 부첩계약은 본처의 동의 유무를 불문하고 선량한 풍속에 반하는 사항을 내용으로 하는 법률행위로서 무효일 뿐만 아니라 위법한 행위이므로, 부첩관계에 있는 부 및 첩은 특별한 사정이 없는 한 그로 인하여 본처가 입은 정신상의 고통에 대하여 배상할 의무가 있고, 이러한 손해배상책임이 성립하기 위하여 반드시 부첩관계로 인하여 혼인관계가 파탄에 이를 필요까지는 없으며, 본처가 장래의 부첩관계에 대하여 동의하는 것은 그 자체가 선량한 풍속에 반하는 것으로서 무효라고 할 것이나, 기왕의 부첩관계에 대하여 용서한 때에는 그것이 손해배상청구권의 포기라고 해석되는 한 그대로의 법적 효력이 인정된다. [대법원 1998. 4. 10. 선고 96므1434 판결]

[판례] 원고의 자녀에 대한 과외교습을 담당하던 피고가 원고의 집에 설치된 전화 자동응답기에 "원고가 불륜행위를 하였다."는 취지의 메시지를 남긴 것 때문에 원고의 부부관계가 파탄되어 합의이혼한 경우, 피고에게 불법행위로 인한 손해배상책임이 있다고 본 사례. [청주지방법원 1998. 7. 15. 선고 97가합3573 판결]

(2) 재산분할청구권

이혼한 부부의 일방이 다른 일방에 대하여 혼인생활 중 당사자 쌍방의 협력으로 취득한 재산의 분할을 청구할 수 있는 권리를 재산분할청구권이라 한다. 부부관계가 원만할 때에는 부부의 재산이 누구의 명의로 되어 있든지 별로 문제되지 않으나(다만 제3자와의 관계에서는 중요한 문제가 된다), 이혼으로 인하여 혼인생활이 끝나게 될 때에는 부부의 재산관계를 청산할 필요가 있다(부부 일방이 사망한 경우에는 상속을 받는다). 한 가정의 재산형성은 부부 중 어느 한 사람에 의한 것이 아니라 부부의 공동노력에 의한 것이기 때문에, 이혼시에 혼인 중 쌍방의 노력으로 취득한 재산에 대한 기여도에 따라 각자의 몫에 해당하는 재산의 분할을 상대방에 대하여 청구할 수 있도록 하는 것이다. 나아가 이혼 당시 이미 연금을 지급받고 있는 경우는 물론이고, 장차 받게 될 퇴직금이나 연금에 대해서도 분할을 청구할 수 있다.

재산분할의 범위와 방법에 관하여 당사자간에 협의가 이루어진 경우에는 그에 따라 분할이 이루어지지만, 협의가 이루어지지 않은 때에는 가정법원에 재산분할을 청구할 수 있고, 이 경우 가정법원은 분할의 대상이 되는 재산의 액수와 재산형성에 기여한 정도 등을 고려하여 구체적인 금액과 방법을 정하는데, 이 경우 상대방 배우자의 재산을 확인하기 위한 재산명시나 재산조회를 가정법원에 신청할 수 있다. 재산분할청구권은 이혼이 성립한 때로부터 2년 이내에 행사할 수 있다.

> **[판례]** 민법 제839조의2에 규정된 재산분할제도는 혼인 중에 취득한 실질적인 공동재산을 청산 분배하는 것을 주된 목적으로 하는 것이므로, 부부가 재판상 이혼을 할 때 쌍방의 협력으로 이룩한 재산이 있는 한, 법원으로서는 당사자의 청구에 의하여 그 재산의 형성에 기여한 정도 등 당사자 쌍방의 일체의 사정을 참작하여 분할의 액수와 방법을 정하여야 하는바, 이 경우 부부 일방의 특유재산은 원칙적으로 분할의 대상이 되지 아니하나 특유재산일지라도 다른 일방이 적극적으로 그 특유재산의 유지에 협력하여 그 감소를 방지하였거나 그 증식에 협력하였다고 인정되는 경우에는 분할의 대상이 될 수 있다. [대법원 1998. 2. 13. 선고 97므1486 판결]

> **[판례]** 부부 일방이 혼인 중 제3자에게 부담한 채무는 일상가사에 관한 것 이외에는 원칙적으로 그 개인의 채무로서 청산의 대상이 되지 않으나 그것이 공동재산의 형성에 수반하여 부담한 채무인 경우에는 청산의 대상이 된다. [대법원 1998. 2. 13. 선고 97므1486 판결]

> **[판례]** 혼인 중에 부부가 협력하여 이룩한 재산이 있는 경우에는 혼인관계의 파탄에 대하여 책임이 있는 배우자라도 재산의 분할을 청구할 수 있다. [대법원 1993. 5. 11. 자 93스6 결정]

■ 연금의 분할 ■

국민연금의 경우에는 국민연금법에서 혼인기간 중 일방이 적립한 연금을 분할하도록 규정하고 있었지만 연금의 경우에도 분할이 가능한지가 오랫동안 다투어졌다. 그런데 대법원

2014. 7. 16. 선고 2012므2888 전원합의체 판결에서는 이미 퇴직하여 수령하고 있는 연금도 분할의 대상이 된다고 하였고, 대법원 2014. 7. 16. 선고 2013므2250 전원합의체 판결에서는 부부 일방이 이혼 당시 아직 퇴직하지 아니한 채 직장에 근무하고 있는 경우에도 퇴직급여채권이 재산분할의 대상에 포함된다고 판결함으로써 연금도 분할의 대상이 되는 것으로 보았다. 그 후 공무원연금법과 사립학교교직원연금법을 개정하여 이들 연금도 분할이 되는 것으로 규정하고 있다.

(3) 자녀의 양육, 친권행사 및 면접교섭

협의이혼을 하는 부부에게 양육할 자녀가 있는 경우에는 자녀양육과 친권자결정에 관한 협의서 또는 가정법원의 심판정본을 제출하여야 하는데, 이 협의서에는 양육자의 결정, 양육비용의 부담, 면접교섭권의 행사 여부와 그 방법이 포함되어 있어야 한다. 자녀의 양육 등에 관한 협의가 이루어지지 아니한 경우에는 가정법원이 직권으로 결정하게 되며, 당사자들의 협의가 자녀의 복리에 반하는 경우에는 보정을 명하거나 자녀의 의사와 연령, 부모의 재산상황 그 밖의 사정을 참작하여 가정법원이 결정하며, 자녀의 복리를 위하여 필요하다고 인정되는 경우에는 직권으로 양육에 관한 사항을 변경하거나 다른 적당한 처분을 할 수 있다. 그리고 자녀를 직접 양육하지 않는 부모는 자녀가 성년이 될 때까지 양육비를 지급하여야 하며, 양육비의 지급을 확실하게 하기 위하여 가정법원으로 하여금 양육비부담조서를 작성하도록 한다. 나아가 양육비채권자의 양육비이행청구를 돕기 위하여 양육비이행관리원을 설립하였다.

한편 자녀를 직접 양육하고 있지 않은 부나 모 및 자녀에게는 면접교섭권이 인정된다. 다만 양육권이 없는 부모를 만나는 것이 자녀의 교육에 바람직하지 않다고 판단되는 경우에는 면접교섭권을 제한할 수 있다.

그리고 부모는 자녀를 보호·교양하기 위한 친권을 가지는데, 혼인 중에는 특별한 사정이 없는 한 부모가 공동으로 친권을 행사하며, 양자의 경우에는 양부모가 친권을 행사한다. 그렇지만 혼인 외의 자녀가 인지된 경우나 부모가 이혼하는 경우에는 부모의 일방을 친권자로 정할 수 있으며, 자녀의 복리를 위하여 필요하다고 인정되는 경우에는 친권자를 다른 일방으로 변경할 수 있다. 그런데 단독친권자로 정하여진 부모의 일방이 사망한 경우에는 다른 일방이 당연히 친권자가 되는 것은 아니고, 가정법원에 친권자지정을 청구하여 지정을 받아야 친권자가 될 수 있으며, 양자가 파양된 경우나 양부모가 모두 사망한 경우에 친생부모가 친권자가 되기 위해서는 가정법원의 지정을 받아야 한다(만약 부모가 친권자로 지정되지 않는 경우에는 미성년자를 위한 미성년후견인이 선임된다).

한편 부모가 친권을 남용하여 자녀의 복리를 해치거나 해칠 우려가 있는 경우, 가정법원은 자녀, 자녀의 친족, 검사 또는 지방자치단체의 장의 청구에 의하여 친권의 상실 또는 일시정지를 선고할 수 있는데, 일시정지기간은 2년을 넘을 수 없으며 한 차례만 연장할 수 있다(제924조). 그리고 특정한 사항에 관하여 친권자가 친권을 행사하는 것이 곤란하거나 부적당한 사유가 있어 자녀의 복리를 해치거나 해칠 우려가 있는 경우에는 구체적인 범위를 정하여 친권의 일부를 제한할 수 있고(제924조의2), 친권자의 부적당한 관리로 인하여 자녀의 재산을 위태롭게 한 경우에는 친권자의 법률행위 대리권과 재산관리권의 상실을 선고할 수 있다. 부모의 일방이 친권을 상실하거나 법률행위 대리권, 재산관리권을 상실하게 되면 다른 일방이 단독으로 그 권리를 행사하게 되지만 부모 모두 친권 등을 상실한 경우에는 미성년자녀를 위하여 그 권한을 대신 행사할 후견인이 선임된다.

■ 양육비이행관리원 ■

민법의 이혼절차에 대한 개선을 통하여 이혼시에는 반드시 자녀의 양육에 관한 사항을 결정하게 하고 있으나, 이행이 되지 않는 경우가 많다. 그리하여 협의이혼을 하는 경우에도 부모가 양육비에 관한 사항을 정하면, 법원이 그 내용에 따라 집행권원으로서의 효력을 가지는 양육비부담조서를 작성하여 교부함으로써 미성년자녀를 직접 양육하는 부모가 상대방에 대하여 양육비에 대한 강제집행을 할 수 있도록 하였다. 그렇지만 직접 양육비의 이행을 강제하는 것이 그리 쉬운 일이 아니기 때문에 양육비이행관리원(www.childsupport.or.kr)을 설립하여 양육비의 추심업무를 지원할 수 있도록 하였다. 양육비이행관리원에서는 양육비의 추심분만 아니라 양육비 채무자의 재산에 대한 강제집행과 계속적인 이행에 대한 사후관리 및 생계가 어려운 한부모에 대한 긴급지원 등의 업무를 수행하고 있다.

Ⅲ. 상속

1. 상속 및 상속권의 의의

사람이 사망하여 권리능력을 상실하게 되면 더 이상 권리나 의무를 가질 수 없기 때문에 피상속인의 사망으로 인하여 피상속인에게 속하였던 재산상의 지위(권리와 의무)가 상속인에게 승계되도록 하는 것을 상속(相續)이라 한다. 그러나 피상속인의 일신에 전속한 것은 상속대상에서 제외된다(예: 연금청구권). 다만 피상속인이 정신적 손해배상으로 인한 위자료청구권을 생전에 행사하였거나 소를 제기한 후 사망하였다면 위자료청구권도 상속될 수 있다.

한편 상속에 관하여 상속인이 가지는 권리를 상속권(相續權)이라고 하는데, 상속개시 전에는 상속인이 장차 상속을 받을 수 있는 기대에 관한 권리를 의미하며, 상속개시 후에는 상속된 재산을 나누어 가질 수 있는 권리 또는 지위를 의미한다.

2. 상속의 개시

상속은 피상속인이 사망으로 개시된다. 실종선고의 경우에도 사망한 것으로 의제되므로 실종선고를 받은 자는 실종기간이 만료한 때에 사망한 것으로 하여 상속이 개시된다. 상속개시 장소는 피상속인의 주소지이며, 상속에 관한 비용은 상속재산 중에서 지출한다.

▪ 사망한 것으로 간주하는 제도 1: 실종선고 ▪

어떤 사정으로 인하여 생사를 알 수 없는 사람(이러한 사람을 부재자(不在者)라고 부른다)과 관련된 법률관계를 오랫동안 방치하면 그 사람과의 법률관계가 확정되지 아니함으로 인하여 이해관계인에게 불이익을 줄 수 있기 때문에 민법은 부재자와 이해관계인의 이익을 조화시키기 위하여 실종선고(失踪宣告)라는 제도를 두고 있다(민법 제27조 이하). 실종선고는 부재자의 생사가 일정기간 분명하지 아니한 때에 이해관계인이나 검사의 청구에 의하여 법원이 하게 되는데, 실종선고를 청구하기 위한 부재자의 생사불명기간은, 일반실종의 경우에는 5년, 전쟁·항공기의 추락·선박의 침몰 등과 같은 사유로 인한 특별실종의 경우에는 1년으로 정하여져 있다. 실종선고의 청구를 받으면 법원은 6개월 이상의 기간을 정하여 그 기간 내에 부재자 본인이나 부재자의 생사를 아는 자에게 신고를 하도록 하며, 이 기간 동안 신고가 없는 경우에 실종을 선고하게 된다. 이러한 절차를 거쳐 실종선고가 있게 되면 부재자는 실종기간이 만료한 때에 사망한 것으로 간주되어 가족관계등록부에 기재되며, 그 효과로서 부재자의 재산에 대한 상속이 이루어지고 잔존배우자는 재혼을 할 수 있게 된다.

▪ 사망한 것으로 간주하는 제도 2: 인정사망 ▪

사망시기를 확정하기 위한 제도로 실종선고 외에 인정사망(認定死亡)이라는 것이 있다. 인정사망은 가족관계등록법 제87조에서 규정하고 있는 제도로서, 수난·화재 또는 기타의 재난으로 인하여, 사망에 대한 직접적인 증거는 없지만, 사망한 것으로 인정할 개연성이 큰 경우에 이를 조사한 공무원이 사망자의 등록기준지에 사망의 보고를 함으로써 호적에 사망한 것으로 기재하는 제도이다. 인정사망제도를 둔 이유는 사망하였다는 직접적인 증거는 없지만 사망하였을 확률이 대단히 높은데도 불구하고 실종선고에 의하여 사망한 것으로 처리한다는 것은 적당하지 않기 때문이다. 인정사망의 제도는 최근에 발생한 삼풍백화점 붕괴사고, 대구지하철 화재사고 등과 같이 실종자의 사체를 확인할 수 없는 경우에 적용된 바 있다.

▪ 사망한 것으로 간주하는 제도 3: 동시사망 ▪

2인 이상이 동일한 위난(危難)으로 사망한 경우에 누가 먼저 사망하였는가는 상속과 관련하여 중대한 의의가 있다. 그렇지만 실제로 누가 먼저 사망하였는지 확인할 수 없는 경우에는 먼저 상속재산을 차지한 사람에게 유리한 결과가 발생하게 된다. 예를 들어 甲이 子인 丙과 함께 동일한 위난으로 사망한 경우에 甲의 처인 乙이 상속재산을 차지하고 나면 甲의 母인 丁은 甲이 丙보다 나중에 사망하였다는 것을 증명한 경우에만 상속을 받을 수 있기 때문이다. 이러한 문제를 해결하기 위하여 민법은 동일한 위난으로 사망한 경우에는 동시에 사망한 것으로 추정하고 있다(민법 제30조). 따라서 동시에 사망한 사람들 사이에서는 상속이라는 법률관계가 발생하지 않으며 생존하고 있는 사람들 사이에서만 상속이라는 문제가 발생하게 된다(괌에서의 항공기추락사고로 인하여 사위를 제외한 일가족이 모두 사망한 사건을 다룬 대법원 2001. 3. 9. 선고 99다13157 판결에서는 동일한 위난으로 사망한 아버지와 딸 사이의 상속은 인정하지 않았지만 사위의 대습상속은 인정하였다).

3. 상속인과 상속순위

(1) 원칙

민법이 규정하고 있는 상속인은 피상속인의 4촌 이내의 혈족과 배우자이다. 이들 가운데 직계비속이 1순위가 되고, 직계존속은 2순위, 형제자매는 3순위, 그 밖에 4촌 이내의 방계혈족은 4순위의 상속인이 된다(민법 제1000조). 배우자는 직계비속이나 직계존속이 있는 경우에는 그들과 같은 순위에서 공동으로 상속하고, 직계비속이나 직계존속이 없는 경우에는 단독으로 상속한다. 여기의 배우자는 혼인신고를 한 법률상의 배우자만을 가리키며, 사실혼의 배우자는 포함되지 않는다. 태아는 상속에 있어서 이미 출생한 것으로 보며, 직계비속인 子에는 혼인 중의 자뿐만 아니라 인지된 혼인 외의 출생자나 양자도 포함된다.

> **[판례]** 상속을 포기한 자는 상속개시된 때부터 상속인이 아니었던 것과 같은 지위에 놓이게 되므로, 피상속인의 배우자와 자녀 중 자녀 전부가 상속을 포기한 경우에는 배우자와 피상속인의 손자녀 또는 직계존속이 공동으로 상속인이 되고, 피상속인의 손자녀와 직계존속이 존재하지 아니하면 배우자가 단독으로 상속인이 된다. [대법원 2015. 5. 14. 선고 2013다48852 판결]

▪ 태아의 법적 지위 ▪

태아(胎兒)라 함은 임신 후부터 분만시까지 모체 내의 살아있는 생명체를 말한다. 사람은 생존하는 동안에만 권리와 의무의 주체가 된다고 하는 원칙에 따르면, 아직 출생하지 않은 태아는 권리능력이 없는 것으로 된다. 따라서 예컨대 父가 사망한 후에 태어난 子는 父의 사망시에 태아였으므로 권리능력을 가지지 못하게 되고 따라서 재산을 상속받거나 父의 사망으로 인하여 입게 된 정신적 손해에 대한 배상청구권을 취득할 수 없다는 불합리한 결과가 야기된다. 그러므로 민법은 태아를 보호하기 위하여 상속과 불법행위의 경우에는 그 사실이 발생한 당시에 태아였음에도 불구하고 그때 출생한 것으로 보아 상속 또는 손해배상에 대한 권리를 인정하고 있다. 다시 말하면 민법상 태아가 권리능력을 가지는 경우는 모체에 대한 위법행위로 인해 태아 스스로가 입게 된 손해에 대하여 불법행위에 기한 손해배상청구를 하는 경우와 피상속인의 사망으로 인한 정신적 손해의 배상을 청구하는 경우(민법 제762조) 및 피상속인이 사망함으로써 재산상속이 이루어진 경우에 상속을 받을 수 있게 되는 경우인데(민법 제1000조 제3항; 그리고 상속과 같은 범주에 속하는 대습상속과 유증의 경우에도 권리능력이 인정된다), 이러한 경우에는 모체에 대한 위법행위가 있는 때나 피상속인이 사망한 때에 태아가 출생한 것으로 보는 것이다. 다만 태아가 위와 같은 권리를 취득하기 위해서는 반드시 살아서 출생하여야 한다.

> **[판례]** 태아도 손해배상청구권에 관하여는 이미 출생한 것으로 보는바, 부가 교통사고로 상해를 입을 당시 태아가 출생하지 아니하였다고 하더라도 그 뒤에 출생한 이상 부의 부상으로 인하여 입게 될 정신적 고통에 대한 위자료를 청구할 수 있다. [대법원 1993. 4. 27. 선고 93다4663 판결]

(2) 대습상속

상속인이 될 직계비속 또는 형제자매가 상속개시 전에 사망하거나 결격자가 된 경우에 그 직계비속이 있는 때에는 그 직계비속이 사망하거나 결격된 자의 순위에 갈음하여 상속인이 되며, 상속개시 전에 사망 또는 결격된 자의 배우자도 그 직계비속과 함께 같은 순위로 공동상속인이 되고, 직계비속이 없을 때에는 단독상속인이 된다. 이와 같이 살아 있었다면 상속권이 있는 망자의 상속분을 그 망자의 상속인이 망자에 갈음하여 상속하는 것을 대습상속(代襲相續)이라 한다. 대습상속의 효과로서 대습상속인은 피대습자의 순위에 갈음하여 상속하게 되며, 대습상속에 의하여 상속받은 재산은 대습상속인이 각자의 상속분에 따라 나누어 가지게 된다.

■ **상속결격** ■

상속인에 대하여 법정사유가 발생하면 특별히 재판상의 선고를 기다리지 않고 법률상 당연히 그 상속인이 피상속인을 상속하는 자격을 잃도록 하는 제도이다. 민법이 규정하는 상속결격사유에는 고의로 직계존속, 피상속인, 그 배우자 또는 상속의 선순위자나 동순위에 있는 자를 살해하거나 살해하려 한 자, 고의로 직계존속·피상속인과 그 배우자에게 상해를 가하여 사망에 이르게 한 자, 사기·강박으로 피상속인의 상속에 관한 유언 또는 유언의 철회를 방해한 자, 사기·강박으로 피상속인의 상속에 관한 유언을 하게 한 자, 피상속인의 상속에 관한 유언서를 위조·변조·파기 또는 은닉한 자 등이 있다. 상속결격사유가 존재하면 상속의 자격을 잃음과 동시에 수증결격사유가 되어 유증도 받을 수 없다. 그러나 그 효력은 결격자에게만 미치고, 그 직계비속이나 배우자에게는 미치지 않는다(따라서 대습상속이 있게 된다). 한편 결격의 용서는 허용되지 않는다.

[판례] 태아가 호주상속의 선순위 또는 재산상속의 선순위나 동순위에 있는 경우에 그를 낙태하면 구 민법(1990. 1. 13. 법률 제4199호로 개정되기 전의 것) 제992조 제1호 및 제1004조 제1호 소정의 상속결격사유에 해당한다. [대법원 1992. 5. 22. 선고 92다2127 판결]

(3) 상속인의 부존재

상속인의 존부가 분명하지 않은 경우(상속인의 부존재가 확정된 경우도 포함)에는 우선 상속인을 찾기 위한 공고를 하고, 그래도 상속인이 나타나지 않을 경우에는 청산절차를 거친 후 특별연고자에게 상속재산의 전부 또는 일부를 나누어 준다. 이 경우 특별연고자란 상속인이 아니면서 피상속인을 부양한 자와 같은 경우를 말한다. 특별연고자가 없는 경우 남은 재산은 국고에 귀속된다.

(4) 상속회복청구권

상속회복청구권이란 진정한 상속인이 가진 상속권의 실현을 방해하고 있는 자에 대하여 상속권을 주장함으로써 그 방해를 배제하고 상속권의 내용을 실현하는 것을 목적으로 하는 청구권을 말한다. 상속회복청구권은 진정상속인에게 일괄적으로 상속재산을 회복할 수 있는 기회를 부여하고 상속재산에 관한 권리관계에 대한 입증책임을 경감시켜줌으로써 상속의 권리관계를 빠른 시일 내에 확정하기 위한 제도이다.

상속회복청구권자는 상속권자와 그 법정대리인이며, 상속회복청구의 상대방은 ① 참칭상속인(僭稱相續人), ② 자기의 상속권을 주장하지 않는 상속재산 점유자·특정의 권원을 주장하여 상속재산을 점유하는 자, ③ 다른 상속인의 상속분을 침해하는 공동상속인, ④ 위 3자로부터 상속재산을 전득한 제3자 등이다. 한편 상속개시 후 임의인지 또는 인지청구의 소에 의하여 공동상속인이 된 혼인 외의 출생자도 다른 공동상속인에 대하여 상속회복청구권을 행사할 수 있다. 다만 상속재산이 이미 분할되었거나 그 밖에 상속재산이 처분된 후라면 자기의 상속분에 상당한 가액의 지급을 청구할 수 있다.

상속회복청구권을 행사하게 되면, 참칭상속인이 악의인 경우에는 과실과 사용이익을 모두 반환해야 하고, 선의인 경우에는 현존하는 한도에서 반환하면 된다. 참칭상속인으로부터 상속재산을 양수한 제3자는 그 상속재산이 동산인 경우에는 선의취득을 함으로써 반환을 거절할 수 있지만, 부동산인 경우에는 등기의 공신력이 없으므로 반환해야 한다. 그러나 공동상속인으로부터 상속재산을 양수한 제3자는 권리취득에 영향이 없다. 따라서 동산·부동산 구별없이 제3자는 보호된다. 상속회복청구권은 그 침해를 안 날로부터 3년, 침해행위가 있은 날로부터 10년 내에 행사하여야 한다.

4. 상속의 효과

(1) 상속의 일반원칙

상속인은 상속이 개시된 때로부터 피상속인의 재산에 관한 포괄적 권리의무를 승계한다. 따라서 적극재산뿐만 아니라 소극재산 즉 채무도 상속한다. 다만 피상속인의 일신에 전속한 것은 상속하지 않는다. 한편 상속인이 여러 명인 경우에는 그 상속인들이 공동으로 상속재산과 채무를 승계한다.

(2) 상속분

상속분(相續分)이라 함은 상속인이 상속재산에 대하여 가지는 지분을 의미한다. 피상속인이 유언을 통하여 상속재산을 유증한 경우에는 그에 따라 상속이 이루어지지만, 유언이 없는 경우에는 법정상속분에 의하여 결정된다(피상속인이 상속인과 상속분을 지정할 수는 없다). 동순위의 상속인이 수인인 때에는 그 상속분은 균분(均分)으로 하고, 피상속인의 배우자의 상속분은 직계비속이나 직계존속과 공동으로 상속하는 때에는 직계비속 또는 직계존속의 상속분의 5할을 가산한 것으로 한다(배우자와 2명의 자녀가 있는 경우라면 1.5 : 1 : 1의 비율로 상속함). 대습상속분은 피대습자의 상속분에 의하며, 대습상속인이 수인인 때 또는 피대습자의 배우자가 있는 경우에도 그 상속분은 피대습자의 상속분의 한도에서 법정상속분에 의한다.

한편 피상속인으로부터 특별히 재산을 증여받은 자를 특별수익자라고 하는데, 그러한 특별수익자가 상속인인 경우에는 그 수증재산이 자기의 상속분에 달하지 못한 때에만 그 부족한 부분의 한도에서 상속분이 있다. 특별수익이라 함은 생전 증여한 재산, 보험금, 사망퇴직금 등을 말하며, 특별수익의 평가는 상속개시시를 기준으로 한다.

[판례] 민법 제1008조는 공동상속인 중에 피상속인으로부터 재산의 증여 또는 유증을 받은 자가 있는 경우에 그 수증재산이 자기의 상속분에 달하지 못한 때에는 그 부족한 부분의 한도에서 상속분이 있다고 규정하고 있는바, 이는 공동상속인 중에 피상속인으로부터 재산의 증여 또는 유증을 받은 특별수익자가 있는 경우에 공동상속인들 사이의 공평을 기하기 위하여 그 수증재산을 상속분의 선급으로 다루어 구체적인 상속분을 산정함에 있어 이를 참작하도록 하려는 데 그 취지가 있는 것이므로, 어떠한 생전증여가 특별수익에 해당하는지는 피상속인의 생전의 자산, 수입, 생활수준, 가정상황 등을 참작하고 공동상속인들 사이의 형평을 고려하여 당해 생전증여가 장차 상속인으로 될 자에게 돌아갈 상속재산 중의 그의 몫의 일부를 미리 주는 것이라고 볼 수 있는지에 의하여 결정하여야 할 것이다. [대법원 1998. 12. 8. 선고 97므513, 520, 97스12 판결]

[판례] 민법 제1008조는 "공동상속인 중에 피상속인으로부터 재산의 증여 또는 유증을 받은 자가 있는 경우에 그 수증재산이 자기의 상속분에 달하지 못한 때에는 그 부족한 부분의 한도에서 상속분이 있다."라고 규정하고 있는데, 이는 공동상속인 중에 피상속인에게서 재산의 증여 또는 유증을 받은 특별수익자가 있는 경우에 공동상속인들 사이의 공평을 기하기 위하여 수증재산을 상속분의 선급으로 다루어 구체적인 상속분을 산정할 때 이를 참작하도록 하려는 데 그 취지가 있다. 여기서 어떠한 생전 증여가 특별수익에 해당하는지는 피상속인의 생전의 자산, 수입, 생활수준, 가정상황 등을 참작하고 공동상속인들 사이의 형평을 고려하여 당해 생전 증여가 장차 상속인으로 될 자에게 돌아갈 상속재산 중 그의 몫의 일부를 미리 주는 것이라고 볼 수 있는지에 의하여 결정하여야 하는데, 생전 증여를 받은 상속인이 배우자로서 일생 동안 피상속인의 반려가 되어 그와 함께 가정공동체를 형성하고 이를 토대로 서로 헌신하며 가족의 경제적 기반인 재산을 획득·유지하고 자녀들에게 양육과 지원을 계속해 온 경우, 생전 증여에는 위와 같은 배우자의 기여나 노력에 대한 보상 내지 평가, 실질적 공동재산의 청산, 배우자 여생에 대한 부양의무 이행 등의 의미도 함께 담겨 있다고 봄이 타당하므로 그러한 한도 내에서는 생전 증여를 특별수익에서 제외하더라도 자녀인 공동상속인들과의 관계에서 공평을 해친다고 말할 수 없다(갑이 을과 사이에 딸 병 등과 아들 정을 두고 을의 사망 시까지 43년 4개월 남짓의 혼인생활을 유지해 오다가 을의 사망 7년 전에 을에게서 부동산을 생전 증여받은 사안에서, 을이 부동산을 갑에게 생전 증여한 데에는 갑이 을의 처로서 평생을 함께 하면서 재산의 형성·유지과정에서 기울인 노력과 기여에 대한 보상 내지 평가, 청산, 부양의무 이행 등의 취지가 포함되어 있다고 볼 여지가 충분하고, 이를 반드시 공동상속인 중 1인에 지나지 않는 갑에 대한 상속분의 선급이라고 볼 것만은 아니므로, 원심으로서는 갑과 을의 혼인생활의 내용, 을의 재산 형성·유지에 갑이 기여한 정도, 갑의 생활유지에 필요한 물적 기반 등 제반 요소를 심리한 후, 이러한 요소가 생전 증여에 포함된 정도나 비율을 평가함으로써 증여재산의 전부 또는 일부가 특별수익에서 제외되는지를 판단하였어야 함에도, 단순히 위 부동산 외에는 아무런 재산이 없던 을이 이를 모두 갑에게 증여하였다는 사정만으로 증

여재산 전부를 특별수익에 해당한다고 본 원심판결에는 배우자의 특별수익에 관한 법리오해의 위법이 있다고 한 사례). [대법원 2011. 12. 8. 선고 2010다66644 판결]

(3) 기여분

기여분(寄與分)이라 함은 공동상속인 중에서 상당한 기간 동거·간호 등의 방법으로 피상속인을 특별히 부양하거나 피상속인의 재산의 유지·보존 또는 증가에 특별히 기여한 자가 있을 경우에 이를 상속분의 산정에 고려하는 제도를 말한다. 기여분은 공동상속인 사이의 실질적 공평을 기하기 위하여 인정되는 제도이다. 기여분권리자는 공동상속인에 한한다. 따라서 사실혼의 배우자, 포괄적 수증자 등은 상속인이 아니므로 기여분권리자가 될 수 없다. 여러 명이라도 상관없으며, 대습상속인도 기여분권리자가 될 수 있고 피대습자의 기여를 주장할 수도 있다. 기여분은 공동상속인의 협의에 의하여 정하고, 협의가 되지 않거나 할 수 없는 경우에는 기여자의 청구에 의하여 가정법원이 정한다. 만약 기여분이 있는 경우에는 상속분을 산정함에 있어서 상속재산의 가액에서 기여분을 공제한 것을 상속재산으로 보고, 그 상속재산에서 상속분을 계산한 후 기여분과 상속분을 합산한 금액을 기여상속인의 상속분으로 한다. 기여분제도는 공동상속인간의 실질적 공평을 실현하기 위한 제도이므로 기여분의 가액이 상속재산의 7, 8할의 고액이 되어도 부당한 것이 아니다.

[판례] 민법이 친족 사이의 부양에 관하여 그 당사자의 신분관계에 따라 달리 규정하고, 피상속인을 특별히 부양한 자를 기여분을 인정받을 수 있는 자에 포함시키는 제1008조의2 규정을 신설함과 아울러 재산상속인이 동시에 호주상속을 할 경우에 그 고유의 상속분의 5할을 가산하도록 한 규정(1990. 1. 13. 법률 제4199호로 개정되기 전의 제1009조 제1항 단서)을 삭제한 취지에 비추어 볼 때, 성년(成年)인 자(子)가 부양의무의 존부나 그 순위에 구애됨이 없이 스스로 장기간 그 부모와 동거하면서 생계유지의 수준을 넘는 부양자 자신과 같은 생활수준을 유지하는 부양을 한 경우에는 부양의 시기·방법 및 정도의 면에서 각기 특별한 부양이 된다고 보아 각 공동상속인 간의 공평을 도모한다는 측면에서 그 부모의 상속재산에 대하여 기여분을 인정함이 상당하다. [대법원 1998. 12. 8. 선고 97므513 판결]

(4) 상속재산의 분할

상속재산의 분할은 상속개시로 인하여 생긴 공동상속인간에 있어서의 상속재산의 공유관계를 종료시키고 상속분에 따라 그 배분귀속을 확정시키는 것을 목적으로 하는 일종의 청산행위를 말한다. 상속재산의 분할은 상속을 승인한 공동상속인 및 포괄적 수증자만이 할 수 있다. 상속재산을 분할하기 위해서는 상속재산에 대한 공유관계가 존재하고, 공동상속인이 확정되어야 하며, 분할의 금지가 없어야 한다.

분할방법에 관하여는 다음의 순서에 따르는데, 유언이 있는 경우에는 유언에서 정한 방법에 따르고, 유언이 없는 경우에는 협의에 의하여 분할할 수 있으며, 상속인 사이에 협의가 이루어지지 않은 때에는 조정 또는 심판에 의하여 분할한다(분할을 원하는 상속인이 다른 모든 상속인을 상대로 소송을 제기해야 함). 그리고 상속재산분할의 효과는 상속이 개시된 때에 소급하지만, 이로써 제3자의 권리를 해할 수 없다.

[판례] 피상속인은 유언으로 상속재산의 분할방법을 정할 수는 있지만, 생전행위에 의한 분할방법의 지정은 그 효력이 없어 상속인들이 피상속인의 의사에 구속되지는 않는다. [대법원 2001. 6. 29. 선고 2001다28299 판결]

[판례] 상속재산을 공동상속인 1인에게 상속시킬 방편으로 나머지 상속인들이 한 상속포기 신고가 민법 제1019조 제1항 소정의 기간을 경과한 후에 신고된 것이어서 상속포기로서의 효력이 없다고 하더라도, 공동상속인들 사이에서는 1인이 고유의 상속분을 초과하여 상속재산 전부를 취득하고 나머지 상속인들은 이를 전혀 취득하지 않기로 하는 내용의 상속재산에 관한 협의분할이 이루어진 것으로 보아야 한다. [대법원 1996. 3. 26. 선고 95다45545, 45552, 45569 판결]

[판례] [1] 상속재산의 분할협의는 상속이 개시되어 공동상속인 사이에 잠정적 공유가 된 상속재산에 대하여 그 전부 또는 일부를 각 상속인의 단독소유로 하거나 새로운 공유관계로 이행시킴으로써 상속재산의 귀속을 확정시키는 것으로 그 성질상 재산권을 목적으로 하는 법률행위이므로 사해행위취소권 행사의 대상이 될 수 있다. / [2] 채무초과 상태에 있는 채무자가 상속재산의 분할협의를 하면서 상속재산에 관한 권리를 포기함으로써 결과적으로 일반 채권자에 대한 공동담보가 감소되었다 하더라도, 그 재산분할결과가 채무자의 구체적 상속분에 상당하는 정도에 미달하는 과소한 것이라고 인정되지 않는 한 사해행위로서 취소되어야 할 것은 아니고, 구체적 상속분에 상당하는 정도에 미달하는 과소한 경우에도 사해행위로서 취

소되는 범위는 그 미달하는 부분에 한정하여야 한다. [대법원 2001. 2. 9. 선고 2000다 51797 판결]

(5) 유류분

유류분(遺留分)이라 함은 상속인에게 유보된 상속재산의 일부로서 피상속인의 생전처분 또는 유언으로도 빼앗을 수 없는 부분을 말한다. 유류분은 유언자유의 원칙을 제한하고, 법정상속인의 생활을 보장하는 데 그 목적이 있다. 유류분을 받을 수 있는 권리를 유류분권이라고 하는데, 유류분권의 포기는 유류분권리자의 자유이지만, 상속개시 전에 미리 포기하지 못한다.

유류분은 공동생활을 하던 유가족의 생활안정을 보호하기 위하여 인정된 제도이므로 법정 상속순위의 범위보다 좁다. 그리하여 우리 민법상 유류분권리자는 피상속인의 직계비속·배우자·직계존속·형제자매로 제한하고 있으며, 태아나 대습상속인도 포함되나, 상속인의 결격·포기에 의하여 상속권을 잃은 자는 유류분권도 당연히 상실한다. 한편 유류분은 차등하여 인정되는데, 피상속인의 배우자 및 직계비속은 그 법정상속분의 2분의 1, 피상속인의 직계존속 및 형제자매는 그 법정상속분의 3분의 1로 정하고 있다.

유류분 산정의 기초가 되는 재산은 상속개시시에 가진 재산에 증여재산의 가액을 가산하고 채무를 공제하는 방법으로 결정된다. 이 경우 가산되는 증여는 원칙적으로 상속개시 전의 1년 내에 한 증여이지만, 유류분권리자에게 손해를 줄 것을 알고 한 증여의 경우에는 1년 전에 행하여진 증여도 포함된다(그리고 공동상속인에 대한 증여는 기간의 제한 없이 가산되는 증여에 포함된다).

피상속인이 한 증여로서 유류분의 산정에 가산되는 증여와 유증에 의하여 유류분권리자의 유류분에 부족이 생긴 경우, 유류분권리자는 그 부족한 한도에서 증여를 받은 자나 유증을 받은 자에 대하여 증여나 유증의 목적인 재산의 반환을 청구할 수 있다. 반환청구권은 상속의 개시와 반환할 증여와 유증을 안 날로부터 1년 내에 행사하지 않으면 시효로 소멸하고, 상속이 개시된 날로부터 10년이 지나도 소멸한다.

[**판례**] 유류분권리자가 유류분반환청구를 함에 있어 증여 또는 유증을 받은 다른 공동상속인이 수인일 때에는 각자 증여 또는 유증을 받은 재산 등의 가액이 자기 고유의 유류분액을 초과하는 상속인에 대하여 그 유류분액을 초과한 가액의 비율에 따라서 반환을 청구할 수 있고, 공동상속인과 공동상속인 아닌 제3자가 있는 경우에는 그 제3자에게는 유류분이 없으므로 공동상속인에 대하여는 자기 고유의 유류분액을 초과한 가액을 기준으로 하여, 제3자에 대하여는 그 증여 또는 유증받은 재산의 가액을 기준으로 하여 그 각 가액의 비율에 따라 반환청구를 할 수 있다. [대법원 2006. 11. 10. 선고 2006다46346 판결]

[**판례**] 증여 또는 유증을 받은 재산 등의 가액이 자기 고유의 유류분액을 초과하는 수인의 공동상속인이 유류분권리자에게 반환하여야 할 재산과 범위를 정할 때에, 수인의 공동상속인이 유증받은 재산의 총 가액이 유류분권리자의 유류분 부족액을 초과하는 경우에는 유류분 부족액의 범위 내에서 각자의 수유재산(受遺財産)을 반환하면 되는 것이지 이를 놓아두고 수증재산(受贈財産)을 반환할 것은 아니다. 이 경우 수인의 공동상속인이 유류분권리자의 유류분 부족액을 각자의 수유재산으로 반환할 때 분담하여야 할 액은 각자 증여 또는 유증을 받은 재산 등의 가액이 자기 고유의 유류분액을 초과하는 가액의 비율에 따라 안분하여 정하되, 그중 어느 공동상속인의 수유재산의 가액이 그의 분담액에 미치지 못하여 분담액 부족분이 발생하더라도 이를 그의 수증재산으로 반환할 것이 아니라, 자신의 수유재산의 가액이 자신의 분담액을 초과하는 다른 공동상속인들이 위 분담액 부족분을 위 비율에 따라 다시 안분하여 그들의 수유재산으로 반환하여야 한다. 나아가 어느 공동상속인 1인이 수개의 재산을 유증받아 각 수유재산으로 유류분권리자에게 반환하여야 할 분담액을 반환하는 경우, 반환하여야 할 각 수유재산의 범위는 특별한 사정이 없는 한 민법 제1115조 제2항을 유추적용하여 각 수유재산의 가액에 비례하여 안분하는 방법으로 정함이 타당하다. [대법원 2013. 3. 14. 선고 2010다42624 판결]

5. 상속의 승인과 포기

상속법은 피상속인의 채무로부터 상속인을 보호하기 위하여 상속의 승인과 포기규정을 두고 있다. 상속의 승인과 포기는 상속개시 이후에 해야 하며, 상속개시 이전에 하는 것은 효력이 없다. 상속의 승인에는 단순승인과 한정승인이 있다.

(1) 단순승인

단순승인(單純承認)이라 함은 피상속인의 권리의무를 제한없이 승계하는 상속방법을 말한다. 단순승인은 상속인이 적극적으로 단순승인의 의사표시를 하는 경우에도 성립하지만, ① 상속인이 상속재산에 대한 처분행위를 한 때, ② 상속인이 상속개시 있음을 안 날로부터 3월내에 한정승인 또는 포기를 하지 아니한 때, ③ 상속인이 한정승인 또는 포기를 한 후에 상속재산을 고의로 은닉, 부정소비, 재산목록에 기입하지 아니한 때에도 법률의 규정에 의하여 단순승인을 한 것으로 처리된다. 단순승인을 한 상속인은 피상속인으로부터 상속받은 채무가 상속재산보다 더 많은 경우에도 자신의 재산(상속인의 재산)으로 그 채무를 변제하여야 한다.

[판례] [1] 상속인이 상속재산에 대한 처분행위를 한 때에는 단순승인을 한 것으로 보는바, 상속인이 피상속인의 채권을 추심하여 변제받는 것도 상속재산에 대한 처분행위에 해당한다. / [2] 상속인이 피상속인의 갑에 대한 손해배상채권을 추심하여 변제받은 행위는 상속재산의 처분행위에 해당하고, 그것으로써 단순승인을 한 것으로 간주되었다고 할 것이므로, 그 이후에 한 상속포기는 효력이 없다고 한 사례. / [3] 법정단순승인에 관한 민법 제1026조 제3호의 '상속재산의 은닉'이라 함은 상속재산의 존재를 쉽게 알 수 없게 만드는 것을 뜻하고, '상속재산의 부정소비'라 함은 정당한 사유 없이 상속재산을 써서 없앰으로써 그 재산적 가치를 상실시키는 것을 의미한다. / [4] 법정단순승인에 관한 민법 제1026조 제3호의 '고의로 재산목록에 기입하지 아니한 때'라 함은 한정승인을 함에 있어 상속재산을 은닉하여 상속채권자를 사해할 의사로써 상속재산을 재산목록에 기입하지 않는 것을 뜻한다. [대법원 2010. 4. 29. 선고 2009다84936 판결]

[판례] [1] 민법 제1026조 제1호는 상속인이 한정승인 또는 포기를 하기 이전에 상속재산을 처분한 때에만 적용되는 것이고, 상속인이 한정승인 또는 포기를 한 후에 상속재산을 처분한 때에는 그로 인하여 상속채권자나 다른 상속인에 대하여 손해배상책임을 지게 될 경우가 있음은 별론으로 하고, 그것이 같은 조 제3호에 정한 상속재산의 부정소비에 해당되는 경우에만 상속인이 단순승인을 한 것으로 보아야 한다. / [2] 민법 제1026조 제3호에 정한 '상속재산의 부정소비'라 함은 정당한 사유 없이 상속재산을 써서 없앰으로써 그 재산적 가치를 상실시키는 행위를 의미한다(상속인이 상속재산을 처분하여 그 처분대금 전액을 우선변제권자에게 귀속시킨 것이라면, 그러한 상속인의 행위를 상속재산의 부정소비에 해당한다고 할 수 없다고 한 사례). [대법원 2004. 3. 12. 선고 2003다63586 판결]

(2) 한정승인

한정승인(限定承認)이라 함은 상속인이 상속으로 인하여 취득할 재산의 한도 내에서 피상속인의 채무와 유증을 변제할 것으로 조건으로 하여 상속을 승인하는 것을 말한다. 한정승인을 하기 위해서는 상속개시 있음을 안 날로부터 3월내에 또는 상속인이 상속채무가 상속재산을 초과하는 사실을 중대한 과실 없이 상속개시 있음을 안 날로부터 3월내에 알지 못하고 단순승인을 한 경우에 그 사실을 안 날로부터 3월내에 상속재산목록을 첨부하여 한정승인 신고를 하여야 한다. 다만 단순승인 후 한정승인을 하는 경우에는 상속재산 중 이미 처분한 재산의 목록과 가액도 함께 제출하여야 한다. 한정승인의 신고는 상속개시지(피상속인의 주소지)의 가정법원에 서면으로 한다.

가정법원이 한정승인을 수리하면 상속인은 상속에 의하여 얻은 재산의 한도에서만 책임을 진다(나머지 채무에 대해서는 상속인이 임의로 변제할 수 있으나, 채권자가 상속인의 재산에 대하여 강제집행을 할 수 없다). 한편 단순승인 후 한정승인을 하는 경우에는 상속받은 재산 중 상속채권자가 유증받은 자에게 변제한 가액을 제외한 가액을 배당의 방법으로 변제하면 된다. 다만 단순승인 후 한정승인을 한 상속인이 한정승인을 하기 이전에 상속채무가 상속재산을 초과함을 알지 못한 데 과실이 있는 경우에는 상속채권자에게 손해를 배상하여야 한다.

[판례] 채권자가 피상속인의 금전채무를 상속한 상속인을 상대로 그 상속채무의 이행을 구하여 제기한 소송에서 채무자가 한정승인 사실을 주장하지 않으면 책임의 범위는 현실적인 심판대상으로 등장하지 아니하여 주문에서는 물론 이유에서도 판단되지 않으므로 그에 관하여 기판력이 미치지 않는다. 그러므로 채무자가 한정승인을 하고도 채권자가 제기한 소송의 사실심 변론종결시까지 그 사실을 주장하지 아니하여 책임의 범위에 관한 유보가 없는 판결이 선고되어 확정되었다고 하더라도, 채무자는 그 후 위 한정승인 사실을 내세워 청구에 관한 이의의 소를 제기할 수 있다. [대법원 2006. 10. 13. 선고 2006다23138 판결]

[판례] [1] 민법 제1019조 제3항은 민법 제1026조 제2호에 대한 헌법재판소의 헌법불합치 결정 이후에 신설된 조항으로, 위 조항에서 말하는 상속채무가 상속재산을 초과하는 사실을 중대한 과실로 알지 못한다 함은 '상속인이 조금만 주의를 기울였다면 상속채무가 상속재산을 초과한다는 사실을 알 수 있었음에도 이를 게을리 함으로써 그러한 사실을 알지 못한 것'을 의미하고, 상속인이 상속채무가 상속재산을 초과하는 사실을 중대한 과실 없이 민법 제1019조 제1항의 기간 내에 알지 못하였다는 점에 대한 증명책임은 상속인에게 있다. / [2] 피상속인을 상대로 한 손해배상청구소송의 제1, 2심에서 모두 소멸시효 완성을 이유로 원고 패소 판결이 선고된 후 상고심 계속 중에 피상속인이 사망함으로써 상속인들이 소송을 수계한 사안에서, 소멸시효 항변이 신의칙에 반하여 권리남용이 되는 것은 예외적인 법 현상인 점, 상속인들로서는 제1, 2심판결의 내용을 신뢰하여 원고의 피상속인에 대한 채권에 관하여 소멸시효가 완성된 것으로 믿을 수도 있어 법률전문가가 아닌 상속인들에게 제1, 2심의 판단과는 달리 상고심에

서 소멸시효 항변이 배척될 것을 전제로 미리 상속포기나 한정승인을 해야 할 것이라고 기대하기는 어려운 점 등의 사정들을 비추어 보면, 그 후 상고심에서 위 소멸시효 항변이 신의성실의 원칙에 반하여 권리남용에 해당함을 이유로 원고 승소 취지의 파기환송 판결이 선고되었다고 하여 위 소송수계일 무렵부터 위 파기환송 판결선고일까지 사이에 상속인들이 위 원고의 채권이 존재하거나 상속채무가 상속재산을 초과하는 사실을 알았다거나 또는 조금만 주의를 기울였다면 이를 알 수 있었음에도 이를 게을리한 '중대한 과실'로 그러한 사실을 알지 못하였다고 볼 수는 없다고 한 사례. [대법원 2010. 6. 10. 선고 2010다7904 판결]

(3) 상속의 포기

상속의 포기(抛棄)라 함은 상속개시로 인하여 생긴 상속의 효력, 즉 피상속인에 속한 모든 권리의무의 승계를 부인하고 처음부터 상속인이 아니었던 효력을 생기게 하려는 단독의 의사표시를 말한다. 상속인이 상속을 포기하기 위해서는 상속개시 있음을 안 날로부터 3월내에 가정법원에 포기의 신고를 하여야 한다. 상속을 포기하면 상속개시된 때에 소급하여 그 효력이 있어 처음부터 상속인이 아니었던 것으로 된다. 상속인이 수인인 경우에 어느 상속인이 상속을 포기한 때에는 그 상속분은 다른 상속인의 상속분의 비율로 분할되어 귀속된다. 한편 특정인을 위한 포기는 현행 민법상 인정되지 않지만, 협의에 의한 재산분할의 방법으로 상속분을 양도함으로써 동일한 효과를 얻을 수 있다.

[판례] [1] 유류분을 포함한 상속의 포기는 상속이 개시된 후 일정한 기간 내에만 가능하고 가정법원에 신고하는 등 일정한 절차와 방식을 따라야만 그 효력이 있으므로, 상속개시 전에 한 상속포기약정은 그와 같은 절차와 방식에 따르지 아니한 것으로 효력이 없다. / [2] 상속인 중의 1인이 피상속인의 생존시에 피상속인에 대하여 상속을 포기하기로 약정하였다고 하더라도, 상속개시 후 민법이 정하는 절차와 방식에 따라 상속포기를 하지 아니한 이상, 상속개시 후에 자신의 상속권을 주장하는 것은 정당한 권리행사로서 권리남용에 해당하거나 또는 신의칙에 반하는 권리의 행사라고 할 수 없다. [대법원 1998. 7. 24. 선고 98다9021 판결]

[판례] 채무자가 한정승인을 하였으나 채권자가 제기한 소송의 사실심 변론종결시까지 이를 주장하지 아니하는 바람에 책임의 범위에 관하여 아무런 유보 없는 판결이 선고·확정된 경우라 하더라도 채무자가 그 후 위 한정승인 사실을 내세워 청구에 관한 이의의 소를 제기하는 것이 허용되는 것은, 한정승인에 의한 책임의 제한은 상속채무의 존재 및 범위의 확정과는 관계없이 다만 판결의 집행 대상을 상속재산의 한도로 한정함으로써 판결의 집행력을 제한할 뿐으로, 채권자가 피상속인의 금전채무를 상속한 상속인을 상대로 그 상속채무의 이행을 구하

여 제기한 소송에서 채무자가 한정승인 사실을 주장하지 않으면 책임의 범위는 현실적인 심판대상으로 등장하지 아니하여 주문에서는 물론 이유에서도 판단되지 않는 관계로 그에 관하여는 기판력이 미치지 않기 때문이다. 위와 같은 기판력에 의한 실권효 제한의 법리는 채무의 상속에 따른 책임의 제한 여부만이 문제되는 한정승인과 달리 상속에 의한 채무의 존재 자체가 문제되어 그에 관한 확정판결의 주문에 당연히 기판력이 미치게 되는 상속포기의 경우에는 적용될 수 없다. [대법원 2009. 5. 28. 선고 2008다79876 판결]

▪ 상속세와 증여세 ▪

상속세(相續稅)는 상속을 통하여 재산을 물려받은 상속인이 내는 세금이다. 상속세의 대상이 되는 재산은 피상속인에게 귀속되는 재산으로서 금전으로 환가할 수 있는 경제적 가치가 있는 모든 물건과 재산적 가치가 있는 법률상 또는 사실상의 모든 권리를 포함하며, 또한 피상속인 사망 당시의 재산과 사망하기 전 10년 이내에 상속인에게 증여한 재산 및 5년 이내에 상속인이 아닌 자에게 증여한 재산도 포함하여 산정된다(증여세를 낸 경우는 제외). 그 밖에 피상속인이 체결한 보험계약에 의한 보험금 및 피상속인이 신탁한 재산도 상속재산에 포함된다(자세한 것은 상속세 및 증여세법 제7조 내지 제17조 참고). 한편 상속세를 산정함에 있어서는 각종 공제가 적용된다(자세한 것은 법 제18조 이하 참고).

이에 비하여 증여세(贈與稅)는 무상으로 재산을 양도받은 사람이 부담하는 세금이다. 증여세는 증여받은 모든 재산 가액을 그 대상으로 하지만, 예외적으로 인적관계가 있는 사람 사이의 재산의 이전 등 일정한 경우에는 실제로 증여를 받지 아니하였더라도 증여를 받은 것으로 하여 증여세를 부과한다. 증여세는 원칙적으로 증여받은 사람이 내야 한다. 증여세의 경우에도 증여재산공제가 적용되어 10년간 배우자는 6억, 직계존비속은 3천만원(미성년자는 천 5백만원), 기타 친족은 5백만원 이내에서 증여한 경우에는 세금이 부과되지 않는다.

[판례] 결혼축의금이란 우리 사회의 전통적인 미풍양속으로 확립되어 온 사회적 관행으로서 혼사가 있을 때 일시에 많은 비용이 소요되는 혼주인 부모의 경제적 부담을 덜어주려는 목적에서 대부분 그들과 친분 관계에 있는 손님들이 혼주인 부모에게 성의의 표시로 조건없이 무상으로 건네는 금품을 가리킨다고 할 것인바, 그 교부의 주체나 교부의 취지에 비추어 이 중 신랑, 신부인 결혼 당사자와의 친분 관계에 기초하여 결혼 당사자에게 직접 건네진 것이라고 볼 부분을 제외한 나머지는 전액 혼주인 부모에게 귀속된다고 봄이 상당하다(증여받은 재산에 대한 증여세액을 직계존속으로부터 다시 증여받은 것으로 본 증여세부과처분에 대하여 위 증여세액을 자신의 결혼축의금으로 충당하였음을 내세워 위 처분이 위법하다고 다툰 사안에서 위 증여세액을 결혼축의금으로 충당하였다는 증거가 없을 뿐더러 결혼축의금은 특별한 사정이 없는 한 혼주인 부모에게 귀속한다는 이유로 위 증여세부과처분이 적법하다고 본 사례). [서울행정법원 1999. 10. 1. 선고 99구928 판결]

6. 유언

(1) 유언의 의의

유언(遺言)이라 함은 유언자의 사망과 동시에 일정한 법률효과를 발생시키는 것을 목적으로 일정한 방식에 따라 하는 유언자(피상속인)의 상대방 없는 단독행위를 말한다. 미성년자는 만 17세 이상이면 단독으로 유언을 할 수 있고, 피성년후견인은 의사능력을 회복한 때에 한하여 의사가 심신회복의 상태를 유언서에 부기하고 서명·날인한 때에 유언을 할 수 있다. 유언능력은 유언할 때 존재하면 되고, 유언의 대리는 허용되지 않는다.

(2) 유언의 방식

유언은 유언자가 사망한 후에 효력이 발생하기 때문에 유언자의 의사를 명확히 해야 한다는 점에서 엄격한 방식을 취하도록 하고 있다. 따라서 법정형식을 갖추지 않은 유언은 유언으로서의 효력이 없다. 민법상 유언의 법정방식은 자필증서에 의한 유언, 녹음에 의한 유언, 공정증서에 의한 유언, 비밀증서에 의한 유언, 구수증서에 의한 유언의 5가지만 인정된다.

1) **자필증서에 의한 유언**　　자필증서는 유언자 본인이 직접 유언의 내용 전부와 그 유언서를 쓴 연월일 그리고 주소, 성명을 손으로 쓰고 날인해야 한다. 따라서 대필은 인정되지 않는다. 그리고 연월일은 매우 중요하기 때문에 반드시 기재해야 하지만 꼭 연월일의 형태로 표시하지 않더라도 예를 들어 '만 60세의 생일에'라든가 '몇 년 할아버지 제삿날에'라고 쓴 것과 같이 유언을 작성한 날이 확인되면 유효하다. 그리고 성명도 그 유언서가 누구의 것인가를 알 수 있는 정도면 되므로 호나 자 또는 예명 등을 사용해도 되고, 날인은 반드시 인장일 필요는 없고 지장 즉, 무인(拇印)을 찍어도 된다.

[판례] [1] 민법 제1065조 내지 제1070조가 유언의 방식을 엄격하게 규정한 것은 유언자의 진의를 명확히 하고 그로 인한 법적 분쟁과 혼란을 예방하기 위한 것이므로, 법정된 요건과 방식에 어긋난 유언은 그것이 유언자의 진정한 의사에 합치하더라도 무효라고 하지 않을 수 없다. / [2] 민법 제1066조 제1항은 "자필증서에 의한 유언은 유언자가 그 전문과 연월일, 주소, 성명을 자서하고 날인하여야 한다."고 규정하고 있으므로, 연월일의 기재가 없는 자필유언증서

는 효력이 없다. 그리고 자필유언증서의 연월일은 이를 작성한 날로서 유언능력의 유무를 판단하거나 다른 유언증서와 사이에 유언 성립의 선후를 결정하는 기준일이 되므로 그 작성일을 특정할 수 있게 기재하여야 한다. 따라서 연·월만 기재하고 일의 기재가 없는 자필유언증서는 그 작성일을 특정할 수 없으므로 효력이 없다. [대법원 2009. 5. 14. 선고 2009다9768 판결]

　2) 녹음에 의한 유언　　녹음에 의한 유언은 유언자가 녹음기를 사용하여 유언의 취지, 내용과 본인의 성명, 그리고 유언을 하는 연월일을 말하여 녹음하는 방식으로 한다. 그 녹음에 참여한 증인은 그 유언이 정확하다는 것과 증인의 성명도 녹음해야 한다. 피성년후견인이 의사능력을 회복하여 녹음에 의한 유언을 할 때에는 의사가 심신회복의 상태를 말하여 녹음해야 한다.

　3) 공정증서에 의한 유언　　공정증서에 의한 유언은 유언자가 성년 증인 두 사람이 입회한 가운데 공증인 앞에서 유언의 내용을 말하면 공증인이 그 내용을 받아 적은 후 받아 적은 것이 유언자가 말한 내용과 일치하는가를 확인한 뒤 각자 서명 또는 기명날인하는 방법으로 한다. 공정증서에 의한 유언은 그 내용의 유효 여부가 공증인에 의하여 확인되며, 유언증서를 공증인이 보관한다는 점에서 가장 확실한 유언방법이다.

[판례] 제3자에 의하여 미리 작성된 유언의 취지가 적혀 있는 서면에 따라 유언자에게 질문을 하고 유언자가 동작이나 한두 마디의 간략한 답변으로 긍정하는 경우에는 원칙적으로 민법 제1068조에 정한 '유언취지의 구수'라고 보기 어렵지만, 공증인이 사전에 전달받은 유언자의 의사에 따라 유언의 취지를 작성한 다음 그 서면에 따라 유증 대상과 수증자에 관하여 유언자에게 질문을 하고 이에 대하여 유언자가 한 답변을 통하여 유언자의 의사를 구체적으로 확인할 수 있어 그 답변이 실질적으로 유언의 취지를 진술한 것이나 마찬가지로 볼 수 있고, 유언자의 의사능력이나 유언의 내용, 유언의 전체 경위 등으로 보아 그 답변을 통하여 인정되는 유언취지가 유언자의 진정한 의사에 기한 것으로 인정할 수 있는 경우에는, 유언취지의 구수 요건을 갖추었다고 볼 수 있다. [대법원 2008. 2. 28. 선고 2005다75019 판결]

[판례] 유언공정증서를 작성할 당시에 유언자가 반혼수상태였으며, 유언공정증서의 취지가 낭독된 후에도 그에 대하여 전혀 응답하는 말을 하지 아니한 채 고개만 끄덕였다면, 유언공정증서를 작성할 당시에 유언자에게는 의사능력이 없었으며 그 공정증서에 의한 유언은 유언자가 유언의 취지를 구수(口授)하고 이에 기하여 공정증서가 작성된 것으로 볼 수 없어, 민법 제1068조가 정하는 공정증서에 의한 유언의 방식에 위배되어 무효라고 판단한 원심판결을 수긍한 사례. [대법원 1996. 4. 23. 선고 95다34514 판결]

4) 비밀증서에 의한 유언　　비밀증서에 의한 유언은 그 내용을 자기의 생전에는 비밀로 해두고 싶은 경우에 좋은 방식이다. 이것은 유언자가 직접 또는 대리인을 통해 유언의 내용을 쓰고 그 쓴 사람의 성명을 기입한 증서를 봉인한 후, 2인 이상의 증인에게 제출하여 자기의 유언서임을 표시하는 방법으로 한다. 그리고 그 봉서의 표면에 그 유언서의 제출 연월일을 기재하고 유언자와 증인이 각각 서명 또는 기명날인해야 한다. 이렇게 하여 작성한 유언봉서를 그 표면에 기재된 날로부터 5일 이내에 공증인 또는 가정법원 서기에게 제출하여 그 봉인 위에 확정일자인을 받아야 한다.

5) 구수증서에 의한 유언　　질병이나 급박한 사정에 의해 다른 방법에 의한 유언을 할 수 없을 때는 구수증서에 의한 유언을 할 수 있다. 이 방식은 2인 이상의 증인이 입회한 가운데 그 중 한 사람에게 유언취지를 이야기해 주면 그 사람이 이를 받아쓴 뒤 낭독하여 유언자와 나머지 증인이 그 정확함을 승인한 후에 각자 서명 또는 기명날인하는 방법으로 한다. 그리고 유언 당시 참여한 증인이나 이해관계가 있는 사람은 급박한 사유가 끝난 날로부터 7일 이내에 가정법원에 작성한 유언서에 대한 검인신청을 해야 한다. 이 검인은 유언이 유언자의 진의에 의한 것인가를 심사하기 위한 것이며 검인이 있다 하여 반드시 그 유언이 유효하다는 뜻은 아니다.

[판례] [1] 민법 제1065조 내지 제1070조가 유언의 방식을 엄격하게 규정한 것은 유언자의 진의를 명확히 하고 그로 인한 법적 분쟁과 혼란을 예방하기 위한 것이므로, 법정된 요건과 방식에 어긋난 유언은 그것이 유언자의 진정한 의사에 합치하더라도 무효라고 하지 않을 수 없다. / [2] 민법 제1070조 소정의 '구수증서에 의한 유언'은 유언자가 2인 이상의 증인의 참여로 그 1인에게 유언의 취지를 구수하고 그 구수를 받은 자가 이를 필기낭독하여 유언자와 증인이 그 정확함을 승인한 후 각자 서명 또는 기명날인하여야 하는 것인바, 여기서 '유언취지의 구수'라 함은 말로써 유언의 내용을 상대방에게 전달하는 것을 뜻하는 것이므로, 증인이 제3자에 의하여 미리 작성된, 유언의 취지가 적혀 있는 서면에 따라 유언자에게 질문을 하고 유언자가 동작이나 간략한 답변으로 긍정하는 방식은, 유언 당시 유언자의 의사능력이나 유언에 이르게 된 경위 등에 비추어 그 서면이 유언자의 진의에 따라 작성되었음이 분명하다고 인정되는 등의 특별한 사정이 없는 한 민법 제1070조 소정의 유언취지의 구수에 해당한다고 볼 수 없다. / [3] 유언 당시에 자신의 의사를 제대로 말로 표현할 수 없는 유언자가 유언취지의 확인을 구하는 변호사의 질문에 대하여 고개를 끄덕이거나 "음", "어"라고 말한 것만으로는 민법 제1070조가 정한 유언의 취지를 구수한 것으로 볼 수 없다고 한 사례. [대법원 2006. 3. 9. 선고 2005다57899 판결]

(3) 유언의 철회

유언은 상대방 없는 단독행위이고, 유언자의 의사가 존중되기 때문에 그 철회는 자유이다. 따라서 유언자가 유언철회권을 포기할 수 없다. 유언의 철회는 유언증서를 파기하거나 유언증서의 내용과 다르게 재산을 처분하는 방법에 의하여 할 수 있다. 유언자가 유언을 철회한 경우에는 처음부터 유언이 없었던 것과 마찬가지로 취급된다.

(4) 유언의 효력발생과 유증의 포기

유언은 유언자가 사망한 때로부터 효력이 생긴다. 그렇지만 유증을 받을 자는 유언자가 사망한 후에 언제든지 유증을 승인하거나 포기할 수 있고, 유증을 포기한 경우에는 그 재산은 상속인에게 귀속한다.

▪유증▪

유증(遺贈)이란 유언에 의하여 재산을 무상으로 증여하는 것을 말한다. 유증에는 개별 재산을 수증자에게 주는 방법과 전체 재산의 일부를 주는 방법이 있다. 전자를 특정유증이라고 하고, 후자를 포괄유증이라고 한다. 포괄유증을 받는 자는 상속인과 동일한 권리의무를 갖는다. 유증이 상속인의 유류분을 침해하는 경우, 상속인은 유증 또는 증여를 받은 자에 대하여 자신의 유류분에 부족한 부분의 반환을 청구할 수 있다.

[판례] [1] 유증이 포괄적 유증인가 특정유증인가는 유언에 사용한 문언 및 그 외 제반 사정을 종합적으로 고려하여 탐구된 유언자의 의사에 따라 결정되어야 하고, 통상은 상속재산에 대한 비율의 의미로 유증이 된 경우는 포괄적 유증, 그렇지 않은 경우는 특정유증이라고 할 수 있지만, 유언공정증서 등에 유증한 재산이 개별적으로 표시되었다는 사실만으로는 특정유증이라고 단정할 수는 없고 상속재산이 모두 얼마나 되는지를 심리하여 다른 재산이 없다고 인정되는 경우에는 이를 포괄적 유증이라고 볼 수도 있다. / [2] 포괄적 유증을 받은 자는 민법 제187조에 의하여 법률상 당연히 유증받은 부동산의 소유권을 취득하게 되나, 특정유증을 받은 자는 유증의무자에게 유증을 이행할 것을 청구할 수 있는 채권을 취득할 뿐이므로, 특정유증을 받은 자는 유증받은 부동산의 소유권자가 아니어서 직접 진정한 등기명의의 회복을 원인으로 한 소유권이전등기를 구할 수 없다. [대법원 2003. 5. 27. 선고 2000다73445 판결]

제9장 분쟁해결절차

Ⅰ. 민사소송절차

1. 민사소송의 의의

사람들 사이에 사적인 이해관계가 충돌하여 분쟁이 생긴 경우에는 원칙적으로 분쟁해결을 담당하는 국가기관인 법원에 분쟁의 해결을 청구하게 되며, 법원은 분쟁당사자의 진술을 듣고, 그와 관련된 증거를 확인하여 판단을 하게 된다. 이와 같이 분쟁당사자들이 법원에 대하여 분쟁의 해결을 구하는 절차를 민사소송(民事訴訟)이라고 한다. 민사소송절차에 관하여는 민사소송법과 민사소송규칙에서 자세히 규정하고 있으며, 대한민국 법원 홈페이지의 「전자민원센터」를 통하여 민사소송의 대강과 구체적인 사항들에 대한 정보를 얻을 수 있다.

2. 소송의 당사자와 법원

민사소송에서 소를 제기하는 사람을 원고(原告)라고 하고, 그 상대방을 피고(被告)라고 한다(형사소송에서의 소송당사자는 검사와 피고인이다). 원고와 피고는 당사자가 될 수 있는 능력이 있어야 하는데, 이러한 당사자능력은 민법상의 권리능력이 인정되는 개인이나 법인뿐만 아니라 법인이 아닌 단체인 종중, 동창회, 아파트입주자대표회의 등에 대해서도 인정된다. 미성년자의 경우에는 당사자능력은 인정되지만 행위능력이 인정되지 않으므로 법정대리인이 소송을 대리하여야 한다.

한편 소송을 진행하는 과정에서 당사자는 문제된 분쟁에 관한 자신의 주장과 그에 따른 증명을 할 책임을 지는데, 이러한 과정이 복잡하고 힘들기 때문에 많은 경우에 변호사를 선임하게 된다. 소송을 위하여 선임한 변호사를 소송대리인(訴訟代理人)이라고 하는데, 소송대리인은 본인에 의하여 주어진 권한의 범위 내에서 소송을 수행하게 된다.

소송은 원칙적으로 피고의 주소지를 관할하는 법원에 제기하여야 하지만 원고의 편의 등을 위하여 여러 가지 예외가 인정되고 있다. 예를 들어 주소지와 다른 곳에 근무하는 사람에 대한 소는 근무지를 관할하는 법원에 제기할 수 있고, 재산권에 관한 소는 의무이행지를 관할하는 법원에 제기할 수 있으며, 불법행위에 관한 소는 행위지의 법원에 제기할 수 있고, 부동산에 대한 소는 부동산 소재지를 관할하는 법원에 제기할 수 있다. 또한 당사자가 합의한 경우에는 합의한 곳에 소를 제기할 수 있다(합의관할은 회원가입을 위하여 사용하는 약관에서 그 예를 찾아볼 수 있다).

그리고 지방법원의 경우에는 소송물의 액수에 따라 단독판사와 합의부에서 심판하는 사건을 나누고 있는데, 수표나 어음금의 지급을 청구하는 경우를 제외하고서 1억원을 초과하는 사건은 합의부의 관할에 속하며, 그 외의 사건은 단독판사의 관할에 속한다(이러한 것을 사물관할이라고 하는데, 최근에는 1억이 넘는 사건을 단독판사가 재판하기도 한다).

3. 소장의 작성

민사소송을 제기하고자 하는 원고는 소장을 작성한 후 소송가액에 해당하는 인지를 붙여서 관할법원에 제출하면 된다. 변호사를 소송대리인으로 선임한 경우에는 변호사가 원고를 대리하여 소장을 작성하여 제출하게 되며, 변호사를 선임하지 않는 경우에도 법무사에게 소장의 작성을 의뢰하고 원고가 직접 제출할 수 있다.

소장에는 원고와 피고의 주소 및 성명이 명확하게 기재되어야 하며(대리인이 있는 경우에는 대리인의 주소와 성명도 기재), 피고의 주소지를 알 수 없는 경우에는 소명자료를 첨부하여 공시송달을 신청할 수 있다. 한편 소장에는 청구취지(請求趣旨)를 특정하여 기재하여야 하는데, 청구취지는 원고가 판결을 통하여 얻어내려는 결론에 해당하며, 법원은 청구원인에 대한 판단을 기초로 청구취지를 인정할 것인지 여부를 결정한다(법원이 청구취지를 타당한 것으로 인정하는 것을 인용(認容)한다고 하며, 인정하지 않는 것을 기각(棄却)한다고 한다). 그리고 청구취지에서 주장하는 결론을 정당화하기 위한 근거로서 원고와 피고 사이에 있었던 법률관계의 구체적 내용과 그에 따라 원고에게 인정될 수 있는 권리 등에 관하여 기재한 것을 청구원인(請求原因)이라고 하는데, 법원은 청구원인에 대한 판단을 통하여 원고의 청구취지의 정당성을 판단하게 되므로 청구원인은 가급적 구체적으로 작성하여야 한다.

그 밖에 소장에 첨부한 서류가 있는 경우에는 첨부한 서류의 목록을 기재하여야 하며, 어느 법원에 제출하는가도 소장에 기재하여야 한다. 그리고 소장에는 소송가액에 따른 인지를 붙여야 하며, 소송의 진행을 당사자들에게 통지하기 위하여 필요한 송달료를 납부하여야 한다.

4. 민사소송의 진행

(1) 주장과 항변

원고가 법원에 소장을 제출하면 재판장은 소장부본을 피고에게 송달하여 피고를 상대로 어떠한 소가 제기되었는가를 알려준다. 이때 원고의 청구가 부당하다고 생각하면 피고는 원고의 소장에 대한 답변서를 작성하여 정해진 기간까지 법원에 제출하여야 한다(소장부본과 함께 이행명령이 행하여진 경우 정해진 기간이 지나면 이행명령이 확정되므로 이행명령이 확정되는 것을 방지하기 위해서는 반드시 답변서를 제출하여야 한다). 그 후 재판장은 사건이 접수된 순서에 따라 변론기일을 정하여 원고와 피고를 소환한다.

대여금 사건의 경우, 변론기일에 원고는 먼저 자신이 소장에서 주장했던 사실을 법정에서 다시 주장하고 피고는 이에 대하여 빌린 사실이 있다거나 또는 없다는 내용의 답변을 하거나, 빌렸지만 변제하였다는 등의 답변을 할 수 있다. 이 경우 빌린 사실이 있다고 답변하는 것은 자백(自白)이라고 하며, 법원이 원고의 청구를 인용하는 근거가 된다(침묵하는 것도 자백과 마찬가지로 취급된다). 이와는 달리 빌린 사실이 없다고 답을 하거나 모르겠다고 답을 한 경우에는 원고의 청구를 부인(否認)하는 것이 되며, 원고가 돈을 빌려주었다는 사실을 증명하지 못하는 경우에는 청구가 기각된다. 한편 피고가 돈을 빌리기는 하지만 이미 변제하였다고 하는 것은 원고의 청구를 거절한다는 의미에서 항변(抗辯)이라고 하는데, 이러한 항변에 대하여는 피고가 그 사실을 증명하여야 하고, 피고의 증명에 대하여 원고가 다시 자백하거나 부인하는 등의 주장을 함으로써 소송이 진행된다.

이러한 주장과 답변 등은 원고와 피고가 변론기일에 출석하여 구두로 하는 것이 원칙이나 서면으로 제출할 수도 있는데, 이러한 서면을 답변서(피고의 최초 준비서면) 또는 준비서면이라고 부른다. 실제로 소송상의 주장, 답변 등은 간단한 것을 제외하고는 미리 서면으로 준비하여 제출하는 것이 좋다(소송의 진행상황은 대한민국 법원 홈페이지에서 제공하는 '나의 사건검색'을 이용하거나 대한민국 법원 앱을 이용하여 확인할 수 있다).

(2) 증명책임

원고와 피고는 자신이 주장하거나 항변한 사실에 대하여 상대방이 부인(또는 부지)하면 자신의 주장에 대하여 증명할 책임을 진다. 증명할 책임을 지는 자가 증명을 하지 못한 경우에는 그 주장이나 항변이 법원에 의하여 받아들여지지 않는다. 증명을 하는 방법은 제한이 없으나 서증, 증인신문, 검증, 감정, 당사자 본인신문 등의 방법이 주로 사용되고 있다. 그렇지만 이 가운데 서증(서면에 의한 증명)이 실무상 가장 신빙성이 있는 것으로 다루어지므로 상대방과의 법률관계는 가급적 서면에 의하여 형성하는 것이 바람직하다.

(3) 변론기일 불출석에 따른 불이익

원고 또는 피고 중 어느 한쪽이 법원으로부터 소환(공시송달 제외)을 받고도 출석하지 아니하면 출석한 쪽이 주장하는 사실을 자백한 것으로 간주되기 때문에(다만 출석하지 못하더라도 준비서면으로 써낸 답변은 인정된다), 불리한 판결을 받을 가능성이 매우 크다(의제자백). 또한 당사자 쌍방이 모두 2회에 걸쳐서 적법한 소환을 받고도 출석하지 아니하거나 출석하였더라도 변론을 하지 아니한 때에는 그 후 1개월 내에 기일지정신청을 하지 아니하면 소가 취하된 것으로 간주한다(쌍불취하).

5. 소송절차의 종료

법원은 당사자의 변론과 증거조사 등을 통하여 문제된 법률관계에 관하여 충분히 알게 됨으로써 판결을 할 때가 되었다고 판단되면 당사자의 변론을 종결하며, 그로부터 일정한 기간이 지난 후에 판결을 선고하게 된다. 판결을 선고한 경우에는 판결문을 당사자에게 송달한다. 한편 원고가 판결확정 전에 소를 취하(取下)하는 경우에도 소송이 종결된다. 다만 피고가 준비서면을 제출하거나 변론을 한 후에는 피고의 동의를 얻어야만 소를 취하할 수 있다. 그 밖에 청구의 포기, 인낙(認諾), 화해 등으로 소송이 종료되기도 한다.

6. 상소

(1) 항소

1심에서 패소판결을 받았으나 이러한 판결에 대하여 불복(不服)하는 사람은 판결을 송달받은 날부터 2주 이내에 항소장을 작성하여 1심법원에 제출하면 판결이 확정되지 않고 항소심에서 또다시 재판을 받을 수 있게 된다. 항소심은 1심법원이 합의부였던 경우에는 고등법원이 되며, 단독판사였던 경우에는 지방법원의 항소부가 된다. 항소장에 붙이는 인지액은 1심의 1.5배이다.

(2) 상고

항소심의 판결에 대하여 불복하는 경우에도 판결을 송달받은 날로부터 2주 이내에 상고장을 항소심 법원에 제출하여야 한다. 상고심은 대법원이며, 대법원은 항소심재판에 있어서의 법률적용의 오류에 대해서만 심판을 한다(따라서 대법원에서의 소송진행에서는 상고이유서만 참고하며 당사자의 변론은 필요하지 않다). 상고장에 붙이는 인지액은 1심의 2배이다.

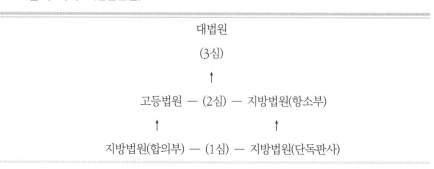

■ 3심제 체계도 (심급관할) ■

대법원

(3심)

↑

고등법원 ― (2심) ― 지방법원(항소부)

↑   ↑

지방법원(합의부) ― (1심) ― 지방법원(단독판사)

7. 확정과 강제집행

제1심과 항소심에서의 판결은 패소한 자가 판결을 송달받은 날로부터 14일 이내에 항소하거나 상고하지 않으면 확정되며, 대법원의 경우에는 상고가 기각되면 확정된다(상고가 받아들여진 경우에는 다시 항소심으로 돌아가서 소송이 진행된다).

당사자는 판결이 확정된 경우에는 소송기록이 있는 법원에서 판결확정증명을, 확정전 판결 중 가집행선고가 붙은 판결인 경우에는 판결정본송달증명을 받고, 판결에 집행문을 부여받아 이를 집행권원으로 하여 강제집행함으로써 소송의 목적을 달성할 수 있다.

■ 가집행선고 ■

가집행선고란 판결이 확정되기 전에 그 판결에 근거하여 집행할 것을 허용하는 재판을 말한다. 판결은 확정되어야 비로소 강제집행을 할 수 있는 것이 원칙이지만, 그동안 피고의 재산상태가 악화되거나 확정된 후에 집행하는 것이 별로 소용이 없는 경우에는 예외적으로 판결이 확정되기 이전에도 확정된 것과 마찬가지로 다루어 판결을 집행할 수 있게 하는 것이다. 그렇지만 소송이 확정된 것이 아니므로 원고로 하여금 가집행을 위하여 담보를 제공하게 하거나 가집행이 취소된 경우에는 피고에게 가집행으로 인한 손해를 배상하게 한다.

II. 소액심판제도

1. 제도의 취지

민사소송은 진행과정이 복잡하고 비용도 많이 들며 시일도 오래 걸리기 때문에 재판을 통하여 권리를 실현하는 것이 힘든 경우가 많다. 그래서 민사소송에 해당하는 사건 가운데 소송가액이 3천만원을 넘지 않는 사건의 경우에는 일반적인 경우에 비하여 신속하고 간편한 절차를 통하여 재판을 받을 수 있도록 하고 있다. 이러한 제도를 소액심판제도(少額審判制度)라고 하며, 1심법원의 단독판사의 관할에 속한다. 소액사건에 관하여는 민사소송법과 함께 소액사건심판법이 적용된다.

2. 소송제기의 방법

소액사건의 소장은 일정한 양식으로 만들어져 있어 누구나 그 양식에서 요구하는 내용을 채워 넣는 방법을 통하여 소장을 작성할 수 있다(양식은 대한민국 법원 홈페이지 전자민원센터 참고). 또한 당사자 쌍방이 임의로 법원에 출석하여 진술하는 방법이나 법원공무원에 대한 구술(口述)을 통하여서도 소송을 제기할 수 있다.

3. 소송의 진행

원고가 법원에 소송을 제기하면 법원은 피고에게 이행을 권고할 수 있고, 피고가 이에 대하여 서면을 송달받은 날로부터 2주 이내에 이의신청을 하지 않거나 또는 이의신청이 각하 또는 기각되면 이행권고결정은 확정판결과 같은 효력을 갖게 된다.

그리고 원고가 소장을 제출한 경우, 법원은 답변서의 제출이 없는 경우에도 변론기일을 지정할 수 있고, 되도록 1회의 변론기일에 심리를 마치도록 하고 있으며, 판결도 변론을 마친 후 즉시 할 수 있다. 따라서 소액사건의 경우 당사자는 모든 증거를 최초의 변론기일에 제출할 수 있도록 준비하여야 하며, 피고의 경우 반드시 출석하여 원고의 주장에 대한 항변을 하여야 한다. 출석을 하지 않거나 출석은 하였더라도 항변을 하지 않은 경우 또는 답변서를 제출하지도 않은 경우에는 원고승소의 판결이 선고된다.

그리고 일반적인 민사소송의 경우와는 달리 변호사가 아니라도 당사자의 배우자, 직계혈족 또는 형제자매는 법원의 허가 없이도 당사자를 대리하여 소송을 할 수 있다. 이 경우 소송대리인은 당사자와의 가족관계 및 수권관계를 증명할 수 있는 서면(위임장과 가족관계증명서 또는 주민등록등본)을 제출하여야 한다.

Ⅲ. 민사조정제도

1. 민사조정이란

민사조정(民事調停)이란 법관 또는 조정위원이 분쟁의 당사자로부터 각자의 주장을 듣고 관계자료를 검토한 후, 여러 사정을 참작하여 당사자들이 합의를 하도록 주선, 권고함으로써 종국적으로 화해에 이르게 하는 소송 이외의 분쟁해결절차이다.

조정절차는 소송절차와는 달리 엄격한 제한이 없으므로 절차를 진행함에 있어 융통성이 많으며, 조정을 신청하면 즉시 조정기일이 정하여지고, 단 한번의 출석으로 절차가 끝나는 것이 보통이므로 짧은 시간 내에 분쟁을 해결할 수 있다. 그리고 비교적 자유로운 분위기에서 당사자는 자기가 하고 싶은 말을 충분히 할 수 있고, 비밀유지가 가능하며, 무조건 이행을 명하는 판결에 비하여 채무자의 경제적 사정 등을 고려한 원만하고 융통성 있는 결론을 제시함으로써 그 결과로 인한 당사자 사이의 날카로운 감정의 대립을 방지할 수 있다. 또한 수수료도 소송사건의 5분의 1밖에 되지 않아 소송에 비하여 많은 비용을 절약할 수 있다.

2. 조정의 개시

민사조정은 분쟁의 당사자 일방 또는 쌍방이 조정신청을 하거나, 소송사건을 심리하고 있는 판사가 직권으로 그 사건을 조정에 회부함으로써 시작된다. 조정은 피신청인(상대방)의 주소지, 사무소 또는 영업소의 소재지, 근무지, 분쟁목적물의 소재지 또는 손해발생지를 관할하는 지방법원, 지방법원 지원, 시·군법원에 신청할 수 있으며, 당사자의 합의에 의하여 관할법원을 정할 수도 있다(최근에는 법원 밖에 조정센터를 설치하여 상임조정위원으로 하여금 조정을 할 수 있도록 하고 있다). 조정신청은, 본인 스스로 작성하거나 또는 변호사나 법무사에게 의뢰하여 작성한 조정신청서를 관할법원에 제출하거나 구술로도 할 수 있다.

3. 조정의 진행

조정사건은 원칙적으로 조정담당판사가 처리한다. 조정담당판사는 스스로 조정하거나 상임조정위원 또는 조정위원회로 하여금 조정하게 할 수 있지만, 당사자가 특별히 조정위원회에 의한 조정을 신청한 때에는 조정위원회에서 처리하게 한다. 조정위원회는 판사 중에서 지정된 조정장 1인과 학식과 덕망이 있는 인사들 중에서 위촉된 2인 이상의 조정위원으로 구성된다. 다만 당사자는 합의하여 조정위원을 따로 선정할 수도 있다.

조정신청이 있으면 즉시 조정기일이 정하여지고, 신청인과 상대방에게 그 일시와 장소가 통지된다. 특히 당사자 쌍방이 법원에 출석하여 조정신청을 한 때에는 특별한 사정이 없는 한 그 신청당일에 조정을 할 수 있다. 그리고 지정된 조정기일에 본인이 직접 출석하여야 하지만, 조정담당판사의 허가가 있으면 당사자는 친족이나 피용자 등을 보조인으로 동반하거나 대리인을 출석하게 할 수 있다. 조정절차를 진행함에 있어서 조정담당판사는 당사자 또는 이해관계인의 진술을 듣고 필요한 경우에는 증거조사를 하는 등의 방법으로 당사자들이 합의를 이룰 수 있도록 한다.

4. 조정의 성립과 불성립

(1) 조정의 성립

조정기일에 당사자 사이에 합의가 이루어지면 그 내용이 조서에 기재됨으로써 조정이 성립된다. 다만 예외적으로 합의가 성립되지 않거나 합의내용이 상당하지 아니한 경우에는 조정담당판사가 합의를 무시하고 조정이 성립되지 아니한 것으로 하여 사건을 종결시키거나 합의내용과 다른 내용으로 조정에 갈음하는 결정을 할 수도 있다.

조정기일에 피신청인이 출석하지 아니한 경우 또는 당사자 쌍방이 출석하였더라도 합의가 성립되지 아니한 경우에는, 조정담당판사는 상당한 이유가 없는 한 직권으로 "조정에 갈음하는 결정"을 하게 된다(이를 강제조정이라고도 한다). 이 결정에 대하여 당사자는 그 내용이 기재된 조서정본 또는 결정서 정본을 송달받은 날로부터 2주일 내에 이의신청을 할 수 있고, 이의신청이 있으면 그 결정은 효력을 상실하고, 사건은 자동적으로 소송으로 이행된다. 당사자 쌍방이 2주일 내에 이의신청을 하지 아니하면 그 결정내용대로 조정이 성립된 것과 동일한 효력이 생기게 된다.

(2) 조정의 불성립

조정신청이 있었으나 사건의 성질상 조정을 함에 적당하지 아니하다고 인정되는 경우 또는 당사자가 부당한 목적으로 조정을 신청하였다고 인정되는 경우에는 조정담당판사는 "조정을 하지 아니하는 결정"으로 사건을 종결시킬 수 있으며, 당사자 사이에 합의가 성립되지 아니하거나 성립된 합의의 내용이 상당하지 아니하다고 인정하는 경우 및 조정에 갈음하는 결정을 하지 아니할 때에는 조정이 성립되지 아니한 것으로 처리한다.

5. 소송으로의 이행

조정신청을 하였으나 조정을 하지 아니하는 결정이 있거나, 조정이 성립되지 아니한 경우 또는 조정에 갈음하는 결정에 대하여 당사자가 이의신청을 한 경우에는 당사자가 별도의 신청을 하지 않더라도 그 사건은 자동으로 소송으로 이행된다. 조정이 소송으로 이행되는 경우에는 조정신청시에 소가 제기된 것으로 처리되며, 소송의 제기에 필요한 수수료를 추가로 납부하여야 한다.

6. 조정의 효력과 집행

조정이 성립한 경우 또는 조정에 갈음하는 결정에 대하여 이의신청이 없거나 이의신청이 취하된 경우 및 이의신청의 각하결정이 확정된 경우에는 그 조정 또는 결정은 모두 재판상 화해와 같은 효력이 있다(재판상 화해는 확정판결과 같은 효력이 있다). 나아가 조정이 성립되었거나 조정에 갈음하는 결정이 확정되었는데도 상대방이 그 의무를 이행하지 아니하는 때에는 조정 또는 결정을 집행권원으로 하여 강제집행을 할 수 있다. 또한 채무의 내용이 금전채무인 경우에는 법원에 채무자의 재산관계의 명시를 요구하는 신청을 하거나 일정한 경우 채무자를 채무불이행자명부에 등재하여 줄 것을 요구하는 신청을 할 수 있다.

▪ 중재와 화해 ▪

재판 외의 분쟁해결절차(ADR: Alternative Dispute Resolution)에는 조정 이외에도 중재와 화해가 있다. 중재(仲裁)는 당사자간의 분쟁을 그들이 선임한 제3자의 판단에 의하여 해결하기로 하는 분쟁의 해결방법이다. 당사자가 자신의 선택에 따라 중재인을 선임한 후 중재인을 심판관으로 하여 주장과 항변을 하면 중재인이 그에 대한 판단을 하는 방법으로 이루어지며, 당사자는 중재인의 판단을 따라야 한다는 점에서 조정과 다르다. 중재에 관하여는 중재법이 적용되며, 중재판정은 확정판결과 동일한 효력을 가진다. 노사간의 분쟁의 경우에는 노동조합 및 노동관계조정법의 규정에 따른 중재가 이루어진다.

화해(和解)는 당사자가 서로 양보하여 분쟁을 종료시킬 것을 약정하는 것을 말한다. 화해에는 민법상의 화해계약과 재판상 화해가 있다. 화해계약(和解契約)은 당사자가 서로 양보하여 분쟁을 종결시킬 것을 합의하는 계약을 말하며, 화해계약이 성립하면 당사자는 종전의 권리를 상실하고 화해계약에 따른 새로운 권리만을 취득한다. 다만 이 경우에도 분쟁의 목적이 되지 아니하였던 사항에 관하여는 다시 화해계약을 체결할 수 있다. 이와는 달리 재판상 화해(裁判上 和解)는 법원에서 법관의 확인을 받은 경우를 말하는데, 이것은 다시 제소전 화해(提訴前 和解)와 소송상 화해(訴訟上 和解)로 나눌 수 있다. 제소전 화해는 분쟁이 발생하기 이전에 당사자가 분쟁이 발생할 경우를 예상하여 그 처리방법을 약정한 것이며, 소송상 화해는 소가 제기된 후에 당사자가 분쟁을 종식시키는 내용의 합의를 한 경우를 말한다. 재판상 화해가 있는 경우에는 법원의 확인을 거쳐 화해조서가 작성되는데, 화해조서는 확정판결과 같은 효력을 가진다.

■ **각종 분쟁조정위원회** ■

민사조정법에서 규정하고 있는 조정 외에도 사건의 유형에 따라 전문적인 분쟁처리를 도모하고자 다양한 법률에 근거하여 만들어진 분쟁조정위원회가 있다. 주택임대차에 관한 분쟁에는 주택임대차분쟁조정위원회, 소비자분쟁의 경우에는 소비자분쟁조정위원회, 의료분쟁의 경우에는 의료분쟁조정위원회 등 각종의 법률에 근거하여 다수의 분쟁조정위원회가 설치되어 있고, 이들 분쟁조정위원회의 조정결과에 대해서 재판상 화해와 동일한 효력이 인정되는 경우에는 이를 근거로 강제집행도 할 수 있다.

Ⅳ. 강제집행절차

소송 등을 통하여 채권자에게 권리가 있음이 확인된 경우에도 채무자가 임의로 이행하지 않는 경우, 채권자는 민사집행법이 정한 절차에 따라 채무자의 채무이행을 강제할 수 있다. 이와 같이 국가가 정해진 절차에 따라 채권자의 권리를 실현할 수 있도록 하는 제도가 강제집행절차이다. 강제집행절차는 목적물에 따라 차이가 있지만 공통적으로 집행권원과 집행문의 부여가 필요하다. 집행권원(執行權原)은 강제집행을 할 수 있는 권리가 있음을 확인한 공적인 문서이며, 집행문(執行文)은 집행권원에 근거하여 강제집행을 할 수 있다는 사실을 기재한 서면이다. 강제집행절차는 강제집행의 대상이 되는 목적물에 따라 차이가 있으므로 이를 기준으로 간단하게 살펴본다.

1. 목적물에 따른 강제집행절차

(1) 부동산의 경우

강제집행의 목적물이 부동산인 경우에는 관할법원에 부동산의 강제경매를 신청하는 방법으로 강제집행을 할 수 있다. 채권자에 의한 경매신청이 있는 경우에 법원은 경매개시결정을 하고 부동산을 압류하며, 그 사실을 부동산등기부에 등기하도록 한다. 그 후 부동산에 대한 현황조사와 함께 채권자들로 하여금 배당요구를 하도록 하며, 부동산의 평가와 최저매각가격을 결정한다. 그리고 나서 부동산에 대한 경매공고를 하고, 경매기일을 정하여 최고가매수신고를 한 사람에게 부동산을 매각한다. 부동산의 경매가 끝나면 법원은 매각대금을 완납한 매수인에 대한 부동산소유권이전등기를 촉탁하게 되며, 매각대금은 각 채권의 순위에 따라 채권자들에게 배당한다.

(2) 동산의 경우

동산에 대한 강제집행도 압류하는 것에 의하여 개시되는데, 채무자가 점유하고 있는 물건을 집행관이 점유하는 방법을 취하거나 물건을 봉인하는 방법 등을 취한다. 압류한 물건이 금전인 때에는 곧바로 채권자에게 인도하지만, 물건인 경우에는 그 물건을 매각한 대금을 채권자에게 지급한다.

(3) 금전채권의 경우

강제집행의 목적물이 채권인 경우에는 그 채권의 존재를 소명하여 법원에 압류명령을 신청하면 법원이 그 채권의 채무자(제3채무자라고 한다)에게 압류명령을 하여, 제3채무자로 하여금 채무자에게 채무를 이행하지 말 것을 명하게 되며, 그 다음에 채권자는 추심명령이나 전부명령을 통하여 자신의 채권을 만족시킬 수 있다. 추심명령(推尋命令)이 있는 경우 채권자는 제3채무자에게 직접 채무의 이행을 청구할 수 있으며, 전부명령(轉付命令)이 있는 경우 채권자는 채무자가 제3채무자에 대하여 가지는 채권을 취득하게 된다. 이 경우 추심명령을 신청한 채권자는 채권액 전부를 변제받지 못하였다면 채무자의 다른 재산에 대하여 강제집행을 신청할 수 있지만, 전부명령을 신청한 채권자는 전부 받은 채권액을 모두 변제받을 것으로 보아 전부의 대상이 된 채권을 변제받지 못한 경우에도 채무자의 재산에 대하여 강제집행을 할 수 없게 된다.

2. 보전처분

(1) 보전처분의 의의

보전처분(保全處分)이란 채권자가 소송에서 승소한 후 강제집행을 하기 이전에 채무자의 재산을 임의로 처분하지 못하게 함으로서 장차 승소한 후에 이루어질 강제집행의 실효성을 확보하기 위한 제도이다. 강제집행을 하기 위해서는 집행권원을 얻어야 하지만 확정판결을 얻는 데는 시간이 많이 걸리기 때문에 그 사이에 채무자가 강제집행의 대상이 될 재산을 처분하게 되면 집행권원을 얻고서도 실제로 강제집행을 할 수 없는 경우가 있기 때문이다. 민사집행법에서 규정하고 있는 보전처분에는 가압류와 가처분이 있다. 가압류나 가처분에 대하여 채무자가 이의신청을 할 수 있다. 한편 가압류나 가처분의 표시를 침해한 경우에는 공무상표시무효죄로 처벌받게 된다.

(2) 가압류·가처분의 의의

가압류(假押留)란 금전채권이나 장차 금전채권으로 바뀔 수 있는 청구권을 만족시키기 위하여 경매하게 될 채무자의 재산을 미리 처분하지 못하도록 하는 임시조치이고, 가처분(假處分)이란 분쟁의 대상이 되고 있는 물건에 대한 강제이행에 대비하여 채무자로 하여금 그 물건을 처분할 수 없도록 하는 처분을 말한다. 가압류나 가처분은 채권자의 신청을 근거로 하여 법원이 행하는 처분이며, 법원이 채무자의 의견을 듣지 않고 행하는 것이기 때문에 당사자 사이의 권리관계가 확정될 때까지 임시로 인정되는 것이다. 가압류나 가처분의 근거가 되는 권리는 법원의 판결을 통하여 확인된 것이 아니기 때문에 부당한 보전처분으로 말미암아 채무자에게 손해를 줄 수도 있어 대부분의 경우 가압류나 가처분을 하기 위해서는 담보를 제공하도록 하는데, 이 경우 원칙적으로 정해진 공탁금을 공탁하여야 하지만, 신청인은 법원의 허가를 얻어 보증보험회사의 보험증권을 담보로 제공할 수 있다.

(3) 가압류·가처분의 종류

가압류나 가처분은 그 목적물에 따라 여러 가지로 나누어지는데, 채무자의 특정부동산(토지, 건물)을 함부로 처분할 수 없도록 하는 가압류를 부동산 가압류라 하고, 채무자의 유체동산(냉장고, TV 등)을 함부로 처분할 수 없도록 하는 가압류를 유체동산 가압류라고 하며, 채무자가 제3채무자로부터 채무를 이행 받지 못하도록 하는 것을 채권가압류라고 한다. 한편 채무자가 분쟁의 대상이 된 부동산의 점유를 다른 사람에게 이전하지 못하도록 하는 것을 부동산점유이전금지가처분이라 하고, 채무자가 분쟁의 대상이 된 부동산을 매매, 양도하는 등의 처분을 못하도록 하는 것을 부동산처분금지가처분이라고 한다.

3. 그 밖의 제도

(1) 재산관계명시와 조회제도

채무자가 확정판결, 화해·조정조서, 확정된 지급명령 등에 의한 금전채무를 임의로 이행하지 아니하는 때에는 채권자는 집행권원 정본과 강제집행을 개시함에 필요한 서류를 첨부하여 법원에 채무자의 재산관계의 명시(明示)를 신청을 할 수 있다. 채무자는 법원의 명령이 있는 경우 법원이 정한 기일에 현재의 재산과 1년 이내에 한 일정한 거래행위와 2년 이내에 한 재산상의 무상처분을 명시한 재산목록을 제출하여야 하고, 동시에 그 재산목록이 진실함을 법관 앞에서 선서하여야 한다. 다만 채무자가 3개월 이내에 채무를 갚을 수 있음을 소명한 때에는 그 제출을 3개월 범위 내에서 연기 받을 수 있고, 연기된 기일까지 채무액의 3분의 2 이상을 갚을 때에는 다시 1개월 범위 내에서 연기 받을 수 있다. 한편 채무자가 정당한 사유 없이 기일에 법원에 출석하지 아니하거나 재산목록의 제출을 거부한 때, 또는 선서를 거부하거나 허위의 재산 목록을 제출한 때에는 3년 이하의 징역이나 5백만원 이하의 벌금에 처한다. 그리고 채무자가 회사나 단체인 때에는 그 행위자인 대표자나 관리인이 위와 같은 처벌을 받는 이외에 그 회사나 단체도 벌금형을 받게 된다. 또한 명시기일에 출석하지 않거나 재산목록의 제출이나 선서를 거부한 경우에는 20일 이내의 감치에 처하도록 하고 있다.

재산명시절차가 끝난 경우에 명시기일의 불출석, 재산목록 제출 거부, 선서 거부와 거짓의 재산목록을 제출한 경우 및 채무자가 제출한 재산목록의 재산만으로는 집행채권의 만족을 얻기에 부족하면, 재산명시절차를 실시한 법원은 그 재산명시를 신청한 채권자의 신청에 따라 개인의 재산 및 신용에 관한 전산망을 관리하는 공공기관·금융기관·단체 등에 채무자 명의의 재산에 관하여 조회할 수 있다(민사집행법에서 규정하는 집행권원이 있는 경우에만 재산명시나 재산조회를 신청할 수 있지만, 가사소송법에서 규정하는 이혼시 재산분할, 부양료, 양육비 청구의 경우에는 소를 제기한 후 곧바로 재산명시와 재산조회를 신청할 수 있다).

(2) 채무불이행자명부

채무자가 금전의 지급을 명한 판결 또는 지급명령이 확정되거나 화해·조정조서 등이 작성된 후 6개월 이내에 채무를 이행하지 아니하거나 법원의 명령에도 불구하고 재산목록의 제출을 거부 또는 허위의 목록을 제출하는 등의 사유가 있는 때에는 채권자는 채무자를 채무불이행자명부에 등재하도록 법원에 신청할 수 있다. 그 신청에 따라 법원이 채무불이행자명부에 등재하는 결정을 한 때에는 등재 후 그 명부를 법원에 비치함은 물론 그 부본을 채무자의 주소지(법인인 때에는 주된 사무소의 소재지) 시·구·읍·면의 장에게 송부한다. 채무불이행자명부는 인쇄물로 공표하지 아니하는 한 누구든지 열람·등사가 가능하며 채무가 모두 소멸된 것이 증명되어 법원의 말소결정이 있기까지 비치·공개된다. 기타 법원은 채무불이행자의 명단을 금융기관에 통보하여 채무자의 신용정보로 활용하게 할 수 있다.

▪ 공증 ▪

공증(公證)은 일상생활에서 발생되는 거래에 관하여 증거를 보전하고 권리자의 권리실행을 용이하게 하기 위하여 특정한 사실이나 법률관계의 존부를 증명하여 주는 제도이다. 공증은 공증인가를 받은 합동법률사무소와 법무법인 또는 공증인의 사무실에서 할 수 있고, 위와 같은 곳이 전혀 없는 지역에서는 지방검찰청의 지청에서도 공증을 할 수 있다. 공증인이 될 수 있는 자는 판사, 검사 또는 변호사의 자격을 가진 자로서, 이들이 작성한 서류는 재판에서 강력한 증거력이 있으므로 분쟁발생시 그 해결에 유리할 뿐만 아니라 이로 인하여 분쟁을 예방하는 효과가 있다.

공증에 있어서 공증인이 당사자의 의사를 확인하여 직접 작성한 서류를 공정증서(公正證書)라고 하는데, 금전·대체물·유가증권의 지급을 목적으로 하는 법률행위에 관하여 공정증서를 작성하면서 이행하지 않을 경우 강제집행을 하여도 좋다는 문구를 기재하면 재판을 거치지 않고 강제집행을 할 수 있어 편리하다. 이와는 달리 당사자가 작성한 서류가 본인의 의하여 작성된 것임을 확인하는 사서증서(私書證書) 인증(認證)의 경우에는 당사자의 의사를 확인하는 증거로서의 의미만 있고 강제집행을 할 수 있는 효력은 인정되지 않는다.

▪ 내용증명 ▪

내용증명(內容證明)이라고 함은 발송인이 수취인에게 어떤 내용의 문서를 언제 발송하였다는 사실을 우체국에서 증명하여 주는 우편제도를 말한다. 이러한 내용증명은 주로 소송제기에 앞서 상대방에 대하여 의무의 이행을 촉구하거나 증거력을 확보하기 위한 수단으로 이용되고 있다. 그러나 내용증명은 단지 일정한 내용의 우편물을 발송하였다는 사실을 증명해 줄 뿐이고 내용의 진위 여부를 증명해 주는 것은 아니다.

내용증명은 상대방에 대하여 일정한 법률관계의 존재 및 그 효과를 주장하기 위한 것이므로, 내용증명에는 상대방에게 주장할 내용에 대하여 자세히 기록하며, 필요한 경우에는 주장을 뒷받침할 수 있는 자료를 첨부하기도 한다(예를 들어 대여금의 반환을 구하는 경우 차용증 등). 그리고 내용증명에는 발송인 및 수취인의 주소·성명을 반드시 기재하여야 한다.

내용증명의 작성이 완료되면 2부를 복사하여 3부를 우체국 접수창고에 제출한다(3부를 출력하여도 되며, 우체국 홈페이지(www.epost.go.kr)에서 직접 작성할 수도 있다). 내용증명의 매수가 2매 이상일 경우에는 합철한 부분에 발송인의 도장으로 계인(繼印)한다. 내용증명의 원본과 복사된 등본 2통에 대하여 소정의 증명절차가 끝나면 원본을 등기우편의 방법으로 수취인에게 발송하며, 1통은 발송인에게 돌려주고 1통은 우체국에서 보관한다. 내용증명우편물 발송 후 발송인이나 수취인이 내용증명의 등본이나 원본을 분실하였거나 새로운 등본이 필요할 때에는 당해 내용증명우편물을 발송한 다음날로부터 3년까지 발송우체국에서 내용증명의 열람이나 재증명을 청구할 수 있다.

한편 우편물이 확실히 상대방에게 배달되었는지를 증명할 필요가 있는 경우에는 '배달증명'이라는 제도를 이용할 수 있는데, 이 제도는 등기취급을 전제로 우편물의 배달일자 및 수취인을 배달우체국에서 증명하여 발송인에게 통지하는 특수취급제도이다.

[판례] 최고의 의사표시가 기재된 내용증명 우편물이 발송되고 반송되지 아니하였다면 특별한 사정이 없는 한 이는 그 무렵에 송달되었다고 볼 것이다. [대법원 1997. 2. 25. 선고 96다38322 판결]

[판례] 내용증명우편이나 등기우편과는 달리, 보통우편의 방법으로 발송되었다는 사실만으로는 그 우편물이 상당기간 내에 도달하였다고 추정할 수 없고 송달의 효력을 주장하는 측에서 증거에 의하여 도달사실을 입증하여야 한다. [대법원 2002. 7. 26. 선고 2000다20052 판결]

등기사항전부증명서(말소사항 포함) - 토지 [제출용]

고유번호 1758-1996-029014

[토지] 경상북도 울릉군 울릉읍 독도리 1

【 표 제 부 】 (토지의 표시)

표시번호	접 수	소 재 지 번	지 목	면 적	등기원인 및 기타사항
1 (전 2)	2000년5월26일	경상북도 울릉군 울릉읍 독도리 산	임야	3974㎡	부동산등기법 제177조의 6 제1항의 규정에 의하여 2002년 06월 10일 전산이기
2	2005년7월8일	경상북도 울릉군 울릉읍 독도리 산	임야	3320㎡	면적경정
3	2005년10월7일	경상북도 울릉읍 독도리 1	임야	3320㎡	직권변경

【 갑 구 】 (소유권에 관한 사항)

순위번호	등 기 목 적	접 수	등 기 원 인	권 리 자 및 기 타 사 항
1 (전 1)	소유권보존	1968년3월13일 제56호		소유자 국 관리청 해양수산청
1-1 (전 1-1)	1번등기명의인표시변경	1996년11월13일 제1406호	1996년8월8일 명칭변경	관리청 해양수산부 등록번호 2275 부동산등기법 제177조의 6 제1항의 규정에 의하여 1번 내지 1-1번 등기를 2002년 10월 10일 전산이기

[토지] 경상북도 울릉군 울릉읍 도동리 1

고유번호 1758-1996-029014

순위번호	등 기 목 적	접 수	등 기 원 인	권 리 자 및 기 타 사 항
1-2	1번등기명의인표시변경	2008년7월11일 제1026호	2008년2월29일 정부조직법 개정	관리청 국토해양부 등록번호 275
1-3	1번등기명의인표시변경	2013년5월20일 제708호	2013년3월23일 정부조직법 개정	관리청 해양수산부 등록번호 275

— 이 하 여 백 —

관할등기소 대구지방법원 울릉등기소 / 발행등기소 법원행정처 등기정보중앙관리소

이 증명서는 등기기록의 내용과 틀림없음을 증명합니다.

서기 2014년 9월 11일

법원행정처 등기정보중앙관리소

전산운영책임관

발행일 2014/09/11

발급확인번호 AAIK-VPTF-0000

이 계약서는 법무부에서 국토교통부·서울시 및 학계 전문가와 함께 민법, 주택임대차보호법, 공인중개사법 등 관계법령에 근거하여 만들었습니다. 법의 보호를 받기 위해 【중요확인사항】(별지)을 꼭 확인하시기 바랍니다.

주택임대차계약서

☐보증금 있는 월세
☐전세   ☐월세

임대인(   )과 임차인(   )은 아래와 같이 임대차 계약을 체결한다

[임차주택의 표시]

소 재 지					
토 지	지목		면적		m²
건 물	구조·용도		면적		m²
임차할부분			면적		m²

미납 국세	선순위 확정일자 현황	확정일자 부여란
☐ 없음 (임대인 서명 또는 날인 _____인)	☐ 해당 없음 (임대인 서명 또는 날인 _____인)	
☐ 있음(중개대상물 확인·설명서 제2쪽 II. 개업 공인중개사 세부 확인사항 '⑨ 실제 권리관계 또는 공시되지 않은 물건의 권리사항'에 기재)	☐ 해당 있음(중개대상물 확인·설명서 제2쪽 II. 개업공인중개사 세부 확인사항 '⑨ 실제 권리관계 또는 공시되지 않은 물건의 권리사항'에 기재)	

유의사항 : 미납국세 및 선순위 확정일자 현황과 관련하여 개업공인중개사는 임대인에게 자료제출을 요구할 수 있으나, 세무서와 확정일자부여기관에 이를 직접 확인할 법적권한은 없습니다. ※ 미납국세·선순위확정일자 현황 확인방법은 "별지"참조

[계약내용]

제1조(보증금과 차임) 위 부동산의 임대차에 관하여 임대인과 임차인은 합의에 의하여 보증금 및 차임을 아래와 같이 지불하기로 한다.

보 증 금	금		원정(₩	)		
계 약 금	금	원정(₩	)은 계약시에 지불하고 영수함. 영수자 (	인)		
중 도 금	금	원정(₩	)은 _____년 _____월 _____일에 지불하며			
잔 금	금	원정(₩	)은 _____년 _____월 _____일에 지불한다			
차임(월세)	금	원정은 매월 _____일에 지불한다(입금계좌:	)			

제2조(임대차기간) 임대인은 임차주택을 임대차 목적대로 사용·수익할 수 있는 상태로 _____년 _____월 _____일 까지 임차인에게 인도하고, 임대차기간은 인도일로부터 _____년 _____월 _____일까지로 한다.

제3조(입주 전 수리) 임대인과 임차인은 임차주택의 수리가 필요한 시설물 및 비용부담에 관하여 다음과 같이 합의한다.

수리 필요 시설	☐ 없음 ☐ 있음(수리할 내용:)
수리 완료 시기	☐ 잔금지급 기일인 _____년 _____월 _____일까지 ☐ 기타 ( )
약정한 수리 완료 시기 까지 미 수리한 경우	☐ 수리비를 임차인이 임대인에게 지급하여야 할 보증금 또는 차임에서 공제 ☐ 기타( )

제4조(임차주택의 사용·관리·수선) ① 임차인은 임대인의 동의 없이 임차주택의 구조변경 및 전대나 임차권 양도를 할 수 없으며, 임대차 목적인 주거 이외의 용도로 사용할 수 없다.

② 임대인은 계약 존속 중 임차주택을 사용·수익에 필요한 상태로 유지하여야 하고, 임차인은 임대인이 임차주택의 보존에 필요한 행위를 하는 때 이를 거절하지 못한다.

③ 임대인과 임차인은 계약 존속 중에 발생하는 임차주택의 수리 및 비용부담에 관하여 다음과 같이 합의한다. 다만, 합의되지 아니한 기타 수선비용에 관한 부담은 민법, 판례 기타 관습에 따른다.

임대인부담	(예컨대, 난방, 상·하수도, 전기시설 등 임차주택의 주요설비에 대한 노후·불량으로 인한 수선은 민법 제623조, 판례상 임대인이 부담하는 것으로 해석됨)
임차인부담	(예컨대, 임차인의 고의·과실에 기한 파손, 전구 등 통상의 간단한 수선, 소모품 교체 비용은 민법 제623조, 판례상 임차인이 부담하는 것으로 해석됨)

④ 임차인이 임대인의 부담에 속하는 수선비용을 지출한 때에는 임대인에게 그 상환을 청구할 수 있다.

제5조(계약의 해제) 임차인이 임대인에게 중도금(중도금이 없을 때는 잔금)을 지급하기 전까지, 임대인은 계약금의 배액을 상환하고, 임차인은 계약금을 포기하고 이 계약을 해제할 수 있다.

제6조(채무불이행과 손해배상) 당사자 일방이 채무를 이행하지 아니하는 때에는 상대방은 상당한 기간을 정하여 그 이행을 최고하고 계약을 해제할 수 있으며, 그로 인한 손해배상을 청구할 수 있다. 다만, 채무자가 미리 이행하지 아니할 의사를 표시한 경우의 계약해제는 최고를 요하지 아니한다.

제7조(계약의 해지) ① 임차인은 본인의 과실 없이 임차주택의 일부가 멸실 기타 사유로 인하여 임대차의 목적대로 사용할 수 없는 경우에는 계약을 해지할 수 있다.

② 임대인은 임차인이 2기의 차임액에 달하도록 연체하거나, 제4조 제1항을 위반한 경우 계약을 해지할 수 있다.

제8조(계약의 종료) 임대차계약이 종료된 경우에 임차인은 임차주택을 원래의 상태로 복구하여 임대인에게 반환하고, 이와 동시에 임대인은 보증금을 임차인에게 반환하여야 한다. 다만, 시설물의 노후화나 통상 생길 수 있는 파손 등은 임차인의 원상복구의무에 포함되지 아니한다.

제9조(비용의 정산) ① 임차인은 계약종료 시 공과금과 관리비를 정산하여야 한다.

② 임차인은 이미 납부한 관리비 중 장기수선충당금을 소유자에게 반환 청구할 수 있다. 다만, 관리사무소 등 관리주체가 장기수선충당금을 정산하는 경우에는 그 관리주체에게 청구할 수 있다.

제10조(중개보수 등) 중개보수는 거래 가액의 _____% 인 _____원(□ 부가가치세 포함 □ 불포함)으로 임대인과 임차인이 각각 부담한다. 다만, 개업공인중개사의 고의 또는 과실로 인하여 중개의뢰인간의 거래행위가 무효·취소 또는 해제된 경우에는 그러하지 아니하다.

제11조(중개대상물확인·설명서 교부) 개업공인중개사는 중개대상물 확인·설명서를 작성하고 업무보증관계증서 (공제증서등) 사본을 첨부하여 _____년_____월_____일 임대인과 임차인에게 각각 교부한다.

[특약사항]

상세주소가 없는 경우 임차인의 상세주소부여 신청에 대한 소유자 동의여부(□ 동의   □ 미동의)

본 계약을 증명하기 위하여 계약 당사자가 이의 없음을 확인하고 각각 서명·날인 후 임대인, 임차인, 개업공인중개사는 매 장마다 간인하여, 각각 1통씩 보관한다.

년   월   일

임대인	주 소						서명 또는 날인㊞
	주민등록번호			전 화		성 명	
	대 리 인	주소		주민등록번호		성 명	
임차인	주 소						서명 또는 날인㊞
	주민등록번호			전 화		성 명	
	대 리 인	주소		주민등록번호		성 명	
중개업자	사무소소재지			사무소소재지			
	사무소명칭			사무소명칭			
	대 표	서명 및 날인	㊞	대 표	서명 및 날인		㊞
	등 록 번 호		전화	등 록 번 호		전화	
	소속공인중개사	서명 및 날인	㊞	소속공인중개사	서명 및 날인		㊞

법무부   국토교통부   서울특별시

별지)

법의 보호를 받기 위한 중요사항! 반드시 확인하세요

┌ < 계약 체결 시 꼭 확인하세요 >

【당사자 확인 / 권리순위관계 확인 / 중개대상물 확인·설명서 확인】

① 신분증·등기사항증명서 등을 통해 당사자 본인이 맞는지, 적법한 임대·임차권한이 있는지 확인합니다.

② 대리인과 계약 체결 시 위임장·대리인 신분증을 확인하고, 임대인(또는 임차인)과 직접 통화하여 확인 하여야 하며, 보증금은 가급적 임대인 명의 계좌로 직접 송금합니다.

③ 중개대상물 확인·설명서에 누락된 것은 없는지, 그 내용은 어떤지 꼼꼼히 확인하고 서명하여야 합니다.

【대항력 및 우선변제권 확보】

① 임차인이 주택의 인도와 주민등록을 마친 때에는 그 다음날부터 제3자에게 임차권을 주장할 수 있고, 계약서에 확정일자까지 받으면, 후순위권리자나 그 밖의 채권자에 우선하여 변제받을 수 있습니다.

– 임차인은 최대한 신속히 ① 주민등록과 ② 확정일자를 받아야 하고, 주택의 점유와 주민등록은 임대차 기간 중 계속 유지하고 있어야 합니다.

② 등기사항증명서, 미납국세, 다가구주택 확정일자 현황 등 반드시 확인하여 선순위 담보권자가 있는지, 있다면 금액이 얼마인지를 확인하고 계약 체결여부를 결정하여야 보증금을 지킬 수 있습니다.

※ 미납국세와 확정일자 현황은 임대인의 동의를 받아 임차인이 관할 세무서 또는 관할 주민센터·등기소 에서 확인하거나, 임대인이 직접 납세증명원이나 확정일자 현황을 발급받아 확인시켜 줄 수 있습니다.

┌ < 계약기간 중 꼭 확인하세요 >

【차임증액청구】

계약기간 중이나 묵시적 갱신 시 차임·보증금을 증액하는 경우에는 5%를 초과하지 못하고, 계약체결 또는 약정한 차임 등의 증액이 있은 후 1년 이내에는 하지 못합니다.

【월세 소득공제 안내】

근로소득이 있는 거주자 또는 「조세특례제한법」 제122조의3 제1항에 따른 성실사업자는 「소득세법」 및 「조세특례제한법」에 따라 월세에 대한 소득공제를 받을 수 있습니다. 근로소득세 연말정산 또는 종합 소득세 신고 시 주민등록표등본, 임대차계약증서 사본 및 임대인에게 월세액을 지급하였음을 증명 할 수 있는 서류를 제출하면 됩니다. 기타 자세한 사항은 국세청 콜센터(국번 없이 126)로 문의하시기 바랍니다.

【묵시적 갱신 등】

① 임대인은 임대차기간이 끝나기 6개월부터 1개월 전까지, 임차인은 1개월 전까지 각 상대방에게 기간을 종료하겠다거나 조건을 변경하여 재계약을 하겠다는 취지의 통지를 하지 않으면 종전 임대차와 동일한 조건으로 자동 갱신됩니다.

② 제1항에 따라 갱신된 임대차의 존속기간은 2년입니다. 이 경우, 임차인은 언제든지 계약을 해지할 수 있지만 임대인은 계약서 제7조의 사유 또는 임차인과의 합의가 있어야 계약을 해지할 수 있습니다.

┌ < 계약종료 시 꼭 확인하세요 >

【보증금액 변경시 확정일자 날인】

계약기간 중 보증금을 증액하거나, 재계약을 하면서 보증금을 증액한 경우에는 증액된 보증금액에 대한 우선변제권을 확보하기 위하여 반드시 다시 확정일자를 받아야 합니다.

【임차권등기명령 신청】

임대차가 종료된 후에도 보증금이 반환되지 아니한 경우 임차인은 임대인의 동의 없이 임차주택 소재지 관할 법원에서 임차권등기명령을 받아, 등기부에 등재된 것을 확인하고 이사해야 우선변제 순위를 유지할 수 있습니다. 이때, 임차인은 임차권등기명령 관련 비용을 임대인에게 청구할 수 있습니다.

법무부   국토교통부   서울특별시

사항색인

저자약력

서울대학교 및 대학원 졸업(법학박사)
서울서부지방법원, 수원지방법원 조정위원 역임
아주대학교 법학전문대학원 교수(현)

저서

법정보학강의(박영사, 2004)
로스쿨 민법총칙(박영사, 2010, 공저)
로스쿨 물권법(박영사, 2011, 공저)
로스쿨 채권총론(박영사, 2012, 공저)

제5판
생활법률

초판발행   2005년 8월 30일
제 5 판발행   2018년 1월 30일

지은이   전경근
펴낸이   안종만

편 집   김선민
기획/마케팅   정연환
표지디자인   조아라
제 작   우인도·고철민

펴낸곳   ㈜ **박영사**
                서울특별시 종로구 새문안로3길 36, 1601
                등록 1959. 3. 11. 제300-1959-1호(倫)

전 화   02)733-6771
f a x   02)736-4818
e-mail   pys@pybook.co.kr
homepage   www.pybook.co.kr
ISBN   979-11-303-3153-9   93360

copyright©전경근, 2018, Printed in Korea

정 가   16,000원